Afrikanisches Gewohnheitsrecht
und „modernes“ staatliches Recht

Europäische Hochschulschriften
Publications Universitaires Européennes
European University Studies

Reihe XXXI
Politikwissenschaft

Série XXXI Series XXXI
Sciences politiques
Political Science

Bd./Vol. 389

PETER LANG
Frankfurt am Main · Berlin · Bern · Bruxelles · New York · Wien

Peter Hazdra

Afrikanisches Gewohnheitsrecht und „modernes" staatliches Recht

Eine Analyse des Spannungsverhältnisses unter besonderer Berücksichtigung der aktuellen Situation im südlichen Afrika

PETER LANG
Europäischer Verlag der Wissenschaften

Die Deutsche Bibliothek - CIP-Einheitsaufnahme

Hazdra, Peter:

Afrikanisches Gewohnheitsrecht und „modernes“ staatliches Recht : eine Analyse des Spannungsverhältnisses unter besonderer Berücksichtigung der aktuellen Situation im südlichen Afrika / Peter Hazdra. - Frankfurt am Main ; Berlin ; Bern ; Bruxelles ; New York ; Wien : Lang, 1999
(Europäische Hochschulschriften : Reihe 31, Politikwissenschaft ; Bd. 389)
ISBN 3-631-34463-5

Österreichische
Entwicklungszusammenarbeit

ISSN 4721-3654
ISBN 3-631-34463-5

VORWORT

Die Gegensätzlichkeit von traditionellem afrikanischem und "modernem" staatlichen Recht wurde mir erstmals voll bewußt, als ich im Jahre 1987 mehrere Prozesse vor südafrikanischen Gerichten von der Zuschauerbank aus mitverfolgte. In der Folge begann ich, mich intensiv mit rechtsanthropologischen Fragestellungen auseinanderzusetzen. Meine theoretischen Erkenntnisse konnte ich im Zuge längerer Afrika-Aufenthalte - zwischen 1994 und 1998 verbrachte ich mehrere Jahre, großteils im Dienste der Vereinten Nationen, auf dem 'schwarzen Kontinent' - mit praktischen Erfahrungen ergänzen.

Folgenden Personen bin ich zu Dank verpflichtet: Frau Behrens von der südafrikanischen Botschaft in Wien für ihre engagierte Hilfe bei der Materialsuche, Herrn Universitätsassistent Dr. René Kuppe vom Institut für Kirchenrecht der Universität Wien für verschiedene Literaturhinweise, sowie Herrn Universitätsprofessor Dr. Dr.h.c. Karl R. Wernhart vom Institut für Ethnologie, Kultur- und Sozialanthropologie der Universität Wien für seine wertvollen Anregungen. Der Österreichischen Forschungsstiftung für Entwicklungshilfe schließlich danke ich für die Ermöglichung der Drucklegung dieses Buches.

Wien, im Herbst 1998

Peter Hazdra

INHALTSVERZEICHNIS

1 EINLEITUNG

1.1 VORBEMERKUNGEN

Recht dient dazu, die sozialen Beziehungen in einer menschlichen Gesellschaft auf der Grundlage einer Wertordnung dauerhaft zu gestalten. Es gibt keine Gesellschaft ohne Recht, doch entsprechend der kulturellen Verschiedenartigkeit der menschlichen Gesellschaften unterscheiden sich auch ihre Rechtsordnungen grundlegend. Wenn Recht sozial wirksam werden soll, so muß es immer ein Ausfluß der Kultur der normunterworfenen Menschen sein, also ihre Lebensumstände und Werthaltungen widerspiegeln. Ein Recht, das nicht der sozialen und ökonomischen Realität der Masse der Normunterworfenen entspricht, wird von diesen auch nicht akzeptiert werden (vgl. DLAMINI 1988: 247) und wäre wohl nur durch ein System massivster Repression durchsetzbar.

In Afrika trafen und treffen vielleicht noch mehr als in anderen Weltgegenden verschiedene Kulturen, und damit antagonistische Rechtsordnungen, aufeinander.

> The truth is that from the time her isolation was broken, Afrika ... has been a hotbed of cultural interaction, with African values juxtaposed with Islamic and European ones, local values with national ones, and national values with international ones. It is indeed a complex reality which faces the anthropologist in Africa (SANDERS 1994: 73).

In dieser Arbeit wird hauptsächlich auf jene Gebiete Afrikas, die früher von Briten und Buren beherrschten waren, eingegangen. Diese brachten ihre eigenen, von der protestantischen Ethik geprägten und auf den Ideen des Kapitalismus und der freien Marktwirtschaft beruhenden Vorstellungen von Recht und Gerechtigkeit mit. Das Leben der Afrikaner dagegen war (und ist zu einem großen Teil heute noch) nicht primär von rein ökonomischen Beziehungen determiniert, vielmehr treten interpersonelle, auf dem Status der Beteiligten innerhalb ihrer Gemeinschaft beruhende, Beziehungen in den Vordergrund. So hat GLUCKMAN (1965: 151) festgestellt, daß sich die traditionellen afrikanischen Gewohnheitsrechte weit weniger mit individuellen Vermögensrechten als mit der Regelung zwischenmenschlicher Beziehungen innerhalb einer mehr oder minder homogenen Gruppe befassen.

In den britischen Kolonien sollte die Anwendung der aus dem Mutterland übernommenen Rechtsnormen zunächst auf die europäischen Händler und Einwanderer beschränkt bleiben, wofür eigene koloniale Gerichte geschaffen wurden. Die Rechtsbeziehungen der Afrikaner untereinander unterlagen hingegen weiterhin grundsätzlich ihrem jeweiligen Gewohnheitsrecht, das von traditionellen Gerichten der Chiefs und Headmen angewendet werden sollte. Die britische

Kolonialadministration bediente sich also im Sinne des "Indirect Rule" der vorhandenen afrikanischen Strukturen, griff jedoch andererseits in mannigfacher Weise in diese ein. So übertrugen die Briten den Chiefs einerseits Befugnisse, welche ihnen traditionell gar nicht zustanden, anderseits verboten sie Praktiken, die mit ihrem Verständnis von Moral und Zivilisation nicht in Einklang zu bringen waren. Schließlich begannen sie, das traditionelle Recht schriftlich aufzuzeichnen, verfälschten es dadurch teils bewußt, teils unbewußt, und beraubten es jedenfalls seiner hervorragendsten Qualität, nämlich der Flexibilität. Alles in allem führten die Eingriffe der Kolonialmacht dazu, daß sich das materielle Gewohnheitsrecht ebenso wie die Stellung der traditionellen Autoritäten in der Gesellschaft änderte, daß dem Machtmißbrauch durch diese Vorschub geleistet und letztlich Stammesgegensätze verschärft wurden (vgl. auch BENNETT 1989: 28).

Erst allmählich wurden die kolonialen Gerichte auch Afrikanern zugänglich gemacht. Trotzdem blieben sie der überwiegenden Mehrheit der Afrikaner völlig fremd und wurden nur von Angehörigen der europäisierten Elite (und das oft mißbräuchlich) in Anspruch genommen. Es entstand also ein duales System, in dem westliche Gerichte und traditionelle afrikanische Gerichte nebeneinander existieren und die afrikanischen Gewohnheitsrechte sich - allen Prognosen über ihr baldiges Absterben zum Trotz - als äußerst zäh erwiesen haben und in weiten Bereichen auch heute noch das Handeln der Menschen bestimmen (vgl. SANDERS 1988: 40 f; NHLAPO 1989: 52; MOLOKOMME 1986: 118).

Die heutigen afrikanischen Territorialstaaten haben diesen rechtlichen Dualismus bei ihrer Unabhängigkeit "geerbt", wobei es in fast allen Staaten mehrere Ethnien und damit mehrere, oft stark unterschiedliche, traditionelle Rechtsordnungen gibt. Als Folge des raschen, durch die exogen induzierte Veränderung der ökonomischen Rahmenbedingungen ausgelösten Kulturwandels, charakterisiert durch Phänomene wie Wanderarbeit und Verstädterung (in Südafrika lange Zeit verschärft durch rassistische Niederlassungsbestimmungen), und der damit verbundenen Marginalisierung großer Teile der afrikanischen Bevölkerung, haben die traditionellen Konfliktbeilegungsmechanismen in weiten Bereichen ihre Wirksamkeit verloren, ohne daß "moderne" staatliche Strukturen effektiv an ihre Stelle treten konnten. Damit ist bereits das Dilemma angesprochen, mit dem die heutigen Staaten konfrontiert sind. Das von den staatlichen Organen in Gesetze gegossene Recht beruht durchwegs auf "modernen", europäischen Wertvorstellungen, während die große Mehrheit der Bevölkerung entweder noch in ihren traditionellen Sozialstrukturen verhaftet ist, oder aus diesen herausgerissen und marginalisiert am Rande städtischer Metropolen lebt.

Die Situation in Afrika unterscheidet sich also von jener in anderen Weltgegenden dadurch, daß hier nicht - wie etwa in Nord- und Lateinamerika - eine kleine indigene Minderheit vor der kulturellen und teilweise sogar physischen Ausrottung durch die Mehrheit bewahrt werden muß. Vielmehr geht es haupt-

sächlich darum, die traditionell lebende Bevölkerung vor dem Mißbrauch des Rechts durch eine Minderheit europäisierter Eliten zu bewahren, aber auch dem neuentstandenen, entwurzelten städtischen Proletariat den Zugang zum Recht zu ermöglichen. Der in der Republik Südafrika gegen Ende der Apartheidära gemachte Versuch der Wiederbelebung anachronistisch gewordener tribaler Strukturen ist sicher kein gangbarer Weg. Er hat vor allem dazu beigetragen, interethnische Konflikte zu schüren.
Somit stehen gegenwärtig so gut wie alle schwarzafrikanischen Staaten vor dem Problem, daß sie erst rechtliche Strukturen und Institutionen schaffen müssen, die den Bedürfnissen aller Bevölkerungsschichten gerecht werden können.

1.2 GEGENSTAND UND ZIELSETZUNG DER ARBEIT

Die Zielsetzung der vorliegenden Arbeit ist es, insbesondere:

- die historischen Prozesse, die zur Entstehung der jetzigen Situation des rechtlichen Dualismus geführt haben, zu untersuchen;
- Veränderungen aufzuzeigen, welchen die afrikanischen Gewohnheitsrechte seit der Kolonisierung unterworfen waren;
- die wesentlichsten Charakteristika der traditionellen Gewohnheitsrechte im südlichen Afrika herauszuarbeiten und sie jenen der "modernen" staatlichen Rechtssysteme gegenüberzustellen; anhand von aktuellen Beispielen die wichtigsten Reibungspunkte, die heute zwischen traditionellem und "modernem" Recht bestehen aufzuzeigen, sowie Möglichkeiten der Integration beider Rechtssysteme zu analysieren;
- die gegenwärtige Bedeutung der afrikanischen Gewohnheitsrechte in einzelnen Rechtsbereichen zu untersuchen, und schließlich
- aufzuzeigen, daß die Prinzipien der traditionellen Rechtsordnungen keineswegs mit der Modernisierung und dem wirtschaftlichen und gesellschaftlichen Wandel automatisch obsolet werden müssen, sondern daß sie wertvolle Ansätze enthalten, auf die man jetzt sogar in den Staaten der ersten Welt wieder zurückgreift.

1.3 ZUR TERMINOLOGIE

An dieser Stelle erscheint es mir zweckmäßig, einige grundlegende Begriffe näher zu bestimmen bzw. zu erläutern. Zunächst stellt sich das Problem, wie man das traditionelle Recht der Schwarzafrikaner bezeichnen soll. In der wissenschaftlichen Literatur herrscht diesbezüglich eine geradezu babylonische Begriffsverwirrung, wobei insbesondere folgende Ausdrücke verwendet werden: Indigenes Recht, autochthones Recht, Stammesrecht, tribales Recht, traditionelles Recht, Gewohnheitsrecht, "Native Law and Custom".

Sehr häufig werden dafür die Begriffe "indigenes Recht" und "autochthones Recht" verwendet. Der erste Ausdruck stammt aus dem Lateinischen, der zweite aus dem Griechischen. Beide bedeuten soviel wie: Das Recht der Eingeborenen, der Ureinwohner. Mit diesen Termini wird - im allgemeinen Sprachgebrauch ebenso wie in der Fachliteratur - eine Bevölkerungsgruppe bezeichnet, die seit undenklichen Zeiten ("times immemorial"), zumindest aber längere Zeit vor der Kolonisation in einem bestimmten Gebiet ansässig war. Aus verschiedenen Gründen halte ich die Verwendung dieser Termini in Afrika für problematisch: Gerade im südlichen Afrika läuft man bei Verwendung der Begriffe "indigen" und "autochthon" Gefahr, in eine fruchtlose Diskussion darüber zu geraten, wer zuerst in welches Gebiet gekommen ist bzw. davon Besitz ergriffen hat. Außerdem werden diese Termini oft ausschließlich auf die khoisanide Minderheit angewendet, die aber eine völlig andere soziale und politische Organisation und damit natürlich auch andere Rechtsvorstellungen hat als die Bantu-Ethnien, welche die Masse der Bevölkerung stellen. Im übrigen lehnen heute auch die meisten afrikanischen Regierungen die Bezeichnung bestimmter Gruppen als "Indigene" ab, da es ihnen primär darum geht, bei der Bevölkerung das Bewußtsein zu schaffen, ein einheitliches "Staatsvolk" zu sein (vgl. Kap. 2.6.1.). Ein Rechtsprofessor aus Uganda meinte mir gegenüber sogar einmal, in seinem Land gäbe es keine "indigenous people", denn alle Einwohner seien "progressive people"!

Bei den Bezeichnungen "Stammesrecht" und "tribales Recht" ergeben sich die gleichen Probleme wie beim Terminus "Stamm" (dazu unten). Der Ausdruck "Eingeborenenrecht" wird heute wohl allgemein als diskriminierend empfunden. Der Begriff "Gewohnheitsrecht"[1] ist insoferne mißverständlich, als Gewohnheitsrecht bis zu einem gewissen Grad auch in "modernen" Rechtssystemen eine Rolle spielt, ja manchmal sogar fälschlich als Synonym für "Common Law" verwendet wird. Gemeint ist in dieser Arbeit immer das traditionelle afrikanische Gewohnheitsrecht.

Aus den genannten Gründen habe ich mich für den Begriff "traditionelles Recht" entschieden, der mir als der wertneutralste und für den afrikanischen Kontext passendste erscheint. Freilich ist dieser Terminus auch der am wenigsten inhaltlich bestimmte. Es muß daher immer definiert werden, worauf er sich bezieht. In dieser Arbeit wird er als Sammelbegriff im allgemeinen für alle afrikanischen Gewohnheitsrechte gebraucht, lediglich im dritten Kapitel, das sich

[1] Unter Gewohnheitsrecht versteht man ungeschriebenes, auf oraler Tradition beruhendes Recht, das durch allgemeine, langdauernde und gleichmäßige "Übung" - d.h. Anwendung bestimmter Regeln - entsteht, wobei diese Übung von der Überzeugung getragen sein muß, daß die angewendeten Regeln Recht seien.

speziell mit dem südlichen Afrika beschäftigt, bezieht er sich auf die Rechtsordnungen der dort ansässigen Bantu-Ethnien. Soferne nicht eine ganz bestimmte Gruppe angesprochen ist, müßte eigentlich immer der Plural "Rechte" gebraucht werden, doch verwende ich häufig zur Vereinfachung die Einzahl.

Nun noch einige Bemerkungen zum englischen Ausdruck "Native Law and Custom": Die englischen Kolonialherren sahen in den afrikanischen Rechtssystemen kein vollwertiges Recht und wollten den Begriff Gewohnheitsrecht (Customary Law) daher nicht anwenden. Sie bevorzugten den Begriff "Native Law and Custom". Die in diesem Zusammenhang immer wieder seitens der Vertreter der britischen Kolonialmacht aufgestellte Behauptung, afrikanisches Recht könne deshalb nicht als Recht gelten, weil seine Regeln - im Gegensatz zu jenen des Common Law - der Abänderung durch die Richter eben jener Kolonialmacht unterlägen (vgl. z.B. ELIAS 1954: 107) - nämlich dann, wenn sie den englischen Prinzipien von Gerechtigkeit widersprechen (zu diesem sog. Repugnance Clause vgl. Kap 2.3.3 und 2.9.1.2) - so mutet diese Begründung höchst eigenartig an.

"Staatliches Recht" steht für die Gesamtheit aller in einem bestimmten Gebiet geltenden staatlichen Rechtsvorschriften, also im Kontext des südlichen Afrika das vom Common Law überlagerte römisch-holländische Recht einschließlich der Veränderungen durch Gesetzesrecht; der entsprechende englische Ausdruck wäre "Law of the Land".

"Modernes Recht" ist ein oft gebrauchtes Synonym für staatliches Recht. Soweit es in dieser Arbeit Verwendung findet, steht es für ein Recht mit bestimmten Charakteristika und impliziert jedenfalls kein Werturteil.

Einer weiteren Klarstellung bedarf es bezüglich der Begriffe Volk, Stamm und Ethnie bzw. Ethnos. Als wertfrei kann der Ausdruck "Ethnos" bzw. dessen eingedeutschte Form "Ethnie" angesehen werden. Der griechische Terminus "Ethnos" entspricht am ehesten dem deutschen Wort "Stamm". Er wird auch vielfach mit "Volk" gleichgesetzt (vgl. M. HÖFER in HIRSCHBERG 1988: 134). Eine gut brauchbare Definition des Begriffes "Ethnos" stammt vom sowjetischen Ethnologen Julian V. BROMLEJ:

> "Das Ethnos im engen Sinne des Wortes läßt sich in allgemeinster Form als historisch entstandene Vereinigung von Menschen definieren, die über eine nur für sie charakteristische Gesamtheit gemeinsamer stabiler Merkmale der Kultur (darunter der Sprache) und Psyche, wie auch über das Bewußtsein ihrer Einheit und den Unterschied zu anderen derartigen Gebilden verfügt." (BROMLEJ 1977: 37)

Ein zentrales Element des Ethnosbegriffes ist also das Wir-Bewußtsein, die klare Scheidung der Wir-Gruppe von der Sie-Gruppe (vgl. WERNHART 1986b: 123).

Im Zeichen starker geographischer und sozialer Mobilität werden die Kriterien biologische Einheit (im Sinne von Endogamie), gemeinsame Sprache und gemeinsamer Raum heute nur noch als mögliche, aber nicht unbedingt notwendige gesehen, dagegen treten die Faktoren gemeinsame Geschichte, gemeinsame Kultur und die ethnische Selbstzuschreibung als "Wir-Bewußtsein" in den Vordergrund (vgl. WERNHART 1986a: 48). Daß sich dieses Wir-Bewußtsein nicht unbedingt endogen entwickeln muß, sondern auch von außen implantiert oder zumindest erheblich verstärkt werden kann, wird weiter unten am Beispiel des südlichen Afrika gezeigt werden.

Der Ausdruck "Volk" ist natürlich gerade im deutschsprachigen Raum aus historischen Gründen problematisch. Auch der Terminus "Stamm" wird von manchen als diskriminierend abgelehnt. Gleiches gilt selbstverständlich auch für die lateinische Übersetzung "tribale Einheit".

Ich glaube, daß es prinzipiell möglich ist, jeden Begriff anzuwenden und daß es nur darauf ankommt, wie man ihn jeweils definiert. Um aber mißverständliche Interpretationen zu vermeiden, werde ich in der vorliegenden Arbeit vornehmlich den Terminus "Ethnie" (im Sinne von "Ethnos") verwenden und die anderen Begriffe meiden.

Die Termini "Chief" und "Headman" schließlich werden im Englischen belassen, da alle möglichen Übersetzungen ungenau sind oder zu Mißverständnissen Anlaß geben könnten.

2 ALLGEMEINER TEIL

2.1 ZUM RECHTSBEGRIFF

2.1.1 Probleme bei der Definition von Recht

Üblicherweise wird einer rechtsethnologischen Abhandlung eine Definition des Rechtsbegriffes vorangestellt. Deren gibt es freilich viele und sie reflektieren immer einen bestimmten ideologischen Standpunkt. Überdies beziehen sie sich fast ausschließlich auf das "moderne" staatliche Recht, welches dadurch charakterisiert ist, daß die Rechtsnormen im Einzelfall durch besonders organisierte Instanzen zwangsweise durchgesetzt werden können. Diese sog. "Zwangstheorie" wird vor allem durch die von Hans KELSEN, dem Schöpfer der österreichischen Bundesverfassung, begründete Schule der "Reinen Rechtslehre" vertreten, deren führender Repräsentant heute der Verfassungsrechtsprofessor Robert WALTER ist. Er definiert Recht wie folgt: "Recht ist eine von Menschen ..., nicht jedoch durch eine übermenschliche Autorität (Gott) gesetzte (d.h. positive), an Menschen adressierte zwangsandrohende effektive Ordnung". Unter positivem Recht wird also "jedes von Menschen für Menschen gesetzte, regelmäßig wirksame (effektive), organisierten Zwang androhende Regelungssystem" (WALTER/MAYER 1985: 1) verstanden.

Hier zeigt sich schon deutlich, daß eine solche Definition von Recht für die Rechtsethnologie nicht brauchbar ist. Denn in nichtstaatlichen Gesellschaften ist Recht in der Vorstellung der Menschen eben nicht etwas, was von Menschen geschaffen und willkürlich abänderbar ist. Auch wird der postulierte äußere Zwang in der Regel durch andere soziale Mechanismen ersetzt. Der Begriff "Recht", wie er in der vorliegenden Arbeit verwendet wird, kann also keinesfalls im Sinne des heute in Österreich (zumindest im Bereich des öffentlichen Rechts) dominierenden Walter'schen Rechtspositivismus verstanden werden.

Aber auch die meisten anderen Definitionen von Recht erweisen sich als nicht adäquat. So etwa die sowjetische: "Recht ist das System allgemein verbindlicher, vom Staat garantierter Normen, die den Willen der herrschenden Klasse des gegebenen Staates, und nach dem Sieg des Sozialismus den des ganzen Volkes zum Ausdruck bringt" bzw. "Recht ist ein System sozialer Beziehungen, das dem Interesse der herrschenden Klasse dient und daher von deren organisierter Macht, d.h. dem Staat unterstützt wird" (Artikel 590 des früheren russischen Strafgesetzbuches und übrigens die einzige mir bekannte Definition von Recht in Gesetzesform). Auch hier wird der Staat als unabdingbare Voraussetzung für das Vorhandensein von Recht impliziert. Generell wird Recht meist nicht seinem Inhalt bzw. seiner Funktion nach, sondern rein formal und in seinem Zusammenhang mit der staatlichen Organisation definiert. Eine solche ist für den Rechtsethnologen aber völlig wertlos (vgl. dazu auch GIRTLER 1971: 18 ff).

Vor die Wahl gestellt, entweder eine der zahllosen existierenden, allesamt inadäquaten Definitionen von Recht zu übernehmen oder diesen eine weitere, vermutlich ebenso unvollkommene hinzuzufügen, habe ich mich für die dritte Möglichkeit entschieden, nämlich zunächst überhaupt auf eine Definition von Recht zu verzichten. Im übrigen halte ich die endlosen Diskussionen um den Rechtsbegriff für ziemlich fruchtlos und rein akademisch. Ich glaube vielmehr, mit einem "annähernden Vorverständnis von 'Recht'" (SCHOTT 1983: 194), auskommen zu können (vgl. dazu auch SANDERS 1988: 37 f).

2.1.2 Gegenüberstellung von autochthonem Recht und staatlichem Recht

Im folgenden sollen einige generelle, sämtlichen indigenen Rechten eigenen Charakteristika herausgearbeitet und den typischen Merkmalen der modernen staatlichen Rechtssysteme gegenübergestellt werden. Es soll so ein nach Gegensatzfeldern gegliedertes, verallgemeinerungsfähiges Gegensatzmodell entworfen werden.

2.1.2.1 Die Rechtsquellen

Das staatliche Recht wird von Menschen geschaffen und ist von diesen auch jederzeit durch bestimmte, eigens zu diesem Zwecke eingerichtete Institutionen (z.B. Parlament[2]) abänderbar. Es ist schriftlich niedergelegt, unterliegt ständigen, teils abrupten Veränderungen, ist dafür aber in der Auslegung wenig flexibel. Diese mangelnde Flexibilität und die Schriftlichkeit werden von westlichen Juristen als die Grundpfeiler der vielgepriesenen Rechtssicherheit bezeichnet, also der Voraussehbarkeit der Rechtsfolgen eines Handelns oder einer Unterlassung. In der Realität existiert diese Rechtssicherheit freilich nur sehr bedingt, weil heute aufgrund der unübersehbaren Fülle höchst komplizierter Normen der einfache Staatsbürger bei weitem überfordert ist. In Österreich gibt es beispielsweise derzeit über 10.000 Gesetze, die nicht einmal mehr von Experten überblickt werden können.

Demgegenüber wird das autochthone Recht im Verständnis der Normunterworfenen nicht von Menschen geschaffen. Sie sind vielmehr der Überzeugung,

---

[2] Freilich werden die demokratisch legitimierten Parlamente in der Praxis oft zu bloßen 'Abstimmungsmaschinerien' degradiert, wo Gesetze zwar formell beschlossen, aber nicht gemacht werden (vgl. dazu u.a. ZIPS 1996: 12 f).

das Recht sei "einfach da" und müsse nur ermittelt werden. Die rechtlichen Spezialisten sind demnach lediglich "Rechtsanwender", nicht "Rechtsschöpfer". Autochthones Recht wird durch Oraltraditionen überliefert, unterliegt keinen so starken, abrupten Veränderungen wie das staatliche Recht, sondern entwickelt sich langsam weiter und paßt sich so allmählich und kaum merklich den geänderten gesellschaftlichen Verhältnissen an. Wenn Rechtssätze des autochthonen Gewohnheitsrechts im Zuge der "Modernisierung" schriftlich aufgezeichnet oder gar ganze Rechtsgebiete kodifiziert[3] werden, so bewirkt das, daß sich dieses Recht - weil es vor staatlichen Gerichten leichter beweisbar ist - länger hält.[4] Andererseits "versteinert" das Gewohnheitsrecht durch die Kodifizierung und wird immer ungeeigneter für die Lösung aktueller Konflikte. Es ist also nicht möglich, ein autochthones Recht aufzuzeichnen, ohne sein Wesen dabei grundlegend zu verändern!

2.1.2.2 Der Bereich des Rechtlichen

In modernen Rechtsstaaten westlicher Prägung ist jener Bereich des menschlichen Lebens, der von juristischer Bedeutung ist, klar festgelegt. Dieser Bereich wird zwar immer größer, es bleiben aber immer noch klar definierte Freiräume, in die sich der Staat nicht einmischen darf. Es herrscht eine strikte Trennung von Religion, Moral und Recht. Lediglich die Einhaltung der Normen des Rechts kann unter Verhängung bzw. Androhung staatlicher Sanktionen erzwungen werden. Verstöße gegen religiöse oder moralische Vorschriften ziehen hingegen lediglich soziale Sanktionen nach sich (welche freilich den Einzelnen viel härter treffen können als eine von einem Gericht ausgesprochene Strafe). Anderseits wird von seiten des Staates der (in der Praxis freilich nicht immer eingelöste) Anspruch erhoben, daß alle rechtsrelevanten Konfliktsituationen auch unter Rekurs auf Recht bei gleichzeitiger (zumindest versuchter) Unterdrückung anderer Reaktionsmöglichkeiten gelöst werden sollen. Das staatliche Recht wird nicht mehr von unten in der Gesellschaft formuliert, wo auch die moralischen Vorstellungen entwickelt werden, sondern von oben, d.h. vom Staat in Gestalt seiner Institutionen. Das Recht im Kontext des modernen Staates ist also nicht mehr der Ausdruck eines sozialen Konsenses, sondern ein obrigkeitliches Gebot (vgl. SANDERS, 1988, 39). Es kommt zu einer ständigen Ausbreitung staatlicher

---

[3] Unter Kodifikation versteht man eine Rechtssetzung in schriftlicher Form, wobei zumindest ein Rechtsgebiet systematisch und mit dem Anspruch auf Vollständigkeit geregelt wird.

[4] Eine analoge Entwicklung ist übrigens im Mittelalter in Europa eingetreten: Wo man die alten Stammesgewohnheitsrechte kodifizierte (z.B. im Sachsenspiegel, Schwabenspiegel usw.), hielten sie sich um 100 bis 150 Jahre länger gegen das rezipierte römisch-kanonische Recht als anderswo.

Macht, was zu jenen Phänomenen führt, die unter den Schlagworten "Verrechtlichung", "Gesetzesflut" u.s.w. zusammengefaßt werden können.

Im traditionellen Recht gibt es hingegen keinen "ausdifferenzierten" juristischen Bereich, die Grenzen von Moral, Religion und Recht sind fließend (vgl. z.B. HENRŸ 1981: 242 f). So weist THURNWALD (1934: 14) zu Recht darauf hin, daß in primitiven Kulturen "nicht bewußt Recht von Vorschriften anderer, etwa religiöser, moralischer und zauberischer Natur losgelöst betrachtet werden kann". Andere Autoren (z.B. WESEL 1985: 349) sprechen sogar von einer Einheit von Moral, Recht und Religion. Es gibt vielmehr eine, von Gesellschaft zu Gesellschaft unterschiedliche, Reaktionspalette auf soziale Konflikte. Das heißt, es können Sachverhalte, die nach unserer Logik im wesentlichen gleichartig sind, sehr verschiedenartige, gesellschaftlich gleichermaßen gebilligte, Reaktionen hervorrufen (vgl. KUPPE 1990: 6). So kann sich zum Beispiel ein Indigener entweder an sein Familien- bzw. Dorfoberhaupt zur Entscheidung eines Konfliktes wenden, oder aber die Hilfe eines "Hexers" in Anspruch nehmen, in manchen Gesellschaften kann er auch einfach wegziehen.

Zusammenfassend kann festgestellt werden, daß im Verhältnis zum staatlichen Recht im idealtypischen traditionellen Recht die Identität mit Moral größer, der Einfluß von Politik geringer, und der Bereich des Rechtlichen insgesamt kleiner ist. Schließlich ist noch festzuhalten, daß modernes staatliches Recht seine Zuständigkeit in der Regel nach dem Territorialprinzip bestimmt (d.h. im gesamten Staatsgebiet anwendbar ist), während das autochthone Gewohnheitsrecht auf dem Personalprinzip beruht, also von der Gruppenzugehörigkeit ausgeht.

2.1.2.3 Grundzüge des Normeninhalts

Staatliche Normen orientieren sich am Individuum. Um nur einige illustrative Beispiele zu nennen:

– Die Ehe etwa wird als ein auf dem freien Willen der Beteiligten beruhender Vertrag zwischen zwei Individuen angesehen;

– Eigentum wird als eine Vollrecht definiert, das einzelnen Individuen zusteht. Es gibt kaum Beschränkungen der Übertragung von Eigentum;

– die ökonomische Sphäre ist von synallagmatischen (das heißt auf Gegenseitigkeit beruhenden) Verträgen dominiert, es gibt kaum Beschränkungen der Vertragsformen;

– die Menschenrechtsgesetzgebung schützt primär die Rechte und Freiheiten des Einzelnen.

Demgegenüber ist das autochthone Recht an der Gemeinschaft orientiert:

– Die Ehe ist ein Vertrag zwischen Familien bzw. Gruppen, wodurch diese in Beziehung zueinander treten (d.h. es werden bestimmte kollektive Rechte und Pflichten gegenüber den Mitgliedern der anderen Familie bzw. Gruppe begründet; meist handelt es sich dabei um wirtschaftliche Pflichten oder Beistandspflichten);

– Einzelpersonen zustehende Eigentumsrechte sind selten (Grund und Boden etwa gehört in der Regel den Ahnen, dem Einzelnen steht nur ein Nutzungsrecht daran zu). Dem freien Transfer von Eigentum sind enge Grenzen gesetzt (vgl. ABEL 1984: 12);

– es gibt nur eine begrenzte Anzahl anerkannter Vertragsformen, zwischenmenschliche Beziehungen beruhen auf dem Status, also der Stellung, die eine Person innerhalb einer Gesellschaft einnimmt (vgl. VIVELO 1988: 160);

– Menschenrechte werden als Kollektivrechte aufgefaßt und dem Einzelnen auch Pflichten gegenüber der Gemeinschaft auferlegt. Diese Konzeption (Schlagwort: "Menschenrechte der dritten Generation") fand nicht nur Eingang in die "Afrikanische Charta der Rechte der Menschen und Völker", sondern dominiert, vor allem auf Betreiben afrikanischer Staaten, auch zunehmend die Diskussion um neue Menschenrechtsinstrumente der Vereinten Nationen (vgl. dazu u.a. HAZDRA 1992: 191 ff sowie RIEDEL 1989: 9 ff).

Ein wesentliches Charakteristikum eines modernen Rechtsstaates ist die Trennung von Privat- und Strafrecht. Verstöße gegen strafrechtliche Normen werden als Verstöße gegen die Interessen der Allgemeinheit, also des Staates, angesehen. Daher verhängt auch der Staat für gesellschaftlich unerwünschtes Verhalten eine (Freiheits- oder Geld-)Strafe. Im Gegensatz dazu stellen Normverstöße in den autochthonen Rechten (zumindest in wenig stratifizierten Gesellschaften) in jedem Fall eine Verletzung persönlicher Rechte Anderer dar, welche durch Bußen[5] ausgeglichen werden müssen, die aber dem Geschädigten bzw. dessen Gruppe zukommen und somit den Charakter eines Schadenersatzes besitzen.[6]

Von manchen Autoren wird der Schadenersatzcharakter einer Buße mit der Begründung verneint, von Schadenersatz könne man nur dann sprechen, wenn die Höhe der Buße tatsächlich genau dem entstandenen Schaden entspräche. Dieses Argument erscheint mir deshalb als nicht stichhaltig, weil es die Denkschemata

---

[5] Ein solches "Kompositionensystem" gab z.B. es auch in den alten deutschen Stammesrechten.

[6] Während also beispielsweise ein wegen Ehebruchs verurteilter Österreicher eine bestimmte Geldstrafe an den Staat zahlen muß, ist ein wegen des gleichen Deliktes überführter Afrikaner nach traditionellem Recht verpflichtet, dem betrogenen Ehemann eine Entschädigung zukommen zu lassen.

des modernen Rechtes in das autochthone Recht hineinträgt. Die genaue Schadenshöhe ist ja schon vielfach - insbesondere bei Eintritt immaterieller Schäden (wie etwa beim Ehebruch) - gar nicht genau bezifferbar, sondern muß von einer Institution nach bestimmten Kriterien, aber letztlich doch willkürlich festgelegt werden.[7] Ich würde hingegen als das wesentliche Kriterium, um von Schadenersatz sprechen zu können, ansehen, daß eine Zahlung **an den Geschädigten** (das heißt nicht an eine anonyme Institution wie den Staat) zum Zweck der Wiedergutmachung erfolgt. Demnach müßte man auch im erwähnten Fall des Ehebruches von Schadenersatz sprechen. Interessanterweise gibt es in europäischen Rechtsordnungen neuerdings starke Tendenzen, die Entschädigung des Opfers gegenüber der Bestrafung des Täters in den Vordergrund zu rücken (vgl. z.B. das österreichische Jugendgerichtsgesetz 1988). Den Gedankengang, der zu den für das europäische Strafrecht geradezu revolutionierenden Neuerungen führte, beschreibt der Kriminalsoziologe Heinz STEINERT folgendermaßen:

> Es empfiehlt sich also ein Blick in die Geschichte und in fremde Kulturen, besonders in die wenigen Beispiele von relativ egalitären, wenig herrschaftlichen, vorstaatlichen Gesellschaften. Dabei war für uns eine wichtige Entdeckung zu machen: Die Menschheitsgeschichte ist keineswegs ein zielstrebiger Fortschritt von schrecklichen Zuständen der Rechtlosigkeit und des blanken Rechts des Stärkeren zu zivilisierten Zuständen eines moderaten und vernünftigen, berechenbar ausgeübten gleichen Rechts. Die auch von Soziologen, besonders wirkungsvoll von Durkheim vorgetragene und verbreitete Vorstellung einer "primitiven" *strafenden* Herrschaft, die zunehmend abgelöst würde von *zivilen*, auf Vertrag und Übereinkunft beruhenden gesellschaftlichen Verbindungen, ist schlichtweg falsch. Wahr ist vielmehr, daß ursprünglich zivile Verhältnisse mit der Entstehung und Entwicklung der Zentralstaaten durch zentrale Herrschaft, als eines ihrer Mittel die *Strafe*, eine Übertragung aus dem Sklavenrecht, die unter Gleichen ohnehin undenkbar wäre, überzogen wurden. Es ist durchaus *nicht* ein "barbarischer" Zustand in einem langen Prozeß der "Humanisierung" überwunden worden. Die Barbarei steht eher am Ende des "Fortschritts" ... als an seinem Ausgangspunkt (STEINERT 1988: 13).

2.1.2.4 Das Verfahren zur Rechtsdurchsetzung

In staatlichen Rechtsordnungen wird ein Zivilverfahren, aber in gewisser Weise auch ein Strafverfahren, nach Anhörung der Streitparteien in einem genau geregelten Verfahren, in dem z.B. Fristen, Formerfordernisse für Eingaben usw.

[7] Besonders deutlich zeigt sich diese Willkürlichkeit heute im amerikanischen Schadenersatzrecht.

exakt festgelegt sind, durch das Urteil eines unabhängigen Gerichtes entschieden. "Unabhängig" in diesem Zusammenhang bedeutet, daß der oder die Richter Spezialisten sind, die weder die Parteien, noch die konkrete Streitsache durch außerhalb des anhängigen Verfahrens liegende Umstände kennen. Das (in der Praxis freilich keineswegs immer erreichte) Ziel des Gesetzgebers ist die Durchsetzung von Recht ohne Ansehen der Person.

Ganz anders in traditionellen Rechtsordnungen: Dort liegt das Schwergewicht bei der Streitbeilegung auf Verhandlung bzw. Vermittlung durch Dritte, wobei vielfach dem Zeremoniell eine große Bedeutung zukommt.[8] Der Richter - der in autochthonen Rechtssystemen treffender als Streitbeilegungsorgan bezeichnet werden sollte - kennt die Beteiligten in der Regel schon jahrelang, er kennt die konkreten Umstände des Streitfalles und er weiß meist auch um die sozialen Verhältnisse der Parteien bescheid, die zu dem aktuellen Konflikt geführt haben. Das Streitbeilegungsorgan ist - zumindest soweit es sich nicht um ausgeprägt kephale Gesellschaften handelt - Teil der Gemeinschaft, das Ziel des Verfahrens ist daher die Erhaltung dieser Gemeinschaft und die Ermöglichung eines friedlichen Zusammenlebens innerhalb der Gruppe (was vielfach schon eine rein ökonomische Notwendigkeit darstellt). Die Betonung liegt daher auf der Suche nach Kompromissen und Möglichkeiten zur Versöhnung der Streitparteien.

Im Verfahren legt das staatliche Recht die Zulässigkeit von Argumenten fest, das heißt, der Fall wird aus den sonstigen sozialen Beziehungen unter den Beteiligten herausgehoben, die für die aktuelle Entscheidungsfindung außer Betracht bleiben (vgl. KUPPE 1990: 9). Jemand der etwa das Auto eines anderen beschädigt, kann sich also vor Gericht nicht damit entschuldigen, dieser hätte seine Tochter verführt. Anders im autochthonen Recht: Hier wird, wie bereits angedeutet, die gesamte soziale Situation der Streitparteien berücksichtigt, wodurch ein Finden ausgewogener und dauerhafter Lösungen ermöglicht wird. Die Akzeptanz der vorgebrachten Argumente hängt freilich stark von Faktoren ab, die im modernen staatlichen Recht (zumindest nach dem Wortlaut des Gesetzes) keine Rolle spielen, wie rhetorisches Geschick, originelle Argumentation, aber auch die soziale Stellung des Einzelnen (verbunden mit der Frage, ob vielleicht eine breite "Pressure Group" hinter ihm steht). Vor staatlichen Gerichten übernehmen meist bezahlte Spezialisten (Rechtsanwälte) die Vertretung der Streitparteien. Wer dagegen einer Partei vor einem traditionellen Gericht unterstützt, tut dies aus politischer Loyalität (vgl. ABEL 1984: 9 f).

Ein weiterer relevanter Unterschied zwischen autochthonen und modernen Verfahrensrechten besteht im Bereich der Beweiswürdigung: In staatlichen Verfahren gibt es in der Regel eine freie Beweiswürdigung, das heißt, der Richter entscheidet aufgrund seiner freien, im Beweisverfahren gewonnenen Überzeu-

---

[8] Allerdings wird mit zunehmender Zentralisierung und Hierarchisierung einer Gesellschaft das Verfahren immer mehr formalisiert.

gung. Demgegenüber gibt es in traditionellen Rechtssystemen oft eine gebundene Beweiswürdigung, was bedeutet, daß das Streitbeilegungsorgan bei der Frage, ob es einen behaupteten Sachverhalt als wahr annimmt, gebunden ist, etwa an einen Orakelspruch.[9] Im übrigen zeichnet sich staatliches Recht durch die, auch durch internationale Menschenrechtsinstrumente garantierte, Möglichkeit aus, eine richterliche Entscheidung im Instanzenzug überprüfen zu lassen, während vielen traditionellen Rechtsordnungen, insbesondere jenen egalitärer Gesellschaften, die Einräumung einer Berufungsmöglichkeit fremd ist.

2.1.2.5 Streitentscheidung und Sanktionen

Hier sollen der strafrechtliche und der zivilrechtliche Bereich separat behandelt werden, obwohl diese strikte Unterscheidung nur für das staatliche Recht Gültigkeit hat. Im staatlichen Strafrecht hat die Sanktion immer einen Strafcharakter, ist also eine an den Staat abzuführende Geldstrafe oder gar eine Gefängnisstrafe. Der Geschädigte hat zwar einen rechtlichen Anspruch auf Entschädigung, in der Praxis geht er aber oft leer aus. Dagegen ist das traditionelle Recht kompensatorisch, was bedeutet, daß der in seinen Rechten Verletzte (beziehungsweise seine Familie) für den erlittenen Schaden eine Entschädigung erhält. Daher wird er eher bereit sein, sich mit seinem Gegner zu versöhnen. Die Entscheidung in Privatrechtsstreitigkeiten vor staatlichen Gerichten lautet meist auf ein "Alles oder Nichts", wohingegen am Ende einer autochthonen Streitbeilegung oft ein Kompromiß steht.

Aus dem bisher Gesagten ergibt sich als bedauerliches Faktum, daß mit der Entscheidung eines staatlichen Gerichts - sei es jetzt in Zivil- oder in Strafrechtssachen - einer der Beteiligten (bei Strafprozessen der Verurteilte) nicht einverstanden sein wird. Daher muß das Urteil für den Fall, daß ihm nicht freiwillig Folge geleistet wird, zwangsweise durchsetzbar sein. Wenn also ein zu einer Freiheitsstrafe verurteilter Straftäter sich nicht zum befohlenen Zeitpunkt zum Strafantritt meldet, wird er von der Polizei gesucht und festgenommen werden. Wenn jemand eine Zahlung, zu der er verurteilt wurde, nicht leistet, wird über kurz oder lang ein Gerichtsexekutor ihm gehörige Gegenstände pfänden. Solche institutionalisierten Zwangsapparate fehlen jedoch den autochthonen Rechtsordnungen (außer in ausgeprägt kephalen Gesellschaften), sodaß Entscheidungen nicht zwangsweise durchsetzbar sind (vgl. WESEL 1985: 347). Daraus folgt, daß die Entscheidung von allen Beteiligten akzeptiert werden muß, um sozial wirksam zu werden. Es kann sich nicht um Mehrheitsentscheidungen, wie sie etwa vor staatlichen Kollegialgerichten üblich sind, handeln, sondern vielmehr nur um einen, von der gesamten Gemeinschaft getragenen und in Form einer Art von

[9] Diese Technik ist bei den Azande in Zentralafrika besonders ausgeprägt.

"Reasoning" zustandegekommenen Kompromiß. Wo das nicht gelingt, wird es früher oder später zu Selbsthilfe und Rache oder zur Spaltung der Gruppe kommen.

2.1.3 Traditionelles Recht im schwarzafrikanischen Kontext

Im vorangegangenen Kapitel wurden die Charakteristika des Rechts egalitärer Gesellschaften jenen moderner staatlicher Rechtsordnungen gegenübergestellt. Nun waren und sind aber viele afrikanische Gesellschaften, und insbesondere jene im südlichen Afrika mit (mit Ausnahme der in der vorliegenden Arbeit nicht behandelten Khoisaniden) eben keine egalitären, sondern komplexe, stratifizierte Gesellschaften, die entweder Häuptlingstümer (z.B. Tswana, Venda) oder große Staaten (z.B. Zulu, Sotho) bildeten (vgl. MURDOCK 1981: 91 ff). In den Rechtssystemen dieser Gesellschaften finden sich daher schon zahlreiche Elemente, die für das staatliche Recht typisch sind. Natürlich kann im Rahmen dieser Arbeit keine ausführliche Darstellung der Gewohnheitsrechte der verschiedenen Ethnien erfolgen.[10] Vielmehr soll im folgenden beleuchtet werden, wie die afrikanischen Gewohnheitsrechtssysteme auf die Konfrontation mit dem importierten europäischen Recht reagiert haben bzw. reagieren.

2.2 RECHTSANTHROPOLOGISCHE METHODEN ZUR FEST-STELLUNG GEWOHNHEITSRECHTLICHER NORMEN

In diesem Abschnitt sollen die Methoden dargestellt werden, welche die Rechtsanthropologen zur Feststellung rechtlicher Phänomene in nichtstaatlichen Gesellschaften entwickelt haben. Im großen und ganzen gibt es drei Arbeitsweisen, die von LLEWELLYN/HOEBEL (1941: 20 f) erstmals skizziert wurden, nämlich

1) die ideologische, deduktive Methode, die von einer rein normativen Betrachtungsweise des Rechtes ausgeht und sich auf deduktiver Basis mit dem Studium abstrakter Idealnormen beschäftigt, gleichgültig, ob diese kodifiziert sind oder im Wege der Oraltradition überliefert wurden;

2) die deskriptive Methode, die vom tatsächlichen Verhalten der Menschen ausgehend, weitgehend wertfrei versucht, Regelmäßigkeiten ihres Verhaltens festzustellen;

---

[10] Zu den Gewohnheitsrechten einzelner Ethnien existieren zahlreiche Monographien (Klassiker sind z.B. SCHAPERA 1955; GLUCKMAN 1955 und 1965; POULTER 1976).

3) die induktive Methode (Fallmethode), die von konkreten Streitfällen ausgeht und nur jene Normen als Rechtssätze anerkennt, die ihr Durchsetzungsvermögen in einem solchen "trouble case" tatsächlich bewiesen haben.

ad 1) Diese Methode entspricht am ehesten den kontinentaleuropäischen Vorstellungen, die ja alle von kodifizierten, generellen Rechtsnormen ausgehen. Sie nimmt an, daß sich Recht bei allen Völkern in kodifizierbaren, das heißt in Gesetzestexten fixierbaren Regeln manifestiere. Auch schriftlose Völker mit oraler Tradition besaßen angeblich solche Rechtsregeln, die aufgeschrieben und nach der kontinentaleuropäischen Rechtsystematik geordnet werden konnten (vgl. SCHOTT 1983: 184). Die deduktive Methode wurde von den Vertretern der frühen deutschen "ethnologischen Jurisprudenz", allen voran vom Bremer Richter Albrecht Hermann POST (1989) verfochten. In wissenschaftlicher Hinsicht fußt diese Methode auf der im 19. Jahrhundert weitverbreiteten Ansicht, das Wesen traditioneller Gesellschaften könnte durch die Beschreibung von Idealnormen, also die Erstellung eines ideologischen Konstrukts, erfaßt werden - ein Konzept, das von so bekannten Autoren wie MAINE, DURKHEIM oder WEBER vertreten wurde. Das Hauptgewicht der deduktiven Methode lag auf der Fragebogentechnik und auf der Befragung ausgewählter Informanten (Chiefs, Älteste), die man als rechtskundig einstufte. Ein extremes Beispiel für einen deduktiven Ansatz ist die von Professor A.C. MYBURGH in Südafrika gegründete "Jural School" (zu dieser vgl. z.B. SANDERS 1987: 408).

Die Vertreter der deduktiven Methode haben aber außer Acht gelassen, daß ihre Arbeitsweise auf den abendländischen Denkschemata beruht, ihr also ein gewisser Ethnozentrismus inhärent ist. Auch wenn man der von EPSTEIN (1967: 208) vertretenen Ansicht, daß das Abstraktionsvermögen bei Naturvölkern wesentlich weniger ausgeprägt sei, nicht zustimmen mag, so besteht doch immer die Gefahr einer Verfälschung durch Abstrahierung. Ein Hauptkritikpunkt an der deduktiven Methode ist daher, daß sie die Rechtswirklichkeit zu wenig berücksichtigt, und daß es leicht zu Fehlinterpretationen kommen kann, wenn etwa "totes Recht" mit "lebendem Recht" verwechselt wird (vgl. POSPISIL 1971: 27). Der britische Sozialanthropologe und Begründer des Funktionalismus, Bronislaw MALINOWSKI, wandte sich denn auch mit der Begründung gegen diesen Ansatz, keine Kultur könne verstanden werden ohne die Erforschung der Diskrepanz zwischen Idealverhalten und tatsächlichem Verhalten (vgl. MALINOWSKI 1944: 48; 1972: LXI ff).

ad 2) Die deskriptive, empirische Methode wurde von Richard THURNWALD begründet und dann vor allem von MALINOWSKI verfochten. Ihm ging es darum, durch teilnehmende Beobachtung festzustellen, was die Menschen in einer realen Situation tatsächlich tun, und nicht darum, was sie in einer hypothetischen

Situation tun sollten. Er konzentriert sich also auf das "lebende" Recht und erkennt dabei zugleich die Interdependenz von Recht mit den anderen normenschaffenden Bereichen der Kultur wie Religion, Moral, Sitte etc. (vgl. MALINOWSKI 1926: 125). Diese Methode eignet sich besonders zur Feststellung des Prozeß- und Beweismittelrechts (vgl. PRINSLOO 1993: 223). Sie übersieht nach Ansicht ihrer Kritiker jedoch, daß die Normqualität des Rechts nicht aus der faktischen Geltung alleine begründet werden kann, sondern auch eine Sollensordnung impliziert (vgl. GIRTLER 1971: 14; KLAUSBERGER 1982: 54). Die deskriptive Methode steht auch in diametralem Gegensatz zu der bereits in Kap. 2.1.1. erwähnten und noch heute in Österreich (zumindest im Bereich des öffentlichen Rechts) dominierenden "reinen Rechtslehre", die von der strikten Trennung von Sein und Sollen ausgeht, was bedeutet, daß "aus einem Sein (Wirksamkeit) kein Sollen (Verbindlichkeit) abgeleitet werden kann" (WALTER/MAYER 1985: 1).

ad 3) Die Fallstudienmethode ("Trouble Case Method") orientiert sich ebenfalls an der Rechtswirklichkeit. Die Anhänger dieser Methode (z.B. Karl N. LLEWELLYN, E. Adamson HOEBEL, Leopold POSPISIL, Isaac SCHAPERA[11]) sind bestrebt, durch eine Analyse der Vorgeschichte, des Verlaufs und der Lösung konkreter Streitfälle die dahinterstehenden Rechtsnormen zu erschließen (vgl. GOTSBACHNER 1995: 20). Sie kommen also über die Untersuchung einer Vielzahl von Fällen zum Recht und arbeiten damit ganz ähnlich wie die Juristen des anglosächsischen Common Law, das ja auch ein "Case Law" ist. Die Fallmethode hat denn auch im angloamerikanischen Raum die meisten Anhänger gefunden. Die auf dieser Methode basierenden Forschungen stützen sich oft auf das Studium von Gerichtsakten. In Großbritannien wurde sie von Max GLUCKMAN zur "Extended Case Method" weiterentwickelt, welche den einzelnen Konflikt und seine Beilegung zwischen den Parteien nicht mehr isoliert betrachtet, sondern ihn als Teil einer Kette von Konflikten zwischen sich streitenden Parteien auffaßt, die nur in der Analyse der gesamten sozialen Situation, in der sie sich befinden, also im weiteren sozialen Kontext, zu verstehen sind (vgl. SCHOTT 1983: 191).

Die Schwäche dieses methodischen Ansatzes ist, daß mit ihr nur jene Normen ermittelt werden können, die im Rahmen eines Rechtsstreites an die Öffentlichkeit gelangen. Jedes Recht hat aber neben der Reaktionsfunktion (d.h. Bereinigung von Konflikten) auch eine Ordnungsfunktion, die der Verhaltenssteuerung und damit präventiv der Konfliktvermeidung dient (vgl. dazu auch HOLLEMAN 1986: 116). Jene Rechtsnormen, die sich lediglich in der Verhaltenssteuerung manifestieren, können mit der Fallmethode logischerweise nicht ermittelt werden.

---

[11] Die grundlegenden Thesen der genannten Autoren sind in ihren Hauptwerken zusammengefaßt: LLEWELLYN/HOEBEL 1941, POSPISIL 1971, SCHAPERA 1955.

Um dies an einem ganz einfachen Beispiel zu verdeutlichen: Das traditionellen Recht einer Gesellschaft sieht bestimmte Sanktionen für Mord vor. Wenn nun diese Sanktionen so abschreckend wirken, daß tatsächlich kein Mord begangen wird, so ist es mit der Fallstudienmethode nicht möglich, diese Sanktionen zu ermitteln. Bei vielen Ethnien werden familienrechtliche Streitigkeiten bereits vor der Gerichtsanhängigkeit auf der Ebene schiedsgerichtsähnlicher Instanzen geregelt und bleiben somit in Sammlungen von Gerichtsfällen unberücksichtigt (vgl. BERGER 1981: 10). Im übrigen ist es schwierig, zwischen "toten Normen" und gültigen Normen vor ihrer Anwendung zu unterscheiden. Der Wiener Soziologe Roland GIRTLER schreibt dazu:

> Eine Norm trägt mir, zum Beispiel, auf, mich in einer bestimmten Situation in einer bestimmten Weise zu verhalten. Wenn diese Situation nun nicht eintritt, ist die Norm als solche dann schon obsolet geworden? Nein. (GIRTLER 1971: 16).

Dazu kommt natürlich noch ein weiterer Unsicherheitsfaktor: Manchmal muß von einer einzigen Entscheidung auf eine allgemein gültige Rechtsnorm geschlossen werden, und das ist problematisch, weil anzunehmen ist, daß es auch in afrikanischen Rechtskulturen gelegentlich zu Fehlentscheidungen kommen kann (vgl. dazu GLUCKMAN 1969a: 8).

Jede der genannten Methoden hat ihre Stärken und Schwächen. Es erscheint daher, um möglichst gesichertes Material zu erhalten, angezeigt, "die essentiellen Arbeitsstrategien aller drei Verfahrensweisen kritisch selektiv in ein methodisches Gesamtkonzept einfließen zu lassen" (KLAUSBERGER 1979: 30). Informationen, die durch eine Methode gewonnen wurden, sollten mit Ergebnissen anderer Methoden ergänzt und überprüft werden (vgl. PRINSLOO 1993: 225). Ein gutes Beispiel für die Kombination mehrer Methoden ist das allgemein als erfolgreich bewertete "Restatement of Law Project" der School of Oriental and African Studies der Universität London. Die Mitarbeiter dieses Projekts bedienten sich vor allem der Fallstudienmethode und überprüften die so gewonnenen Daten dann anhand von Interviews. So gelang es ihnen, innerhalb relativ kurzer Zeit, große Teile des traditionellen Privatrechts einzelner Ethnien zu dokumentieren.[12]

---

[12] Als Beispiele seien hier erwähnt: COTRAN, Kenya I, The Law of Marriage and Divorce (1968); ders., Kenya II, The Law of Succession (1969); IBIK, Malawi I, the Law of Marriage and Divorce (1970); ders., Malawi II, The Law of Land, Succession, Movable Property (1973); RUBIN, The Swazi Law of Succession: A Restatement, 1965 Journal of African Law, 90-113; ders., Matrimonial Law among the Bali of West Cameroon: A Restatement, 1970 Journal of African Law, 69-97.

Eine Frage bleibt jedoch nach wie vor ungelöst. Sie betrifft das grundlegende Dilemma transkultureller wissenschaftlicher Analyse: Inwieweit ist es überhaupt möglich, interkulturelle Vergleiche anzustellen und damit universale soziale Gesetzmäßigkeiten empirisch überprüfbar festzustellen? Zu diesem Thema lieferten sich zwei der bedeutendsten Rechtsanthropologen des 20. Jahrhunderts, Paul BOHANNAN und Max GLUCKMAN, eine Kontroverse. GLUCKMAN, der eine formaljuristische Ausbildung im römisch-holländischen Recht besaß, behauptete, daß die Verfeinerung der englischen, und generell der europäischen Jurisprudenz uns mit einem, trotz seiner Konnotationen, geeigneteren Begriffsapparat (als Instrument der Analyse) ausstatte als die Sprachen des tribalen Rechts (vgl. GLUCKMAN 1955: 382).[13] Er hielt diesen Ansatz in der Diskussion aufrecht, obwohl er an vielen Stellen auch Konzepte der von ihm untersuchten Lozi (im heutigen Zambia) verwenden mußte, für die es offensichtlich kein englisches Äquivalent gibt. BOHANNAN dagegen erkannte im Zuge seiner Feldforschung bei den Tiv (in Nigeria), daß eine Beschreibung des von den Indigenen selbst gehandhabten Systems nur mittels deren eigener Kategorien (sog. "Legal Folk System", von anderen Autoren auch als "Emic System" bezeichnet) möglich sei (vgl. BOHANNAN 1957: 4 f). Die große Gefahr transkultureller Interpretation - von ihm als "Analytical System", von anderen Forschern auch als "Etic System" bezeichnet (vgl. SCHOTT 1983: 197) - sei, daß das kulturgebundene Vorverständnis des Ethnographen das empirisch gesammelte Material derart präge, daß die Interpretation bloß verzerrende Beobachterphänomene produziere. Genau diese Anschuldigung brachte BOHANNAN gegenüber GLUCKMAN vor. Konkret warf er ihm vor, das westliche "Legal Folk System" generell zum analytischen (der Wissenschaft) erhoben zu haben (vgl. BOHANNAN 1969: 411). Dem hielt wiederum GLUCKMAN entgegen, daß eine vergleichende Interpretation von ethnographischen Daten verschiedener Gesellschaften ohne Rückgriff auf eine verbindende Terminologie nicht möglich wäre, wobei fatalerweise die rein ethnographische Beschreibung selbst schwer von vergleichend-interpretativen Kategorien freizuhalten sei (vgl. GLUCKMAN 1969b: 361). Beide Seiten erhielten Unterstützung von namhaften Rechtsethnologen (dazu auch BERGER 1981: 4), doch wurde bis heute kein wirklich überzeugender Ausweg aus diesem Dilemma gefunden.

Schließlich muß noch darauf hingewiesen werden, daß es heute immer schwieriger wird, das Recht einer ganzen Ethnie zu erforschen, weil sich viele afrikanische Gesellschaften in einem rapide voranschreitenden Prozeß des wirtschaftlichen und sozialen Umbruchs, der Desintegration und Akkulturation an die

[13] So erwähnte er im Vorwort zu dem genannten Werk, daß er die Begriffe "Law", "Right", "Duty" etc. in der Bedeutung des *Concise Oxford Dictionary* benutze - eine Vorgangsweise, die ich zumindest für fragwürdig halte.

kapitalistische Industrie- und Dienstleistungsgesellschaft befinden, der oft mit kultureller Entwurzelung und Verwirrung einhergeht. Daher können sich die Rechtsvorstellungen kurzfristig ändern beziehungsweise lokal eng begrenzte Ausformungen annehmen.

Wesentlich ist, daß sich die moderne Rechtsethnologie nicht auf die bloße Erforschung rechtlicher Phänomene in nichtstaatlichen Gesellschaften beschränken darf, was m.E. in einer vom Salzburger Rechtsethnologen Friedrich KLAUSBERGER geprägten Definition sehr schön zum Ausdruck kommt:

> [Die Rechtsethnologie] soll die noch vorhandenen "Stammesrechte" so wie sie sich uns heute darbieten unter Einschließung der traditionellen Quellen aufnehmen, ihre Veränderungen, die sie beispielsweise durch den massiven Einfluß ökonomischer Leitbilder westlicher Herkunft oder durch artfremde religiöse Weltbilder erfahren haben, analysieren, ihre Vereinheitlichung und Harmonisierung mit den Rechtsordnungen anderer innerhalb eines bestimmten Territoriums lebender Völker überdenken und daraus Reformvorschläge zu einer gesamtstaatlichen Rechtsintegration, die im Traditionsbewußtsein der von ihr betroffenen Völker verankert ist, ableiten. (KLAUSBERGER 1979: 26).

Die Kenntnis der traditionellen Rechtsordnungen bildet lediglich die Voraussetzung und Grundlage für weitere Tätigkeitsfelder und gesellschaftspolitisches Engagement.

2.3 VERÄNDERUNGEN DER TRADITIONELLEN AFRIKANISCHEN GEWOHNHEITSRECHTE

2.3.1 Veränderungen in vorkolonialer Zeit

Stetige Veränderung und allmähliche Anpassung an die jeweils aktuellen Erfordernisse des Zusammenlebens - auch unter dem Einfluß von Kulturkontakten - war immer ein Hauptmerkmal der afrikanischen Gewohnheitsrechte. Diese charakteristische Dynamik bedeutete freilich nie einen radikalen Bruch mit den traditionellen Wertvorstellungen.[14] Zu größeren Umbildungen des Gewohnheitsrechtes kam es insbesondere, wenn eine politische Neugliederung erfolgte (vgl. z.B. POULTER 1976: 18 f).

---

[14] Etwas anders ist der vorkoloniale Einfluß von Christentum und Islam im nördlichen Teil Afrikas zu bewerten: Hier kam es in der Folge zu teilweise tiefgreifenden Umgestaltungen des traditionellen Rechts. So wurde mancherorts die dominierende Matrilinearität von patriarchalischen Strukturen verdrängt. Die Behandlung dieser sehr komplexen Problematik soll jedoch nicht Gegenstand der vorliegenden Arbeit sein.

2.3.2 Veränderungen in der Kolonialzeit

Neben den im vorangehenden Kapitel beschriebenen allmählichen, "endogenen" Veränderungen waren die afrikanischen Gewohnheitsrechte in der Kolonialepoche auch viel radikaleren, "exogen" verursachten Veränderungen unterworfen, die manchmal beabsichtigt, viel öfter aber unbeabsichtigt, von den Kolonialadministrationen herbeigeführt wurden. Über die Frage, wie tiefgreifend diese Veränderungen waren, gehen die Meinungen auseinander: Eine Minderheit (z.B. BOZEMANN 1976: 231) behauptet, daß das afrikanische Gewohnheitsrecht die Kolonialepoche im wesentlichen unverändert überdauert und sogar manche europäische Ideen und Institutionen "afrikanisiert" hätte. Dagegen meinen andere Autoren, daß Maßnahmen der Kolonialbehörden entgegen ihrer ursprünglichen Intention zu einer völligen Verfälschung des traditionellen afrikanischen Rechts geführt hätten (vgl. z.B. DAVID/GRASMANN 1988: 642, SANDERS 1994: 71). Manche gehen sogar noch weiter und sprechen davon, daß die Kolonialmächte ein Gewohnheitsrecht "erfunden" hätten (vgl. insbes. die Studien von FITZPATRICK (1983), RANGER (1983) und CHANOCK (1985)[15], der im Zuge seiner Untersuchung die Akten kolonialer "Native Courts" in Malawi ausgewertet hat. ROBERTS (1984: 4 f) und BENDA-BECKMANN (1984: 28 ff) stimmen dieser Behauptung dagegen nur teilweise zu und letzterer weist dabei auf seine in Asien gemachten Erfahrung hin, daß die Dorfbewohner jenes Recht anwenden und weitertradieren, das sie als "ihr" normatives System ansehen - und dieses unterscheidet sich in Form, Struktur und Inhalt erheblich von dem, welches in einem anderen Zusammenhang (also etwa durch Kodifikation oder durch Rechtsanwendung europäischer Richter) entsteht. BENDA-BECKMANN (a.a.O.) weist damit auf einen wichtigen Aspekt hin, der oft übersehen wird: Wenn das traditionelle Gewohnheitsrecht einer Ethnie z.B. durch eine Kodifikation formell verändert wird, so behält unterhalb der Ebene der Gerichtsanhängigkeit oft das ursprüngliche, von der Rechtsüberzeugung der Normunterworfenen getragene und weiterentwickelte Recht seine faktische Geltung (vgl. dazu auch MOLOKOMME 1994: 308). In diesem Zusammenhang ist darauf hinzuweisen, daß selbst in Gesellschaften mit einer komplexen Hierarchie von Gerichten die Parteien oft eine informelle Beilegung ihres Rechtsstreites suchen können (vgl. KEESING 1981: 332).

---

[15] An dieser Stelle sei auch die lesenswerte Kritik an CHANOCK's Buch von SNYDER (1988) erwähnt.

Über die Gründe der erwähnten tiefgreifenden Veränderungen der afrikanischen Gewohnheitsrechte herrscht weitgehende Einigkeit. Drei Hauptfaktoren sind klar auszumachen:

1) Kodifikationen[16] traditionellen Rechts: Dabei bestand stets die Gefahr, daß das ursprüngliche Recht durch die einheimischen Informanten in ihrem Interesse verändert wurde (z.B. konnten Chiefs behaupten, mehr Rechte zu besitzen, als ihnen traditionell tatsächlich zustanden). Anderseits versuchten die Kolonisatoren oft, ihnen nicht genehme Normen auszuklammern. Als bekanntestes Beispiel sei hier nur der Natal Code of Bantu Law aus dem Jahre 1887 genannt, mit dem auch eine Veränderung des Gewohnheitsrechts (insbesondere im Eherecht) verbunden war, weil die Kodifikatoren Common Law-Gedankengut einfließen ließen (vgl. BEKKER 1989: 11 f, 41 f; dazu auch in Kap. 3.5.). Daneben sind natürlich die allgemeinen, jeder Kodifikation immanenten Probleme (dazu unten in Kap. 2.3.3.) zu berücksichtigen.

2) Die Einführung des sogenannten "Repugnance Clause". Darunter versteht man die, auf dem Vorurteil der Überlegenheit des europäischen Rechts in Fragen der Ethik beruhende, Einschränkung des Geltungsbereiches gewohnheitsrechtlicher Regeln (vgl. u.a. ADEI (1981: 48 f) oder SANDERS (1986b: 113 f); dazu ausführlicher in Kapitel 2.9.1.2.): Durch den Repugnance Clause wurde die Anwendung gewohnheitsrechtlicher Regeln immer dann ausgeschlossen, wenn sie dem "Ordre Public Colonial", also den allgemeinen Prinzipien der "Zivilisation" und den Vorstellungen der Kolonialmacht von Gerechtigkeit widersprachen. Das war insbesondere im Bereich des Strafrechts häufig der Fall: Die Sühnung schwerer Verbrechen wie Raub, Vergewaltigung oder Mord wurde schon bald nach Beginn der Kolonialzeit der gewohnheitsrechtlichen Gerichtsbarkeit entzogen. In der Folge haben die Kolonialherren die gesamte Strafgerichtsbarkeit für sich in Anspruch genommen und damit das Gewaltmonopol des Staates etabliert. BAUER (1989: 7) konstatiert in diesem Zusammenhang, daß "durch den Verlust der strafrechtlichen Kompetenz das Gewohnheitsrecht ganz entscheidend geschwächt und marginalisiert" wurde. Aber auch überaus wesentliche Praktiken des traditionellen Eherechts, wie die Brautpreiszahlung oder das Levirat wurden meist als "unzivilisiert" eingestuft und daher von den Gerichten nicht anerkannt.

3) Jene Maßnahmen der Kolonialverwalter, mit denen sie (auch zur Entlastung der Kolonialadministration) sicherstellen wollten, daß die Beziehungen der Einheimischen untereinander auch weiterhin nach Gewohnheitsrecht beurteilt

---

[16] Vgl. Fußn. 3.

werden. Das afrikanische Gewohnheitsrecht, das traditionell durch "Stammesgerichte" (d.h. Headmen, Chiefs) angewendet wurde, erfuhr (zumindest in den britischen Kolonien) in mehrfacher Weise gravierende Verfälschungen: Zum einen wurden die Völker Afrikas durch die willkürliche Grenzziehung der europäischen Mächte zerstückelt und dadurch den traditionellen Häuptlingen die materielle und territoriale Basis ihrer Autorität entzogen (KI-ZERBO 1981: 486). Zum anderen verliehen die Briten oft Häuptlingen oder Rechtsinstitutionen eine Autorität, die sie in ihrer sozialen Umgebung gar nicht (mehr) hatten (vgl. DAVID/GRASMANN 1988: 645). Wenn das "Indirect Rule" auch die Aristokratie der Emire und Sultane zufriedenstellte, so zeigte die Erfahrung doch, daß es selten die Wünsche der Untertanen erfüllte (KI-ZERBO 1981: 486).

In diesem Zusammenhang darf nicht vergessen werden, daß die Briten das Gewohnheitsrecht hauptsächlich dazu benutzten, um kulturelle und soziale Spannungen zwischen den Kolonialherren und der einheimischen Bevölkerung zu minimieren und Konflikte zwischen verschieden indigenen Gruppen zu verhindern (vgl. BAUER 1989: 6). Die Kolonialverwaltung brauchte immer einen Ansprechpartner, mit dem sie verhandeln konnte und der die getroffenen Entscheidungen innerhalb seiner Gruppe durchsetzen sollte. Wo aufgrund der traditionellen Sozialstruktur kein solcher Führer vorhanden war - wie etwa bei den Buschmännern - verweigerte man einfach die Anerkennung traditioneller Rechtsformen.

Die Engländer konnten ihnen ungenehme Chiefs aber auch absetzen. Deshalb scheuten sich letztere oft, traditionelle Normen, die den Engländern mißfielen, anzuwenden. Die Aufsicht über die traditionellen Gerichte besorgte der "District Commissioner" meist dadurch daß er seinen Gerichtsschreiber zu den Prozessen schickte und ihn ein Protokoll aufnehmen ließ. Das bedeutete, daß der Schreiber/Übersetzer oft auf Posten in Gegenden geschickt wurde, in denen der örtliche Rechtsbrauch ihm ebenso fremd war wie seinem kolonialen Vorgesetzten.

> Selbst für jene [Schreiber/Übersetzer], die hart arbeiteten, um die örtlichen Gesetze ihrer neuen Umgebung zu lernen, war es für das Vorankommen in ihrer beruflichen Laufbahn weitaus wichiger, daß sie ihr Verständnis des englischen Verfahrensrechts (Ausfüllen von Gerichtsformularen, Protokollieren von Parteivorbringungen, Fernhalten von Zeugen aus dem Gerichtssaal, bis sie angehört wurden oder Niederschreiben von Urteilen) bewiesen, als zu zeigen, daß sie das örtliche afrikanische Recht begriffen hatten. Ihr Einfluß auf die Veränderungen im afrikanischen Verfahrensrecht war gewaltig. Sie mußten lernen, das Verhandlungsprotokoll bei einem afrikanischen Fall nur auf die Erklärungen der eigentlichen Prozeßparteien, ihrer Zeugen sowie des Richters und/oder Sachverständigen zu beschränken, und die mußten lernen, jegliche Aussagen aus den Reihen der Zuschauer auszuschließen, die sich auf Beweise oder die rechtliche Auslegung von afrikanischen Gesetzen bezogen, die für das Verfahren von Bedeutung gewesen wären. Die Teilnahme des Publikums war degegen in traditionellen

> Verfahren wichtig. Ein gewissenhafter Gerichtsschreiber spielte somit eine wichtige Rolle beim Zurückdrängen einer umfassenden Anwendung afrikanischer Vorstellungen ... Die extrem verkürzten Niederschriften von Urteilen unter der Aufsicht eines District Officer auf der Dorfebene spiegeln wider, daß die afrikanischen Gerichtsschreiber die prozessuale Verengung des rezipierten englischen Rechts verinnerlicht hatten (JONES 1996: 353 f).

Noch viel krasser waren die Veränderungen im französischen Einflußbereich: Die Kolonialregierung führte ihre praktische Arbeit über ein Netz von Kreiskommandanten (Prefects) durch, denen die Führung aller Agenden in ihrem Zuständigkeitsbereich oblag. Da die Entfernung von der Zentrale dies noch unterstützte, war er wirklich "der Gott im afrikanischen Busch" (KI-ZERBO 1981: 478). Die traditionellen Stammesgerichte ersetzte man kurzerhand durch Kolonialbeamte, die lediglich von afrikanischen Beisitzern unterstützt wurden (vgl. DAVID/GRASMANN 1988: 642; BENETT 1985: 5).

Die europäisch ausgebildeten Richter behandelten das afrikanische Gewohnheitsrecht wie europäisches Recht und verwendeten bei ihrer Entscheidungsfindung die ihnen bekannten juristischen Instrumentarien und Methoden, was zu einer starken Verfälschung der ursprünglichen Intentionen des Gewohnheitsrechtes führte: So wurden die Rechte der Einzelperson gegenüber jenen der Gemeinschaft in den Vordergrund gerückt, das Verfahren formalisiert, und das Streben nach Rechtssicherheit durch abstrakte Regeln verdrängte die flexible Schlichtung konkreter Konflikte durch Vermittlung und Versöhnung der Streitparteien. In den britischen Kolonien trat dieses Problem hauptsächlich im Instanzenzug auf, wo westliche Gerichte mit europäisch ausgebildeten Juristen in die Lage kamen, Gewohnheitsrecht anzuwenden (vgl. z.B. GRIFFITHS 1989: 76; SANDERS 1986a: 147 ff).

2.3.3 Veränderungen in nachkolonialer Zeit

Die heutigen afrikanischen Staaten sind durchwegs auf willkürlichen Grenzziehungen beruhende künstliche Gebilde (vgl. SANDERS 1988: 40). Diese Staaten - ausgenommen bis zu einem gewissen Grad die Kleinstaaten Lesotho und Swaziland sowie die bis 1994 formell von Südafrika unabhängigen, aber international aus gutem Grund nicht anerkannten[17] "Homelands" (Transkei,

---

[17] Die Ablehnung der Anerkennung dieser Gebilde als Staaten durch die internationale Gemeinschaft stützte sich auf das Völkerrecht: Dieses kennt drei konstitutive Elemente für einen Staat: Staatsvolk, Staatsgebiet und unabhängige Staatsgewalt. Letztere wurde aufgrund der faktisch totalen Abhängigkeit dieser "Homelands" von der Republik Südafrika als nicht gegeben angenommen. Im Falle Bophuthatswanas war sogar dessen Staatsgebiet völlig zersplittert (siehe Abb. 2 im Anhang).

Ciskei, Bophuthatswana, Venda) - sind bi- oder multiethnisch (zu den Siedlungsgebieten der verschiedenen Ethnien vgl. insbesondere MURDOCK 1959, sowie Abb. 3 im Anhang). Die jungen afrikanischen Staaten sind also mit Masse keine Nationalstaaten im eigentlichen Sinn, d.h. Staatsvolk und Ethnos sind nicht ident. Durch die Staatsbildung aus mehreren Ethnien wurden Konflikte implantiert, die es gleichartig ohne Staatsbildung nicht gegeben hätte. Für die Lösung dieser Konflikte fanden sich weder in den traditionellen Gewohnheitsrechten, noch in den Kolonialrechten erprobte Lösungsansätze.

Die nachkoloniale Epoche in Afrika ist daher geprägt von dem Bemühen der Regierungen, die Vorherrschaft der Territorialstaaten gegenüber den unterschiedlichen Ethnien innerhalb ihrer Grenzen durchzusetzen bzw. zu festigen. Die Solidarität gegenüber dem Staat soll die Solidarität gegenüber der kleineren Gemeinschaft ersetzen. Dies hat auch nachhaltige Auswirkungen auf das Recht: Die neuen Regierungen waren - unabhängig von ihrer ideologischen Ausrichtung - viel mehr an Einheitlichkeit, Rechtssicherheit und "Direct Rule" interessiert als die meist nach dem Motto "Divide et Impera" herrschenden Kolonialverwaltungen (SANDERS 1987: 407). Durch ein einheitliches "ius gentium"[18], das für alle Gruppen innerhalb des Staatsgebietes gleichermaßen gilt, soll das Zusammenschmelzen der verschiedenen Ethnien zu einem Staatsvolk erreicht werden (dazu unter Kapitel 2.6.1.). Dabei bleiben lokale Gewohnheiten in der Regel unberücksichtigt.

Jedes Gewohnheitsrecht bezieht sich auf eine bestimmte Gruppe, deren Dimensionen nicht beliebig verändert werden können. Genau das hat man aber vielfach getan: In manchen Ländern wurde die duale Gerichtsorganisation durch eine einheitliche ersetzt, in welche die "Native Courts" integriert wurden.[19] Auf diese Weise wurden Außenstehende an der traditionellen Streitbeilegung beteiligt: Während es in der kolonialen Epoche ausschließlich Aufgabe der einheimischen Gerichte war, das Gewohnheitsrecht festzustellen und die Obergerichte dieses nur als simples Tatsachenmaterial (welches der Beweiswürdigung durch den Richter unterlag) berücksichtigten, betrachtete man in nachkolonialer Zeit die Normen des Gewohnheitsrechtes zunehmend als echte Rechtsnormen, für die der Grundsatz "iura novit curia" galt. Das hatte zur Folge, daß das Gewohnheitsrecht nun von Berufsrichtern ausgelegt, angewendet und weiterentwickelt wurde, welche allesamt europäisch ausgebildet waren. "Dabei unterliefen den ehrwürdi-

[18] Dieser Ausdruck stammt aus dem römischen Recht. Als "ius gentium" bezeichnete man die Summe jener Rechtssätze, nach denen der "praetor peregrinus" die Rechtsverhältnisse zwischen Römern und Nichtrömern sowie zwischen Nichtrömern beurteilte.

[19] z.B. in der Transkei mit dem Republic of Transkei Independence Constitution Act 15 of 1976. Diese Regelung erwies sich aber offenbar als so unbrauchbar, daß sie schon sechs Jahre später durch den Regional Authority Courts Act 13 of 1982 wieder aufgehoben wurde (vgl. MQEKE 1989: 19).

gen Richtern zuweilen haarsträubende Fehlentscheidungen, etwa wenn Prinzipien matrilinearer Deszendenz auf patrilineare Gesellschaften angewendet wurden" (BAUER 1989: 7). Als noch verhängnisvoller erwies sich die Tatsache, daß allmählich mit juristischer Spitzfindigkeit die Grundsätze des Common Law in das traditionelle Recht hineingetragen wurden (vgl. DAVID/GRASMANN 1988: 649 f). Das moderne Vernunftdenken hielt in die Gerichtssäle Einzug. Zugleich trat damit an die Stelle des traditionellen Streitbeilegungsorgans, welches ja mit den beteiligten Personen und den konkreten Umständen eines Streitfalles vertraut war, eine "anonyme" Institution, die von außen kommend, nach abstrakten Regeln und ohne Rücksicht auf die Umstände des Einzelfalles urteilte.

Gelegentlich versuchten die afrikanischen Regierungen (unter Einfluß des europäischen Rechtspositivismus) auch, das Gewohnheitsrecht durch Kodifikation (d.h. schriftliche Niederlegung und Veröffentlichung) zu erhalten und es irgendwie in die nationale Rechtsordnung zu integrieren. Durch eine Kodifikation verliert aber - selbst wenn die Kodifikatoren nicht, wie dies etwa im Falle des Natal Code of Bantu Law (dazu in Kap. 2.10.) der Fall war, bewußt europäische Werturteile einfließen lassen - jedes Gewohnheitsrecht seine charakteristische Stärke, nämlich seine Flexibilität; es wird verfälscht, insbesondere dann, wenn die Aufzeichnung in einer fremden Sprache erfolgt (vgl. SANDERS 1987: 406; zur soziolinguistischen Problematik siehe auch DEMOZ 1977: 135 ff sowie SEIDMAN 1981: 133 f; dazu auch oben in Kap. 2.2.). Denn wie sich die Lebensumstände der Menschen ändern, so ändern sich auch die Regeln und Verfahren des tatsächlich praktizierten Gewohnheitsrechts. So können die in kleinen ländlichen Gemeinwesen akzeptierten Idealnormen nicht als allgemeingültig aufgezeichnet und auf solche Angehörige einer Ethnie angewendet werden, die unter ganz anderen sozioökonomischen Bedingungen leben (vgl. SANDERS 1987: 409). Wenn etwa, wie GLUCKMAN (1965: 151) nachgewiesen hat, die afrikanischen Gewohnheitsrechte sich weit weniger mit individuellen Vermögensrechten als mit der Regelung zwischenmenschlicher Beziehungen innerhalb einer mehr oder minder homogenen Gruppe befassen, so werden sie unter den sozialen und ökonomischen Bedingungen des "modernen" Lebens weitgehend unanwendbar. Generell ist wohl der Veränderung und Weiterentwicklung des Gewohnheitsrechtes im urbanen Milieu bisher viel zu wenig Aufmerksamkeit gewidmet worden. Besonders deutlich wird das am Beispiel der Republik Südafrika: Dort ist im Laufe der Zeit durch die Desintegration der tribalen Institutionen ein (für die weiße Vorherrschaft gefährliches) schwarzes städtisches Proletariat entstanden, woraufhin das Apartheidregime versuchte, dieser Gefahr durch die Wiederbelebung anachronistischer tribaler Institutionen zu begegnen (vgl. BENNETT 1989: 28).

Ich stimme daher mit DAVID/GRASMANN (1988: 650) überein, wo es heißt:

> In erstarrtem Zustand verliert Gewohnheitsrecht seine Seele; die Gewohnheit, die in vollem Umfang zur Rechtsnorm wird, ist nicht mehr identisch mit dem überlieferten Gewohnheitsrecht. Die Entkolonisierung hat also nicht zur Wiederherstellung des Gewohnheitsrechtes geführt; ...

All das wirft die von SANDERS (1987: 405) auf den Punkt gebrachte Frage auf: "How Customary is African Customary Law?". SNYDER (1984: 35 f) schreibt dazu:

> I wish to suggest, however, that the origins of customary law are in fact relatively recent. ... The contemporary social meaning of particular rules and concepts and the general conception of oral African law as customary law originated in particular historical circumstances, namely the period in the transformation of precapitalist social relations that accompanied the consolidation of the colonial state.

Ähnlich äußert sich BENNETT (1989: 37):

> The law that was co-opted into the national legal system now bears little resemblance to the law which used to regulate the lives of the African people (and still does in areas more remote from centres of government). Simply by the process of abstraction from its social matrix and incorporation into the formal legal system, customary law has been transformed to conform to the structures of a Western legal system.

Und BAUER (1989: 11) konstatiert:

> Die vom staatlichen Recht heute übernommenen Fragmente afrikanischen Gewohnheitsrechts weisen deshalb nur noch geringe Ähnlichkeiten mit dem Rechtssystem auf, welches das Leben der verschiedenen afrikanischen Bevölkerungsgruppen einst regelte. Was heute noch afrikanisches Gewohnheitsrecht genannt wird, hat seine Wurzeln zwar in Afrika, doch ein intaktes afrikanisches Gewohnheitsrecht existiert nirgendwo mehr.

Diese Entwicklung ist sicherlich im höchsten Maße bedauerlich, allerdings ist fraglich, ob es unter den gegebenen politischen und ökonomischen Umständen eine echte Alternative dazu gegeben hätte. DAVID/GRASMANN (1988: 648) formuliert sehr pointiert, daß es wohl unmöglich gewesen wäre, in Afrika einen "anthropologischen Zoo" aufrechtzuerhalten.

Zusammenfassend kann also festgestellt werden, daß die afrikanischen Gewohnheitsrechte seit Beginn der Kolonialzeit bedroht, verändert, in ihrer Geltung eingeschränkt, aber auch erneuert und ergänzt wurden bzw. werden, was vor allem bedingt ist durch die Stammesvielfalt in Verbindung mit der heutigen räumlichen wie sozialen Mobilität, durch die Bevölkerungsexplosion und die Auflösung sozialer Strukturen (etwa in Großstädten oder gar in Flüchtlingslagern), durch Modernisierung aller Lebensbereiche und neue Statusorientierungen. So entstanden jeweils innerhalb einer Ethnie neuere Gewohnheitsrechte, welche neben das ursprüngliche traten. Diese nebeneinander existierenden Gewohnheitsrechte erfreuen sich sehr unterschiedlicher Akzeptanz bei den Menschen, abhängig vom Grad der Traditionalität ihrer Lebensweise und von ihrem Lebensalter. Die klare und eindeutige Feststellung des "echten", authentischen Gewohnheitsrechtes einer Ethnie ist daher heute schwierig, wenn nicht überhaupt gänzlich unmöglich. Das, was heute als kodifiziertes "Gewohnheitsrecht" Eingang in die staatlichen Rechtsordnungen gefunden hat, ist jedenfalls sowohl verschieden von jenem, welches die Kolonisatoren ursprünglich vorfanden, als auch von jenem, welches heute tatsächlich (insbesondere auch im städtischen Milieu) praktiziert wird (vgl. dazu MOLOKOMME 1986: 117 ff).

2.4 GRUNDLAGEN DER REZIPIERTEN RECHTSORDNUNGEN

Im folgenden werde ich mich auf jene aus Europa stammenden Rechtsordnungen beschränken, welche für die Region des südlichen Afrika, auf die in Kapitel 3 näher eingegangen wird, von Bedeutung waren beziehungsweise sind. Es sollen die wichtigsten Unterschiede zwischen dem angelsächsischen Common Law und den uns vertrauten kontinentaleuropäischen Rechtssystemen aufgezeigt werden. Sehr plakativ könnte man formulieren: Das kontinentaleuropäische Recht ist ein Gesetzesrecht, das Common Law ein Richterrecht. Auf die historischen Gründe für die Herausbildung so unterschiedlicher Rechtssysteme kann hier allerdings nicht näher eingegangen werden (für Einzelheiten vgl. DAVID/GRASMANN 1988: 436 ff).

2.4.1 Das römische Recht

Das römische Recht war im Altertum die Lebensordnung des römischen Volkes. Es ist jedoch nach dem Zusammenbruch der Antike im Mittelalter in großen Teilen Europas zu neuem Leben erstanden. Das Recht der Römer unterlag starken Veränderungen, welche den gesellschaftlichen und politischen Wandel des Reiches widerspiegelten. In der Frühperiode vor den Punischen Kriegen war Rom ein von Viehzucht und Ackerbau geprägter bäuerlicher Gemeindestaat. Aus dem Bauerntum erklärt sich die Stellung des Hausverbandes ("familia") als jener Einheit, die das gesamte Privatrecht dieser Periode beherrscht. Charakteristisch ist die dominierende Rolle des "pater familias". In diesem Punkt wies das römische Recht übrigens starke Ähnlichkeiten mit den germanischen Rechten, aber auch mit den traditionellen afrikanischen Gewohnheitsrechten auf. Später wich die bäuerliche Lebensform einer großstädtischen, deren wirtschaftliche und gesellschaftliche Struktur von Handel, Gewerbe und Geldverkehr bestimmt war. Schließlich sicherte sich Rom die Weltherrschaft, und zu dieser Zeit erlebte auch die Jurisprudenz ihre höchste Blüte. Ab dem 3. Jahrhundert begann dann der Niedergang (vgl. KASER 1992: 2 ff).

Nach der Teilung des Reiches im Jahre 395 lebte das römische Recht nur im Ostteil weiter. Rechtsschulen befaßten sich mit der klassischen römischen Rechtsliteratur. Schließlich ließ Kaiser Justinian I. im 6. nachchristlichen Jahrhundert ein umfangreiches Sammelwerk mit Gesetzeskraft, den sogenannten "Corpus iuris civilis" zusammenstellen, in dem die klassische Rechtsliteratur gesammelt, aber auch neue Gesetze aufgenommen wurden. Hauptsächlich in dieser Verkörperung hat das römische Rechtsdenken auf das Rechtsleben der mittelalterlichen und neuzeitlichen Staaten eingewirkt.

Das klassische römische Recht war ein Juristenrecht. Die Rechtsgelehrten fungierten als Berater der Rechtspflegeorgane, insbesondere des Prätors als Träger der ordentlichen streitigen Zivilgerichtsbarkeit. Durch die Entscheidung von Rechtsfällen wurde das Recht weiterentwickelt. Das "ius civile" war an sehr starre Formvorschriften gebunden. Deshalb konnte seit dem 3. Jahrhundert v. Chr.der "prätor peregrinus" in Streitigkeiten zwischen römischen Bürgern und Fremden dort, wo er es im Einzelfall für gerechtfertigt hielt, nach Billigkeit entscheiden. Daraus entwickelte sich mit der Zeit ein ganzes System von Billigkeitsregeln. Schließlich kam es zu einer Verschmelzung dieser Regeln mit dem ius civile. Das römisch-holländische Recht hat die Billigkeitsprinzipien des römischen Rechts übernommen. Daher gab es im Recht der Staaten des südlichen Afrika nie eine strikte Trennung zwischen Common Law und Equity Law (dazu unten) wie im englischen Recht (vgl. DU PLESSIS/KOK 1990: 66).

Nach dem Ende des Weströmischen Reiches geriet das römische Recht in Westeuropa weitgehend in Vergessenheit. Erst im 12. Jahrhundert begann sich eine Schule von Gelehrten in Norditalien - die sog. Glossatoren - wieder theoretisch damit zu beschäftigen. Ihre Nachfolger, die Kommentatoren oder Postglossatoren, versuchten dann, die theoretischen Erkenntnisse auch praktisch für die zeitgenössische Rechtspflege anwendbar zu machen. Ihnen gelang schließlich eine gewisse Harmonisierung des Corpus Juris mit den germanischen Gewohnheitsrechten und dem kanonischen Recht. Damit waren die Voraussetzungen für die Rezeption des römischen (Privat-)Rechts in den meisten Ländern des europäischen Festlandes im 15. und 16. Jahrhundert geschaffen, wobei Deutschland am stärksten betroffen war. Lediglich der angelsäschsiche Rechtskreis blieb vom römischen Recht weitestgehend unberührt. Eine wesentliche Rolle bei der Rezeption spielten die deutschen gelehrten Richter, die ihre wissenschaftliche Ausbildung regelmäßig an der Universität Bologna empfangen hatten und dort im römischen Recht geschult worden waren. Wo das deutsche Recht keine Auskunft bot, urteilten sie nach römischem Recht. Das römische Recht galt also nur subsidiär (übrigens ein wesentlicher Unterschied zu anderen Rechtsrezeptionen der Neuzeit). Es bot gegenüber den stark zersplitterten deutschen Partikularrechten neben den Vorzügen der wissenschaftlichen Durchbildung vor allem den Vorteil der Rechtseinheit und wurde deshalb gegen Ende des Mittelalters von den Herrschern Westeuropas als allgemein gültiges Recht rezipiert und als "gemeines Recht" bezeichnet.

Ihrem Gegenstand nach hat sich die Rezeption in ihrem wichtigsten Wirkungsbereich, dem Privatrecht, abgesehen vom persönlichen Eherecht, für welches das kanonische Recht maßgebend wurde, am stärksten auf den durch die Verkehrsbedürfnisse bestimmten Gebieten ausgewirkt, also im Schuld- und Mobiliarsachenrecht. In den Bereichen des Personen-, Boden-, Familiengüter- und Erbrechts dagegen vermochte sich die deutsche Eigenart zäher zu behaupten (KASER 1967: 14).

Die großen Kodifikationen des späten 18. und frühen 19. Jahrhunderts (insbesondere das preußische Allgemeine Landrecht, der französische Code Civil, das österreichische Allgemeine bürgerliche Gesetzbuch) waren in den genannten Bereichen vom römischen beziehungsweise vom deutschen Gedankengut beeinflußt. Mit der kolonialen Expansion breitete sich der Einfluß des römischen Rechts auch auf außereuropäische Gebiete aus (z.B. ganz Lateinamerika, Louisiana, Teile Nordafrikas und des südlichen Afrika, Sri Lanka[20] und die Philippinen).

2.4.2 Das römisch-holländische Recht

In den Niederlanden, die nach einem 80 Jahre dauernden Krieg gegen die Herrschaft der Habsburger 1648 die Unabhängigkeit erlangten, kam es zu einer Verschmelzung des römischen Rechtes mit dem (germanischen) Recht der Provinz Holland. Die Entwicklung dieses sogenannten römisch-holländischen Rechts (Roman-Dutch Law)[21] ist das Verdienst einiger Juristen des 16. und 17. Jahrhunderts, von denen Hugo GROTIUS (1583-1645), der auch als der Begründer des Völkerrechts gilt, mit Abstand der bekannteste sein dürfte (vgl. DU PLESSIS/KOK 1990: 16 ff). Mit Beginn des 19. Jahrhunderts verlor das

---

[20] Nach der Besetzung durch die Briten bildete sich in Sri Lanka ein ähnliches Mischsystem heraus wie in den Ländern des südlichen Afrika.

[21] Der Begriff wurde vom Rechtsgelehrten Simon van Leeuwen (1626-1682) geprägt.

römisch-holländische Recht seine Bedeutung als allgemein gültiges Recht der Niederlande. Im südlichen Afrika dagegen sollte es eine neue Blüte erleben (vgl. MELLET/SCOTT 1982: 32). Heute bilden die staatlichen Rechte Südafrikas, Lesothos, Swazilands, Botswanas, Zimbabwes und Namibias eine ganz eigenartige Mischung aus römisch-holländischem und angelsächsischem Recht, wobei insbesondere das Privatrecht - also das Personenrecht, Sachenrecht, Erbrecht und Teile des Schuldrechts (Kauf, Miete) - vom römisch-holländischem Recht dominiert sind, während im Verfahrensrecht, Verfassungsrecht sowie im Gesellschafts- und Handelsrecht der Einfluß des englischen Rechts unübersehbar ist (zur Entwicklung des römisch-holländischen Rechts im südlichen Afrika vgl. Kap. 3.3.)

2.4.3 Das britische "Case Law"-System

Das englische Recht ist grundsätzlich anders aufgebaut als das kontinentaleuropäische: Während die Regeln des letzteren schon vor 200 Jahren in Gesetzbüchern kodifiziert waren, haben sich die grundlegenden Regeln des englischen Rechts allmählich anhand von Gerichtsentscheidungen konkreter Einzelfälle (Cases) herausgebildet. Man spricht daher auch von einem Case-Law-System. Das englische Recht kennt im großen und ganzen drei Rechtsquellen:

1) Common Law
2) Equity Law
3) Statutory Law

ad 1) Common Law: Dieses ist die primäre Rechtsquelle des angloamerikanischen Rechtskreises. Es hat sich seit der Eroberung Englands durch die Normannen im Jahre 1066 aus der Rechtssprechung der königlichen Gerichte von Westminster entwickelt. Im Common Law werden - anders als im kontinentaleuropäischen Recht - die Urteile bestimmter Gerichte als Präzedenzfälle ("precedents") angesehen, die für die Beurteilung künftiger gleichgelagerter Fälle bindend sind. Dieses sog. "stare decisis"-Prinzip bedeutet also, daß ein Gericht an eigene frühere Urteile und an die Urteile bestimmter Obergerichte[22] gebunden ist. Will der Richter einer in einem Präzedenzfall aufgestellten Regel nicht folgen, so muß er die rechtserheblichen Unterschiede zwischen den Fällen aufzeigen und in seine Urteilsbegründung aufnehmen (sog. "distinguishing"). Entscheidend für das Funktionieren eines solchen Systems ist, daß die Entscheidungen der Gerichte

[22] Die englische Gerichtsorganisation ist äußerst komplex und selbst für juristisch ausgebildete Kontinentaleuropäer verwirrend. Eine genauere Darstellung ist DAVID/GRASMANN (1989: 481 ff) zu entnehmen.

veröffentlicht werden. Dies geschieht regelmäßig in Entscheidungssammlungen ("Law Reports"). Dabei werden englische Gerichtsentscheidungen anders zitiert als kontinentaleuropäische. Ein Beispiel: Read v. Lyons [1947] A.C. 156. Read ist der Name des Klägers, Lyons jener des Beklagten. Der Buchstabe v. steht für das lateinische Wort "versus". Die dann folgenden Angaben besagen, in welchen Law Reports die Entscheidung abgedruckt ist (im vorliegenden Beispiel in den Berufungsentscheidungen ("Appeal Cases") des Jahres 1947 auf den Seiten 156 und folgende). Zu den im südlichen Afrika existierenden Law Reports vgl. DU PLESSIS/KOK (1990: 42 ff); BENNETT (1989: 39 f); SANDERS (1985: 94 ff).

Da es seit dem 11. Jahrhundert n. Chr. ein für das ganze Land zuständiges, einheitliches Gericht gab, sorgte die Bindung an dessen Entscheidungen für eine Rechtsvereinheitlichung. Heute hingegen haben die englischen Gerichte ihre überragende Stellung angesichts der Vielzahl letztinstanzlicher Gerichte im Commonwealth of Nations sowie in den Vereinigten Staaten von Amerika weitgehend verloren, obwohl einige Commonwealth-Staaten noch immer einen Rechtszug an den Privy Council[23] als oberstes Berufungsgericht kennen. Während der Kolonialzeit war der Richterausschuß des Privy Council (Judicial Committee of the Privy Council) das oberste Berufungsgericht für die Gerichte aller britischen Kolonien und Dominien. Nach der Unabhängigkeit haben viele Staaten des Commonwealth die Berufungsmöglichkeit an den Privy Council abgeschafft - zum Beispiel die Republik Südafrika im Jahre 1950 (vgl. MELLET/SCOTT 1982: 154). In anderen Staaten (z.B. Botswana, Lesotho, Swaziland) besteht diese aber noch heute (vgl. PALMER/POULTER 1972: 443 ff) und führt dazu, daß die Richter des Privy Council häufig auch ausländisches Recht anzuwenden haben.

ad 2) Equity Law: Neben dem Common Law bildete sich seit dem 15. Jahrhundert ein zweites, rivalisierendes System heraus, nämlich das der "Equity". Wegen des hartnäckigen Festhaltens an den alten Prozeßformalien und der Unbeweglichkeit der Juristen drohte das Common Law in seinen überkommenen Formen zu erstarren. Parteien, die meinten, von den Westminster-Gerichten kein gerechtes Urteil erhalten zu haben, wandten sich daher zunehmend in letzter Instanz an den König selbst, um ihn "for the love of god and in the way of charity" um sein Eingreifen zu bitten. Diese Gesuche wurden beim Kanzler eingebracht, der sie an den König weiterleitete. Als der König durch die Rosenkriege (1453-1485)

---

[23] Dieser in seinen Anfängen bis ins 14. Jahrhundert zurückreichende "Geheime Staatsrat" war ursprünglich das Beratungsgremium der englischen Krone. Er besteht heute aus 300 vom Premierminister ernannten Mitgliedern aus allen Commonwealth-Ländern, darunter sämtliche Mitglieder des britischen Kabinetts. Seine (begrenzte) Bedeutung liegt darin, daß alle Regierungsverordnungen seiner Zustimmung bedürfen.

verhindert war, zu Gericht zu sitzen, wurde der Kanzler allmählich ein selbständiger Richter mit einer eigenen Gerichtsbehörde, der "Chancery".

Bald kam es zu einem langanhaltenden Konflikt zwischen den Richtern der Westminstergerichte und der "Chancery", der schließlich 1616 mit einem Kompromiß endete: Beide Gerichte blieben nebeneinander bestehen und anerkannten gegenseitig ihre Urteile. Durch die 1875 erfolgte Reform der Gerichtsverfassung wurden die Common-Law-Gerichte und die Equity-Gerichte verschmolzen, seither wenden alle englischen Gerichte sowohl Common Law als auch Equity Law an. Die Unterscheidung von Common Law und Equity ist aber (zumindest bis vor einigen Jahren) im britischen Recht von essentieller Bedeutung geblieben (vgl. DAVID/GRASMANN 1988: 460 ff).

Um die Bedeutung des Equity Law zu verdeutlichen, sei an dieser Stelle ein kurzes Beispiel genannt: Das Common Law gewährt bei Nichterfüllung eines Vertrages lediglich Schadenersatz. Eine Klage auf Erfüllung (d.h. auf tatsächliche Erbringung der vereinbarten Leistung) gab es vor den Common-Law-Gerichten nicht. Eine diesbezügliche Anordnung konnte nur die Chancery erlassen. Anfangs beruhten die Entscheidungen der Chancery auf reiner Billigkeit, also freiem Ermessen des Richters im Einzelfall. Die Equity-Rechtsprechung war also sehr flexibel. Im Laufe der Jahrhunderte wurde aber das Anwendungsgebiet der Präjudizregel auf das Equity Law ausgedehnt. In der Folge wurden auch die Lehren der "equity" ebenso zwingend, ebenso "juristisch" wie die Regeln des Common Law und stehen heute Billigkeitsvorstellungen kaum noch näher als diese. Auf keinen Fall kann das Recht der "equity" mit der Flexibilität der traditionellen afrikanische Streitbeilegungsorgane auf Suche nach Gerechtigkeit im Einzelfall gleichgesetzt werden. Der englische Richter übt sein "Ermessen" heute so aus, wie es zahlreiche Präjudizien vorschreiben (vgl. DAVID/GRASMANN 1988: 492).

ad 3) Statutory Law: Dieses ist das gesatzte Recht, das aber im anglo-amerikanischen Rechtskreis formal nur eine subsidiäre Rechtsquelle neben Common Law und Equity Law darstellt, also bloß der Ergänzung des Fallrechts dient. Insbesondere seit dem zweiten Weltkrieg ist das Statutory Law jedoch stark im Zunehmen begriffen, da das Common Law vielfach keine befriedigenden Antworten auf neue, mit den geänderten sozialen und wirtschaftlichen Verhältnissen sowie mit dem technischen Fortschritt auftauchende Probleme geben kann und somit ein rasches Reagieren des Gesetzgebers bzw. der Verwaltung erforderlich ist. Im übrigen ist zu unterscheiden zwischen:

a) Gesetzen im engeren Sinn (Statutes, Acts of Parliament), die durch Beschlüsse des Parlaments zustandekommen und

b) Statutory Rules and Orders, auch als "delegated legislation" oder "subsidiary legislation" bezeichnet - also etwa das, was man in Österreich als Verordnungen bezeichnen würde, nämlich generelle Anordnungen die von der Verwaltung in Ausführung eines Gesetzes erlassen werden (vgl. DAVID/GRASMANN 1988: 494 f).

Doch selbst im Gesetzesrecht ist die große Bedeutung der Gerichtsbarkeit unübersehbar: So gilt etwa der Grundsatz der Bindung an Präjudizien auch für die Auslegung von Gesetzen. Gesetzestexte werden in den Statutes der Law Reports veröffentlicht. Zur Zitierweise: Gesetze werden mit einem Kurztitel, der in jedem Gesetz angegeben ist, zitiert. Beispiel: Local Government Act 1948. Die einzelnen Artikel des Gesetzes werden durch den Buchstaben "s" (für "section"), gefolgt von der Nummer des Artikels, bezeichnet. Die Absätze heißen "subsections", abgekürzt "subs."

Mit der Kolonisierung kam das angelsächsiche Recht auch in die britischen Kolonien. Obwohl es im südlichen Afrika eine eigentümliche Mischung mit dem römisch-hollänischem Recht bildete (dazu oben), berufen sich die dortigen Gerichte oft auf Präzedenzentscheidungen englischer oder anderer Commonwealth-Gerichte sowie die angelsächsische rechtswissenschaftliche Literatur (vgl. KUTNER 1990: 2 f).

2.5 DAS SYSTEM DES "INDIRECT RULE" UND DIE ENTSTEHUNG DES DUALISMUS

2.5.1 Zum Phänomen der Rechtsrezeption

Das Phänomen der Rezeption eines fremden Rechts ist in der Geschichte nicht einmalig, man denke nur an die Rezeption des römischen Rechts in Europa im Mittelalter oder auch an die Übernahme fremder Rechtssysteme durch Japan oder die Türkei in den letzten hundert Jahren.[24] Das Besondere an der afrikanischen Situation ist jedoch die Tatsache, daß Afrika in Kolonien zerteilt war, die sich nicht frei entscheiden konnten und denen das fremde Recht von außen aufgezwungen wurde (vgl. PAIN 1978: 137).

Vor der Kolonisierung war das gesamte soziale Leben der afrikanischen Gesellschaften von ihren traditionellen Gewohnheitsrechten durchdrungen. Mit der Ankunft der Europäer entstanden bald neue Strukturen - vor allem in Zusammenhang mit wirtschaftlichen Aktivitäten - und daraus resultierend

[24] Die Neuregelung des Straf-, Privat- und Verfahrensrechts in Japan Ende des 19. Jahrhunderts folgte französischen und deutschen Vorbildern. Die Türkei übernahm 1926 das Zivilgesetzbuch und das Obligationenrecht der Schweiz - eine Maßnahme, mit der Kemal Atatürk die Modernisierung des Landes vorantreiben wollte (vgl. DAVID/GRASMANN 1988: 122, 562 ff, MELLETT/SCOTT 1982:26 f).

neuartige Konflikte, für die das traditionelle Recht keine adäquaten Lösungen anzubieten hatte. So wurden Normen aus den europäischen Rechten übernommen ("rezipiert"), insbesondere auf den Gebieten des Handelsrechts, Wertpapierrechts, Vertragsrechts und Arbeitsrechts, sowie Gerichte europäischen Typs installiert. Es kam also zur Überlappung zweier völlig verschiedener und auf völlig unterschiedlichen Wertvorstellungen beruhender Rechtssysteme, welche bis heute andauert und Quelle unzähliger Probleme ist.

2.5.2 Die Politik der Kolonialmächte

An dieser Stelle soll kurz auf die Haltung der Kolonialmächte gegenüber den von ihnen vorgefundenen traditionellen Rechten eingegangen werden.

Frankreich - wie auch die anderen romanischen Staaten (Spanien, Portugal, Belgien) - verfolgte eine auf der Überzeugung der Überlegenheit der europäischen Zivilisation beruhende Politik der Assimilation und führte das französische Recht ohne Rücksichtnahme auf die autochthonen Rechtstraditionen ein. Es kam zum Aufbau einer den Zentralbehörden im Mutterland direkt unterstellten Kolonialverwaltung, was einen totalen Bruch mit den Institutionen der afrikanischen Gewohnheitsrechte bewirkte. Insbesondere wurden die lokalen Autoritäten in keiner Weise eingebunden. Gleichzeitig wurde der Geltungsbereich des Gewohnheitsrechts eingeschränkt, wovon besonders das Strafrecht betroffen war. Aufgrund der Ausdehnung des Geltungsbereiches des modernen Rechts beschränkte sich die Geltung des traditionellen Gewohnheitsrechts schließlich nur noch auf die Privatrechtsbeziehungen zwischen Afrikanern im Familien- und Erbrecht, im Boden- und im Obligationenrecht (DAVID/GRASMANN 1988: 638). Das französische Verwaltungssystem des "Direct Rule" führte zur Heranbildung einer ganz kleinen afrikanischen Elite, die fähig war, die französische Kultur zu verstehen und in ihr zu leben. Trotzdem waren es gerade die Repräsentanten dieser Elite, die - bereits von der Masse der ländlichen Bevölkerung entfremdet - die Führung im antikolonialen Kampf übernahmen und sich nach der Unabhängigkeit an den Spitzen vieler Staaten wiederfanden (vgl. FORTMAN/MIHYO 1989: 139).

Dagegen führte **Großbritannien** in seinen afrikanischen Kolonien und Protektoraten das (ursprünglich in Indien entwickelte) "Indirect Rule"-System ein, in welchem die afrikanischen Gewohnheitsrechte (anders als in Amerika oder Australien) weiterhin eine bedeutende Rolle spielen sollten (vgl. WOODMAN 1993: 276 ff). Im einzelnen funktionierte die Kolonialadministration folgendermaßen: Die legislativen Vorschriften kamen normalerweise vom königlichen Hof in England,[25] lokale Gesetzgebungsversammlungen wurden nur dort geschaffen, wo sich weiße Siedler in nennenswerter Zahl niedergelassen hatten (vgl. FORTMAN/MIHYO 1989: 141). An der Spitze jeder Kolonie stand ein (General-)Gouverneur, dem die District Commissioners unterstanden, welche neben Verwaltungsaufgaben auch die Gerichtsbarkeit zu besorgen hatten (dazu auch in Kap. 2.8.1.).

Die Briten hielten sich an das alte Common Law-Prinzip "an Englishman takes English law with him wherever he goes" (ELIAS 1954: 98), doch sollte dieses anfangs ausschließlich für Europäer gelten. Erst mit der Zeit wurde der Geltungsbereich des englischen Rechts ausgeweitet (vgl. dazu WOODMAN 1993: 278). Den lokalen Autoritäten ("Chiefs") wurde weiterhin die Gerichtsbarkeit über die Angehörigen ihrer Gruppe überlassen, und soweit die betreffende Ethnie staatlich oder staatsähnlich organisiert war, übertrug man dem einheimischen Herrscher (König, Paramount Chief) sogar Agenden der Regierung und Verwaltung (vgl. DAVID/GRASMANN 1988: 634). Dabei wurde freilich die Autorität der lokalen Führer gegenüber ihrer Rolle in der traditionellen Rechtsordnung oft ausgeweitet. Das so entstandene Nebeneinander von rezipiertem Recht und traditionellen afrikanischen Gewohnheitsrechten, von englischen Gerichten und Stammesgerichten, bezeichnete man als "rechtlichen Dualismus" oder (vor allem in Südafrika) als "rechtlichen Pluralismus". Heute ist freilich vor allem der Terminus "rechtlicher Pluralismus" in Verruf geraten:

> In South Africa, as in the rest of Africa, legal pluralism is a social reality of intrinsic importance. Yet, the mere mention of the term 'pluralism' sends a shiver down our spines. The reason for this is not far to seek. Pluralism used to be an operational term which the proponents of 'indirect rule', 'apartheid' in particular, employed as a basis for their colonial hegemony. They interpreted pluralism as an opposition of 'civilised' and 'uncivilised' forces, and in the name of it would subjugate, curtail and distort African customary law to fit their own ideas of natural justice, public policy and demographic, political and economic ordering (SANDERS 1994: 71).

2.5.3 Die Entstehung des rechtlichen Dualismus

Die folgenden Ausführungen konzentrieren sich auf die spezifische Situation in den anglophonen Kolonien Afrikas: Wohin immer die Engländer kamen, nahmen sie ihr Recht mit. Das war in Amerika ebenso der Fall wie in Australien, Indien oder Afrika. Ursprünglich diente die Einführung des englischen Rechts in diesen

[25] Sie konnten verschiedene rechtliche Formen annehmen, z.B. Orders in Council, Charters, Proclamations, Governor's Commissions, Warrants, Instruction to Governors.

Gebieten vor allem den Bedürfnissen der wenigen englischen Siedler und Kaufleute im Küstenstreifen: Ihnen sollte der Weg nach Westminster erspart werden, ihre Land- und Eigentumsrechte sollten geschützt und ihre Handelsbeziehungen zu Einheimischen geregelt werden (vgl. PAIN 1978: 143 f). Erst später dehnte die Kolonialmacht - oft zögernd, wie die Errichtung der Protektorate im südlichen Afrika zeigt - ihren Einflußbereich und damit den Einfluß des englischen Rechts aus. Die Rechtsbeziehungen zwischen Afrikanern sollten jedoch nach wie vor von deren traditionellen Rechtsordnungen bestimmt werden.

Die britische Kolonialverwaltung war (im Gegensatz zur französischen) dezentral organisiert. Dementsprechend waren auch die Rezeptionsregelungen für die einzelnen Kolonialgebiete unterschiedlich. Abgesehen von der jeweils unterschiedlichen rechtlichen Form der Übernahme[26] wurde in jedem Gebiet ein jeweils genau definiertes Recht übernommen:

- In Westafrika, Nordrhodesien, Nyassaland und Britisch-Somaliland wurde das englische Recht, bestehend aus Common Law, den Lehren der "Equity" und den Gesetzen von allgemeiner Bedeutung ("statutes of general application") übernommen;
- in Ostafrika wurde das Recht Britisch-Indiens, wie es in Bombay galt, rezipiert. Nur wo dieses nicht anwendbar war, sollte subsidiär das englische Common and Statute Law gelten;
- Südlich des Sambesi wurde grundsätzlich das von den Buren mitgebrachte römisch-holländische Recht ("Roman Dutch Law") rezipiert, und zwar in Südrhodesien, Betschuanaland und Basutoland in seiner in der Kapkolonie gültigen Fassung, in Swaziland hingegen so, wie es sich in Transvaal entwickelt hatte (vgl. ADEI 1981: 4; PAIN 1978: 162 ff).

Auch bezüglich des Rezeptionszeitpunktes gab es zwei Optionen:

1) In einigen Fällen (z.B. in der Goldküste, dem heutigen Ghana) wurde das fremde Recht so übernommen, wie es zu einem bestimmten Zeitpunkt ("cut-off"-Tag) in seinem Ursprungsland galt. Die Standardformulierung lautete dabei: "The common law, the doctrines of equity, and the statutes of general application which were in force in ... [Angabe des Gebietes, z.B. England] on the ... [Angabe eines bestimmten Stichtages]". Es erhebt sich aufgrund dieser Textierung die Frage, ob sich der Stichtag auf alle drei genannten Rechtsquellen oder nur auf die "Gesetze von allgemeiner Bedeutung" bezieht. Dies ist wichtig zur Beantwortung der Frage, welche Bedeutung gerichtlichen Entscheidungen zukommt, die in dem Land, dessen Recht rezipiert wurde, erst nach dem für die Rezeption maßgebli-

---

[26] Die Unterscheidung, ob diese Rezeption per "Orders in Council" oder mittels lokaler "Ordinances" (vgl. PAIN 1978: 137) angeordnet wurde, ist für Nichtjuristen aber nur mäßig interessant.

chen Stichtag ergangen sind. Wenn man, wie etwa PAIN (1978: 160 f), annimmt, daß sich der Stichtag nur auf die "Gesetze von allgemeiner Bedeutung" bezieht,[27] so folgt daraus, daß die Rezeption von Common Law und Equity zeitlos ist. Die Rechtsprechung interpretiert die genannte Formulierung jedoch anders: Entscheidungen, die von Gerichten des Mutterlandes nach dem "cut-off"-Tag getroffen wurden, sollen nicht berücksichtigt werden. Dadurch wurde, wie Kritiker vermerken, eine Weiterentwicklung des rezipierten Rechts weitgehend ausgeschlossen, es wurde schon in der Kolonialzeit statisch und somit unpassend für die Lösung konkreter Konflikte (vgl. PAIN 1978: 144 f). Des weiteren ist nicht eindeutig definiert, welche Gesetze als solche "von allgemeiner Bedeutung" (statutes of general application) anzusehen sind (vgl. ADEI: 8 f).

2) Viel öfter wurde das fremde Recht hingegen "zeitlos" übernommen, das heißt jeweils so, wie es zum Zeitpunkt der aktuellen Entscheidung eines Falles gilt. Die Rezeptionsanordnung lautete in diesem Fall: "The law **for the time beeing in force** in ... [Angabe des Gebietes]".[28] Das bedeutete in der Kolonialzeit, daß das Recht von englischen Gerichten weiterentwickelt werden konnte. Das heißt aber auch, daß ein unabhängiger afrikanischer Staat (zumindest theoretisch) noch heute an Präzedenzentscheidungen ausländischer Gerichte, nämlich jener der ehemaligen Kolonialmacht, gebunden wäre. Da dies mit der Souveränitat eines modernen Staates kaum zu vereinbaren ist, ist eine breite Diskussion über die Frage entstanden, ob nicht trotz der ursprünglichen Zeitlosigkeit der Rezeption aufgrund späterer Ereignisse ein "cut-off" anzunehmen sei. Für diese Lösung sprechen sich etwa MAMASHELA (1989) und PALMER/POULTER (1972: 46 ff und 55 ff) aus. Auch PAIN drängt insbesondere für die Staaten Botswana, Lesotho und Swaziland, deren Gerichte ja an südafrikanische Präzedenzentscheidungen gebunden sind, auf eine Abkoppelung per Gesetz:

> In richness of general principle and wealth and diversity of sources, the Roman-Dutch legal system has no peer. Nevertheless, with the advent of independence the time is overdue for the passage of legislation stating that henceforth the decisions of the South African courts have no more than persuasive value. The argument that a situation in which the decisions of courts in a foreign country

---

[27] Er folgert das aus der Tatsache, daß nach "application" kein Komma steht.

[28] Einen Sonderfall bildet die Formulierung, mit dem das römisch-holländische Recht in Swaziland übernommen wurde: "The Roman-Dutch common law ... shall be the law in Swaziland" (The General Law and Administration Proclamation 4 of 1907, section 3). Auch diese Formulierung, die weder auf ein bestimmtes Gebiet, noch auf einen bestimmten Zeitpunkt Bezug nimmt, wird als "zeitlose Übernahme" interpretiert (PAIN 1978: 167). Allerdings kommt den "alten" Rechtsgelehrten wie Grotius oder Van Leeuwen größere Bedeutung zu, und sie werden auch oft in Gerichtsentscheidungen zitiert (vgl. NHLAPO 1989: 48 f).

must be followed involves no diminution of sovereignty is unconvincing (PAIN 1978: 167).

Zur spezifischen Situation im südlichen Afrika siehe Kapitel 3.3. Im übrigen enthalten alle diese Rezeptionsnormen Klauseln, die vorsehen, daß Streitigkeiten zwischen traditionell lebenden Afrikanern - und nur solche - nach traditionellem Gewohnheitsrecht entschieden werden sollen, freilich mit wesentlichen Einschränkungen (vgl. dazu Kap. 2.9.1.2.).

2.6 RECHT ALS INSTRUMENT DER "MODERNISIERUNG" DER "DRITTEN WELT"

2.6.1 Die Rezeption europäischer Rechtsnormen als Motor des sozialen, ökonomischen und politischen Wandels

So gut wie alle afrikanischen Staaten haben nach der Unabhängigkeit das Rechtssystem ihrer ehemaligen Kolonialmacht beibehalten. Doch auch die nicht bzw. nur kurz kolonisierten Länder Ägypten, Äthiopien und Liberia übernahmen westliche Rechtsmodelle. Warum wurde dieses ursprünglich von den Kolonialverwaltungen oktroyierte Recht letztlich dann doch freiwillig übernommen?

Ein Grund dafür war sicher - wie bereits angedeutet - daß der gesamte Juristenstand europäisch ausgebildet war und das traditionelle Gewohnheitsrecht kaum kannte. LEWIN stellt zu dieser Thematik treffend fest:

> Judges invariably tend to apply the legal system they know. In other words, Africans trained in England would tend to apply English law. (Rather like some students facing an examination, they tend to off-load what they remember, whether or not it is relevant to the question set!) (LEWIN 1968: 159 f).

Der andere entscheidende Grund war, daß die neugebildeten afrikanischen Regierungen meinten, das westliche Recht als Instrument zur Modernisierung einsetzen zu können. Das traditionelle Gewohnheitsrecht wurde als nur für statische Agrargesellschaften passend und daher entwicklungsfeindlich angesehen.[29] Durch den Transfer "moderner" Institutionen sollten die traditionellen

---

[29] Beispielsweise kennen die traditionellen Normen kein Individualeigentum an (bebaubarem) Land und verhindern so auch dessen Verpfändung. Dadurch sind viele Bauern nicht in der Lage, dringend benötigte Kredite zu bekommen. Die periodische Überprüfung ihrer Bedürftigkeit durch die das Land zuteilenden traditionellen Autoritäten führt dazu, daß die Bauern wenig Anreiz verspüren, ihren Lebensstandard zu verbessern (vgl. z.B. POULTER 1976: 30 f).

afrikanischen Gesellschaften entwickelt werden (vgl. BRYDE 1977: 117). Der Justizminister Madagaskars formulierte dieses Anliegen einmal besonders deutlich: "Das Gesetz hat zum Ziel, die Rechtsbräuche umzubilden, um die soziale und wirtschaftliche Befreiung zu ermöglichen; das Gesetz kommt folglich zwangsläufig mit dem Gewohnheitsrecht in Konflikt" (zitiert nach DAVID/GRASMANN 1988: 651 f). Dieser, auf der Modernisierungstheorie fußende Ansatz hat heute noch zahlreiche Anhänger in allen Erdteilen.[30]

Freilich wurde und wird dieser Ansatz, von Anthropologen ebenso wie von Juristen und Politologen, heftig kritisiert (z.B. BRYDE 1977; CHANOCK 1985: 220 f): Zum einen ist nicht gesagt, daß afrikanische Rechtssysteme rückständiger sein müssen als europäische. So sind in afrikanischen Gewohnheitsrechten vielfach Prinzipien verankert, die gegenwärtig in Europa erst Endziel langer legistischer Bemühungen sind. Man denke dabei etwa an die erst ansatzweise vorhandenen Bemühungen, die Elemente von Schadenersatz und Versöhnung gegenüber der Bestrafung eines Straftäters in den Vordergrund zu stellen. Oder man denke an die Gleichbehandlung unehelicher und ehelicher Kinder in afrikanischen Rechtssystemen, die im europäischen Raum noch Zukunftsmusik ist.

Zum anderen müßte die Korrelation zwischen westlichem Recht und materiellem Fortschritt[31] erst bewiesen werden. Ein solche Korrelation ist zwar von Max WEBER für die Geschichte Westeuropas postuliert worden (WEBER 1956: 233 ff und 495 ff), um dieses Modell jedoch auf Entwicklungsländer anwenden zu können, müßte vorausgesetzt werden, daß diese Länder die gleiche Entwicklung wie Europa zu durchlaufen hätten, also lediglich ein zeitlicher Unterschied bestehe. Mittlerweile haben aber zahlreiche Autoren - allen voran die Vertreter der Dependenztheorie - nachgewiesen, daß diese Vorstellung[32] - insbesondere durch die neokoloniale Abhängigkeit der "Dritten Welt" - völlig unhaltbar ist (vgl. z.B. SENGHAAS 1978: passim). Daraus ergibt sich folgende Schlußfolgerung:

> Ansatzpunkt für eine theoretische Rechtfertigung des Rechtstransfers kann daher nicht die Rolle europäischen Rechts in der europäischen Geschichte sein, sondern

---

[30] Als besonders krasses Beispiel sei hier die Dissertation von CHEN (1988) erwähnt.

[31] In diesem Zusammenhang sei darauf hingewiesen, daß es von entscheidender Bedeutung ist, was man unter "Fortschritt" und "Entwicklung" versteht (vgl. dazu HENRŸ 1985: 194 ff). Es gibt heute keine allgemein anerkannte Definition dieser Begriffe. Jede Konzeption ist auch ideologisch bestimmt, das heißt beruht auf bestimmten Werthaltungen (vgl. u.a. DLAMINI 1988: 241 f). Dazu nur eine grundsätzliche Bemerkung: Meiner Ansicht nach müßte jede Definition von Fortschritt und Entwicklung als zentrales Element die soziale Gerechtigkeit enthalten, d.h. primäres Ziel muß die bessere Bedürfnisbefriedigung **aller** Menschen sein.

[32] Zu ihren Vertretern gehören nicht nur Modernisierungstheoretiker sondern auch "orthodoxe" Marxisten (so war Karl Marx der Meinung, England werde durch Indien der Spiegel seiner eigenen Vergangenheit vorgehalten).

nur der Normenbedarf gegenwärtiger afrikanischer Gesellschaften (BRYDE 1977: 121).

Weiters verbinden manche Politiker mit der Rezeption europäischen Rechts die Hoffnung, wenigstens auf dem Gebiet des Rechts den Zusammenhalt innerhalb der durch willkürliche koloniale Grenzziehungen und ohne Rücksicht auf ethnische Gegebenheiten entstandenen Territorialstaaten zu stärken. Durch die Schaffung eines einheitlichen, auf alle im Staatsgebiet lebenden Personen gleichermaßen anwendbaren Rechtes - was im übrigen noch in keinem Land wirklich gelungen ist (vgl. BOZEMAN 1976: 235; HENRŸ 1981: 243) - soll die Nationwerdung beschleunigt werden. Dieses neu einzuführende Recht könnte natürlich in manchen Bereichen theoretisch auch das Recht einer der ethnischen Gruppen innerhalb des Staatsverbandes sein. Dann wäre aber dieses Recht den Angehörigen aller anderen Gruppen auch fremd und es würden nur zusätzliche Ressentiments gegen die solcherart "bevorzugte" Ethnie geschürt. Deshalb greift man bei der Schaffung dieses "ius gentium" (vgl. Kap. 2.3.3., Fußn. 18) durchwegs auf rezipiertes Recht zurück. Wenn schon europäisches Rechtsgut übernommen wird, wäre m.E. de lege ferenda zu überlegen, ob man sich nicht in einem Zeitalter zunehmender globaler Integration weniger auf die Entwicklung eigenständiger nationaler Rechtsordnungen als vielmehr auf die Schaffung regional einheitlicher Rechte konzentrieren sollte. Insbesondere auf dem Gebiet der Wirtschaft erscheint dies vorteilhaft.

2.6.2 Das Konzept des "Development Law"

Einen nur vermeintlich völlig anderen Weg als die Befürworter der Rezeption europäischer Normen wollen die Vertreter eines Entwicklungsrechts ("Development Law") einschlagen. Ihr Ziel ist es, für einzelne Länder "maßgeschneiderte" Rechtsnormen zu entwerfen, die als Stimulans sozioökonomischer Entwicklung dienen sollen. Um die möglichst effiktive, friktionslose Implementierung dieser neuen Normen zu gewährleisten, sollen die möglichen Auswirkungen neuer Gesetze im Hinblick auf die spezifischen gesellschaftlichen und kulturellen Gegebenheiten eines Landes schon im vorhinein möglichst genau untersucht werden. Auch diesem Ansatz liegt die (umstrittene) Vorstellung zugrunde, daß Recht dazu dienen kann, die wirtschaftlichen und gesellschaftlichen Zustände zu verändern.

Die postulierte Interdependenz von Recht und Entwicklung ist Gegenstand einer neuen Forschungsrichtung unter dem Namen "Law and Development", mit der sich mittlerweile mehrere Institutionen beschäftigen, wie etwa das "Institut des Sciences Juridiques du Développement" der Universität Paris, das "International Center for Law in Development" in New York und die

"International Third World Legal Studies Association", ebenfalls in New York. Von den zahlreichen zu dieser Thematik erschienenen Publikationen seien hier nur die Arbeiten von DEFFAA (1986), DLAMINI (1988), HENRŸ (1981, 1983, 1985), MÜNKNER (1985), KAYODE (1978), SCHOTT (1981), SEIDMAN (1981), SNYDER (1984), VOSS (1973) erwähnt. An dieser Stelle sei nochmals darauf hingewiesen, daß es von entscheidender Bedeutung ist, wie man den Begriff "Entwicklung" definiert.

Das "Development Law" zeichnet sich durch folgende Eigenheiten aus:

- Es werden oft zeitlich begrenzte "Übergangsbestimmungen" erlassen, die wegfallen sollen, sobald das angestrebte Entwicklungsziel erreicht ist;

- es sollen Bemühungen unternommen werden, den Durchschnittsbürgern die neuen Vorschriften verständlich und einsichtig zu machen (sog. "pedagogical approach"), etwa durch Schulungsmaßnahmen und eine klare Gesetzessprache. Es ist offenkundig, daß das insbesondere in mehrsprachigen Ländern zu Problemen führen muß;

- es gibt keine strikte Trennung zwischen öffentlichem und privatem Recht. Der Staat will bestimmte Sozialstrukturen (z.B. Kooperativen) fördern und greift so in Bereiche ein, die nach den klassischen europäischen Konzepten der Privatautonomie vorbehalten sein sollten (vgl. MÜNKNER 1985: 100 ff).

Vertreter dieses Ansatzes sehen sich mit Schwierigkeiten sowohl im Bereich der Rechtssetzung als auch im Bereich der Rechtsdurchsetzung konfrontiert: Die Hauptschwierigkeit auf der Ebene der Rechtssetzung liegt in den politischen Systemen der Entwicklungsländer, die sich wider Erwarten nicht zu echten Demokraten gewandelt hätten sondern zu "Kleptokratie(n) ..., Veranstaltungen zur Bereicherung des jeweiligen Staatschefs und seiner Entourage" (BRYDE, zitiert nach DEFFAA 1986: 210) entartet seien. Auf der Ebene der Rechtsdurchsetzung dagegen wird als wichtigstes Problem die ungleiche Verteilung von Effektivitätshindernissen genannt: Gesetze, die darauf vertrauen, daß die Betroffenen ihre Rechte selbst durchsetzen, scheitern oftmals gerade an dieser Voraussetzung.

Es ist den Anhängern des "Development Law" zugute zu halten, daß sie bei der Einführung neuer Gesetze gewisse Rücksicht auf deren Kompatibilität mit den soziokulturellen Besonderheiten der einzelnen Entwicklungsländer nehmen wollen, letztlich möchten aber auch sie eine Modernisierung der "Dritten Welt" im europäischen bzw. amerikanischen Sinne erreichen, nur eben mit etwas subtileren Methoden. Ausgangspunkt ist auch hier eine klar modernisierungstheoretische Position. Die ins Auge gefaßten Gesetze nützen in der Regel vor allem dem modernen Sektor.

2.7 AUSWIRKUNGEN DES NEBENEINANDERS VERSCHIEDENER RECHTSORDNUNGEN

Die undifferenzierte Rezeption europäischer Rechtsordnungen führte und führt noch heute in allen afrikanischen Staaten zu enormen Diskrepanzen zwischen Recht und gesellschaftlicher Wirklichkeit. Die Masse der Normunterworfenen kennt das importierte Recht überhaupt nicht. Gelegentlich wird vorgebracht, daß das ja auch in Industrieländern nicht viel anders sei. Dagegen ist zweierlei einzuwenden: Erstens gibt es in Industriestaaten wesentlich weniger Analphabeten, d.h. die Masse der Bevölkerung hat zumindest die theoretische Möglichkeit, sich Gesetzestexte bzw. juristische Literatur zu kaufen und auch zu lesen. Zweitens werden die grundlegenden rechtlich geforderten Verhaltensnormen in der Regel schon durch den Sozialisationsprozeß erlernt. Anders hingegen in Gesellschaften, die traditionell völlig andere Wertvorstellungen haben als die den europäischen Rechtsordnungen zugrundeliegenden. Angehörigen solcher Gesellschaften fehlt oft gänzlich das Gefühl dafür, was gemäß den rezipierten Normen Recht und was Unrecht ist.

Freilich sind die einzelnen Bevölkerungsgruppen von diesem Problem in sehr unterschiedlichem Ausmaß betroffen: Prinzipiell sind zwei Kategorien von Menschen auszumachen, für die die Rezeption fremden Rechts kaum Probleme mit sich bringt. Die erste Kategorie bilden die europäisierten Eliten in den Städten. Sie sind gänzlich akkulturiert, haben keine Anknüpfungspunkte zum Gewohnheitsrecht mehr und leben gut mit dem importierten Recht, da es ihrer sozioökonomischen Lebensweise gerecht wird. Die zweite Kategorie bilden völlig abgeschieden lebende Gruppen, die (noch) keinen Kontakt zu staatlichen Institutionen haben. Sie ordnen ihr Gemeinwesen ausschließlich nach ihrem Gewohnheitsrecht und brauchen sich um das rezipierte nationale Recht überhaupt nicht zu kümmern. Freilich dürfte es solche Gruppen kaum noch irgendwo geben.

Die zwei genannten Personenkategorien sind sozusagen die beiden Enden des sozioökonomischen Wandlungsprozesses. Sie bilden jedoch zahlenmäßig eine sehr kleine Minderheit. Die Masse der Bevölkerung gehört Gruppen an, die zwischen diesen Extremen liegen. Die größten Probleme ergeben sich für diese Menschen daraus, daß das importierte Recht nicht oder nur sehr bedingt auf ihre Sozialbeziehungen paßt, sie aber doch so stark in das nationale Regierungs- und Wirtschaftssystem integriert sind, daß die Normen und Institutionen des rezipierten Rechts Auswirkungen auf ihr Leben haben können (vgl. BRYDE 1977: 127 f). Viele dieser Menschen werden "aufgerieben zwischen 'traditionellen' und 'modernen' Rechtsvorstellungen und -praktiken" (SCHOTT 1983: 200). Primär betroffen sind die Landbevölkerung und das entwurzelte städtische Proletariat.

Die Landbevölkerung[33] hat zwar eigenständige Rechtstraditionen und -institutionen, doch ist nie auszuschließen, daß bestimmte Fälle von staatlichen Gerichten auf der Grundlage des staatlichen Rechts entschieden werden. Dazu wird es vor allem dann kommen, wenn Mitglieder der privilegierten Minderheit mit westlicher Erziehung Kenntnis vom staatlichen Recht erlangt haben und diesen Informationsvorsprung ausnützen, um Ansprüche geltend zu machen, die ihnen nach traditionellem Gewohnheitsrecht nicht zustehen. Das staatliche Recht wird somit zu einem "Recht für die Schlauen", dessen Ergebnisse als höchst ungerecht empfunden werden. Dies soll an einem konkreten Beispiel verdeutlicht werden: Wenn für eine wirksame Adoption eine gerichtliche Beurkundung verlangt wird (wie z.B. in Artikel 804 des äthiopischen Code Civil), so ist dies unbedenklich, wenn niemand diese Form kennt und sich daher auch niemand daran hält. Unbefriedigend wird die Situation hingegen dann, wenn diese Vorschrift nicht mehr generell ignoriert wird, also etwa ein Verwandter zufällig von dieser Bestimmung erfährt und so das nach Gewohnheitsrecht adoptierte Kind um die Erbschaft bringt. Eine anderes typisches Problemfeld betrifft die Einführung des Grundbuches in afrikanischen Staaten. Das afrikanische Gewohnheitsrecht kennt kein Individualeigentum an Grund und Boden. Trotzdem gelingt es Angehörigen der europäisierten Elite immer wieder, durch Eintragung in das Grundbuch individuelles Eigentum an Grund und Boden zum Schaden der dörflichen Gemeinschaft zu erwerben.

Noch schlimmer ist die Situation der nicht zur Elite zählenden Bevölkerung in den Ballungszentren, die meist in slumartigen Siedlungen am Stadtrand, den sogenannten "Townships", lebt. Diese Menschen sind aus ihren traditionellen Sozialverbänden entwurzelt,[34] und verfügen über keine eigenen, allgemein akzeptierten gewohnheitsrechtlichen Normen und Streiterledigungsmechanismen mehr. Das moderne Recht mit seinen Institutionen ist aber zur Lösung ihrer Probleme - wie z.B. Hexerei, Ehebruch - nicht sinnvoll anwendbar, weil es ja, wie bereits ausgeführt, primär auf die Bedürfnisse der europäisierten Eliten zugeschnitten ist. Die Folge ist, daß sich diese Menschen weder an traditionelle, noch an "moderne" Instanzen wenden können. Sie werden "rechtlos" (vgl. BRYDE 1977: 128). Als Ausweg bleibt oft nur die gewalttätige Selbsthilfe. Es grenzt daher an blanken Zynismus, diesen Zustand - wie es manche Juristen noch immer tun - als "Rechtspluralismus" zu preisen, der den Menschen in einer heterogenen Gesellschaft für jeden Konfliktfall jeweils adäquate Normen zur Verfügung stellt (vgl. SCHOTT 1983: 200).

---

[33] Etwa 80-85 % der Afrikaner leben weiterhin auf dem Lande (HENRŸ 1981: 245).

[34] Meist leben in solchen Armenvierteln auch Angehörige verschiedener ethnischer Gruppen zusammen.

Das Aufeinanderprallen von tradiertem und rezipiertem Recht führt freilich nicht in allen Rechtsgebieten zu gleich großen Konflikten: Probleme treten vor allem in jenen Bereichen auf, wo beide Systeme über eine entwickelte Rechtstradition und Rechtsprechung verfügen, also insbesondere im Ehe- und Familienrecht, Erbrecht, Landrecht und gelegentlich im Strafrecht (vgl. BAUER 1989: 6 f). Nun stellt sich noch die Frage, ob es Normen gibt, die sich besser zur Übertragung in fremde Kulturen eignen als andere. Ich bin der Überzeugung, daß es eigentlich nur eine Art von Normen gibt, deren Rezeption weitgehend problemlos möglich ist, nämlich ganz spezifische Normen, die ein eng begrenztes Sachproblem lösen sollen, das auch in unterschiedlich strukturierten Gesellschaften ident ist. Hier ist in erster Linie an das Recht des entwickelten Sektors zu denken, also etwa das Recht der Technik, das Bankrecht, die Straßenverkehrsordnung usw. Bei allen übrigen Normen wird es zu mehr oder weniger großen Friktionen kommen (dazu ausführlicher vgl. Kap. 2.7. und Kap.3).

2.8 GERICHTSORGANISATION UND PROZESSRECHT

2.8.1 Duale und einheitliche Gerichtsorganisation

Der rechtliche Dualismus manifestiert sich nicht nur im materiellen Recht, sondern auch in der Organisation der Gerichte: In der Kolonialzeit gab es als Ergebnis des "Indirect Rule" in allen ehemals englischen Kolonien und Protektoraten ein Nebeneinander von traditionellen Gerichten (Customary Courts) - also Headmen oder Chiefs mit deren Beratern - und staatlichen Gerichten (Common Law Courts), wobei freilich die letzte Instanz in jedem Fall ein von Weißen dominiertes Höchstgericht war.

Die Basis der britischen Kolonialverwaltung bildeten (nach dem Vorbild Britisch-Indiens) die sogenannten "District Officers" oder "District Commissioners", welche jeweils für alle Einwohner und Dörfer in einem bestimmten Gebiet zuständig waren. Der District Commissioner war der Repräsentant der Zentralregierung vor Ort, vergleichbar dem "Prefect" im französischen System. Er besaß in seinem Distrikt universelle Kompetenz: Er war Steuereinnehmer, Straßenbauer, Staatsanwalt und Richter (JONES 1996: 349). Er war für die Behandlung von Rechtsstreitigkeiten zwischen Europäern zuständig. Streitfälle zwischen Afrikanern oblagen dagegen den traditionellen Instanzen (Headmen bzw. Chiefs), die jedoch unter seiner Anleitung arbeiteten. Alle Einsprüche an höhere Instanzen mußten über den District Commissioner laufen.

Der afrikanische "Stab" des District Commissioner setzte sich aus zwei Komponenten zusammen, nämlich a) seinen Mitarbeitern (Schreiber, Übersetzer), die er nach Gutdünken anstellen und entlassen konnte, und b) den existierenden traditionellen Verantwortlichen aus jedem Dorf.

ad a) Als Schreiber/Übersetzer wurden meist junge, ambitionierte Afrikaner mit einer gewissen Schulbildung herangezogen. Personen, die nach dem traditionellen Recht Richter waren oder es werden konnten, wurden in aller Regel nicht Schreiber/Übersetzer. Die Schreiber/Übersetzer wurden mit den Grundzügen des englischen Prozeßrechts vertraut gemacht, denn für ihre Karriere war es wichtig, daß sie dieses gut verstanden. Die Kenntnis des traditionellen Gewohnheitsrechts war dagegen kaum erforderlich, da sie ja keine Chance hatten, jemals Richter in einem traditionellen Gericht zu werden (vgl. JONES 1996: 354).

ad b) Die Chiefs/Headmen bzw. ihre Berater besaßen einen traditionellen Status, der in der Regel ererbt war. Sie waren zur Beurteilung von Rechtsstreitigkeiten zwischen Afrikanern nach traditionellem Recht berufen, bedurften nach der Ankunft der Briten jedoch der Anerkennung durch den District Commissioner und unterlagen dessen Überwachung. Die Chiefs konnten vom District Commissioner abgesetzt werden, was so manchen Chief dazu veranlaßt haben dürfte, traditionelle Vorschriften, von denen er annahm, daß sie den Briten nicht genehm wären, in "vorauseilendem Gehorsam" eigenmächtig abzuändern (vgl. z.B. JONES 1996: 355 f). Den Chiefs standen Berater zur Seite. Die britische Verwaltung führte (z.B. im Protektorat Bechuanaland) die Vorgehensweise ein, daß Berater an den Häuptlingsgerichten von den Chiefs aus Notablenfamilien "ernannt" wurden, so daß der District Officer eine ernannte Person anerkennen oder gegebenenfalls ablehnen konnte. Damit setzten sich die Kolonialverwaltungen über die Einwände vieler Chiefs hinweg, daß in den meisten Ethnien die Berater ihre rechtsberatende Position traditionell wegen ihres Familienranges (z.B. Onkel des Chiefs) innehatten, und es daher einem Chief nach traditionellem Recht gar nicht möglich wäre, seine Berater zu ernennen (vgl. JONES 1996: 357 f).

Nach der Erlangung der Unabhängigkeit standen die neuen Staaten vor der Frage, ob sie die duale Gerichtsorganisation beibehalten oder sie durch eine einheitliche Gerichtsorganisation ersetzen sollten. So gut wie überall wurden zunächst die von den Briten geerbten Strukturen beibehalten oder sogar noch intensiviert. Die Bezeichnungen der verschiedenen staatlichen Organe bzw. Institutionen änderten sich, aber ihre Funktionen blieben größtenteils dieselben. Erst in den letzten Jahren ist verstärkt der Ruf nach einer einheitlichen Gerichtsorganisation laut geworden. Im folgenden werden die Vor- und Nachteile beider Lösungen analysiert:

Eine völlige Trennung der beiden Arten von Gerichten birgt zumindest auf den ersten Blick den Vorteil, daß die Customary Courts für die rechtssuchenden Afrikaner berechenbar sind, da sie nach den in der jeweiligen Gemeinschaft anerkannten Regeln und mit der traditionellen Informalität Recht sprechen. Das trifft allerdings m.E. nur für wirklich intakte traditionell lebende Gemeinschaften zu, bei denen folgende Kriterien gegeben sind:

- Alle Mitglieder der Gruppe leben nach traditionellen Mustern;
- die Customary Courts sind mit den traditionell für die Streitbeilegung zuständigen Organen (d.h. in der Regel den Headmen bzw. Chiefs) besetzt;
- die Customary Courts sind für alle Streitigkeiten (inklusive Strafsachen) zuständig.

Die genannten Kriterien treffen aber heute kaum noch irgendwo zu, weil die traditionellen Gerichte in kolonialer und nachkolonialer Zeit starken Veränderungen, ja Verfälschungen unterworfen waren: In vielen afrikanischen Staaten sind die Customary Courts heute mit staatlichen Beamten besetzt, Berufungsgerichte, die es früher nicht gegeben hat, wurden eingeführt oder die Customary Courts ermächtigt, auch staatliches Recht anzuwenden. Letzteres brachte zunächst insofern Probleme mit sich, als die Richter i.d.R. keine entsprechende Ausbildung besaßen. Noch schwerwiegender war jedoch die Tatsache, daß die Kolonialverwaltung die Customary Courts dazu mißbrauchte, die Masse der geringfügigen Verstöße gegen koloniale Verwaltungsvorschriften (z.B. Vorschriften über Viehhaltung, Bierbrauen, Steuern und Abgaben, Straßenverkehrsregeln, etc.) zu ahnden. Da diese Gerichte sehr strenge Strafen verhängten, büßten sie bei den Einheimischen bald an Glaubwürdigkeit ein (vgl. CHANOCK 1985: 230).[35] Andererseits ist die Kompetenz der Customary Courts durch verschiedene gesetzliche Vorschriften beschränkt, insbesondere wurde ihnen die Zuständigkeit für schwere Verbrechen entzogen (vgl. BAUER 1989: 7). Im übrigen pflegen viele Afrikaner nicht mehr die traditionelle Lebensweise im Dorf. Sie müßten sich daher an ein staatliches Gericht wenden, um zu ihrem Recht zu kommen. Ein in starken sozio-ökonomischen Veränderungen unterliegenden Gesellschaften allgemein zu beobachtendes Phänomen ist, daß "westliche" Gerichte in der Regel von den sozial Schwächeren (Frauen, Sklaven, Armen etc.) bevorzugt werden (vgl. ADINKRAH 1991: 226).[36] In der Praxis greifen freilich, insbesondere in der Republik Südafrika, oft informelle, an der Basis entstandene Streitbeilegungsmechanismen ("Volksgerichte") ein (zu diesen siehe Kap. 3.4.2.1.; vgl. auch OLMESDAHL 1987: 299 ff; SANDERS 1994: 74).

---

[35] Die Einmischung der britischen Verwaltung in die lokale Gerichtsbarkeit war freilich nicht überall gleich intensiv. Während sie sich in den britischen Protektoraten des südlichen Afrika in Grenzen hielt, belegt etwa eine Studie bei den Soga in Uganda, daß sich im Jahre 1950 weit über die Hälfte aller Urteile der traditionellen Gerichte auf die Bestrafung derartiger Verwaltungsübertretungen bezog (vgl. KUPER 1969: 42).

[36] Eine Ausnahme von dieser Regel stellt offenbar Swaziland dar, wo die Anrufung des Königsgerichts als oberste Instanz nach wie vor bei allen Gesellschaftsschichten populär ist.

Aus all den genannten Gründen fordern zahlreiche Experten (z.B. SANDERS 1986a: 156; MAMASHELA 1989: 68) die Einführung einer einheitlichen Gerichtsorganisation in den unabhängigen afrikanischen Staaten. Nach Ansicht vor allem vieler Politiker wirkt sich eine solche günstig auf den Prozeß der nationalen Einigung der neuen Territorialstaaten aus. Allerdings hat die einheitliche Gerichtsorganisation auch gravierende Nachteile, nämlich:

1) Der Richter muß Gewohnheitsrecht und Common Law anwenden. Es liegt in der Natur der Sache, daß er mit einem der beiden Rechtssysteme nicht ausreichend vertraut sein wird;

2) In solchen Gerichten sind in der Regel Rechtsanwälte zugelassen, was eine stärkere Betonung der Formvorschriften und eine vermehrte Beachtung juristischer Spitzfindigkeiten mit sich bringt. Darüber hinaus kann es zu Chancenungleichheiten dann kommen, wenn sich nur eine der Streiparteien einen Anwalt leisten kann;

3) Ein solches Verfahren ist in der Regel mit höheren Kosten verbunden.

Die Bedeutung dieser theoretischen Diskussion wird freilich durch die Tatsache relativiert, daß heute keines der beiden Systeme irgendwo in reiner Form existiert: Einerseits hat sich die einheitliche Gerichtsorganisation in reiner Form in keinem einzigen Land - mit Ausnahme eines kurzen Zwischenspiels in der Transkei von 1976 bis 1982 - durchgesetzt. Andererseits existieren auch in den meisten Ländern mit formell dualer Gerichtsorganisation - mit ganz wenigen Ausnahmen (z.B. Malawi, vgl. SANDERS 1986a: 147) - die beiden Gerichtstypen auch nicht wirklich unabhängig voneinander, sondern es gibt zahlreiche Berührungspunkte. Meist laufen gesetzliche Regelungen auf eine mehr oder weniger starke Unterordnung der Customary Courts unter staatliche Instanzen beziehungsweise auf eine Einschränkung ihrer Jurisdiktionskompetenz hinaus. So unterliegen etwa in Botswana alle Customary Courts der Überwachung durch einen Customary Courts Commissioner, der z.B. Rechtssachen "im Interesse der Gerechtigkeit" von einem Customary Court an einen anderen Customary Court oder sogar an ein Common Law Gericht übertragen kann (SANDERS 1986a: 147 f). Grundsätzlich sollen die staatlichen Gerichte das "Law of the Land" (also das Common Law einschließlich seiner Veränderungen durch Gesetzesrecht) und die Customary Courts das einheimische Gewohnheitsrecht anwenden. Dieser Grundsatz ist allerdings vielfach durchbrochen. Insbesondere die strafrechtliche Beurteilung bleibt in der Regel staatlichen Gerichten vorbehalten, die nach staatlichem Recht entscheiden. So wurde in den meisten Staaten eine strikte Trennung von Zivil- und Strafgerichtsbarkeit gesetzlich festgeschrieben, die es im traditionellen Recht nie gegeben hat (vgl. z.B. SCHAPERA 1955: 257 f; BENNETT 1985: 27 f).

2.8.2 Zum formellen Recht

Bei Übersichtsdarstellungen europäischer Rechtsordnungen wird das formelle Recht meist nur sehr kurz abgehandelt. Dies ist aus der Tatsache heraus verständlich, daß das materielle Recht als das eigentlich Entscheidende angesehen wird und das Verfahrensrecht lediglich zu seiner Durchsetzung dient (für historische Hintergrundinformation vgl. u.a. DAVID/GRASMANN 1988: 471). Zu diesem Zweck werden detaillierte gesetzliche Regelungen über Zuständigkeiten, Formalerfordernisse, Fristen, Zulässigkeit von Argumenten, Instanzenzüge etc. erlassen, mit denen nur eine geringe Anzahl von Experten wirklich vertraut ist.

Anders im traditionellen afrikanischen Recht: Hier beschränken sich die Regeln des Gewohnheitsrechts häufig darauf, ein richterliches Organ zur Verfügung zu stellen, das den Konflikt möglichst rasch lösen soll (vgl. DAVID/GRASMANN 1988: 629). Dabei kann der Richter sehr frei vorgehen und ist nicht durch ein Korsett aus Formalregeln eingeengt. Er ist aber oft auch nicht einmal fest an abstrakte materiellrechtliche Bestimmungen gebunden, sondern kann vielmehr individuell auf die Streitparteien und deren Bedürfnisse eingehen und mit viel Einfühlungsvermögen versuchen, eine für alle Beteiligten akzeptable Lösung des Streites zu finden.

2.9 DER GELTUNGSBEREICH DES TRADITIONELLEN RECHTS

2.9.1 Kompetenzkonflikte zwischen staatlichem Recht und afrikanischem Gewohnheitsrecht

Ursprünglich sollte das englische Recht nur auf Europäer Anwendung finden,[37] mit der Zeit wurde dessen Anwendungsbereich aber schrittweise ausgeweitet (vgl. PAIN 1978: 149 ff). In Bechuanaland etwa bekamen die dortigen Gerichte die Jurisdiktionsbefugnis über Afrikaner für jene Fälle, wo das den weißen Richtern "in the interest of peace, or for the prevention or punishment of acts of violence to persons or property" notwendig erschien (Order in Council of 10 June 1981, section 8; dazu BENNETT 1985: 42 f). Schließlich eröffnete man den Afrikanern zunehmend die Möglichkeit, auch ihre Rechtsbeziehungen untereinander (unter gewissen Bedingungen und innerhalb bestimmter Grenzen) dem staatlichen Recht zu unterwerfen: Sie konnten sich zwar in der Regel nicht durch eine allgemeine Optionserklärung den Normen des "modernen" Rechts unterwerfen, doch war Ihnen diese Möglichkeit bei bestimmten Rechtsgeschäften (z.B.

[37] Vgl. Foreign Jurisdiction Act 1843.

Heirat) bzw. durch einzelne Gesetze eröffnet (vgl. DAVID/GRASMANN 1988: 638). Letztlich galt jedoch immer das Primat des staatlichen Rechts und der europäischen Wertmaßstäbe.

2.9.1.1 Die Kriterien für die Anwendung traditionellen Rechts

Die Entscheidung, ob eine bestimmte Rechtsfrage nach afrikanischem Gewohnheitsrecht oder nach Common Law beurteilt werden soll, lag in allen Kolonien bei den Gerichten. Da aber nirgendwo per Gesetz klare, umfassende Entscheidungskriterien definiert waren, mußten diese erst langsam von den Gerichten entwickelt werden. Diese haben sich auf zwei Gesichtpunkte konzentriert: Die an einem Rechtsstreit beteiligten Personen (also persönliche Gesichtspunkte) und die Art des Rechtsstreites (also sachliche Gesichtspunkte).

In der Kolonialzeit regelten die Statuten der Obersten Gerichtshöfe ("Supreme Court Ordinances") der einzelnen Kolonialgebiete die Anwendbarkeit der einheimischen Gewohnheitsrechte durch die Gerichte. Darin hieß es übereinstimmend, daß die Kolonialgerichte afrikanisches Gewohnheitsrecht ("native law and custom") immer dann anwenden können, wenn

1) alle Parteien "Natives" sind, und

2) keine der Parteien ausdrücklich oder konkludent bestimmt hat, daß ihre Rechtsbeziehungen ausschließlich staatlichen Normen unterliegen sollen.[38]

ad 1) Was prima facie durchaus logisch erscheint, birgt in der Praxis so gut wie unlösbare Probleme mit sich: Denn vorab ist natürlich zu klären, wer als "Native" (andere offizielle Bezeichnungen in juristischen Dokumenten lauten: "Tribesman"[39], "African"[40], "Bantu" oder "Black"[41]) gilt. Zur Klärung dieser Frage sind wiederum verschiedene Ansätze denkbar:

---

[38] Die diesbezügliche englische Formulierung lautete "that his obligations ... shall be regulated exlusively by some law or laws other than native customary law".

[39] Botswana Customary Law Act of 1969.

[40] z.B. im südafrikanischen Administration of Estates Act 28 of 1902, section 68(1), wo "African" definiert wird als "any person belonging to any of the aboriginal races or tribes of Africa south of the Equator, or any person one of whose parents belongs to any such race or tribe."

[41] 1978 wurden in allen südafrikanischen Gesetzen die Begriffe "Bantu" beziehungsweise "Native" durch den Terminus "Black" ersetzt (Second Black Laws Amendment Act 102 of 1978, section 17). So wurde beispielsweise der "Native Administration Act" von 1927 in "Black Administration Act", der "Natal Code of of Bantu Law" in "Natal Code of Black Law" umbenannt (vgl. CASSIM 1981: 131).

Ursprünglich stellte man auf das Aussehen ab. Doch mit der zunehmenden Akkulturation eines Teils der afrikanischen Bevölkerung an die europäische Lebensweise und der Vermischung mit den weißen Einwanderern wurde dieses Kriterium zur Bestimmung des anwendbaren Rechts immer unbrauchbarer. Daher begann man, etwa in Lesotho, auf die Lebensweise abzustellen, wobei die Gerichte in der Praxis folgende Gesichtspunkte zur Feststellung eines "westlichen" Lebensstils herangezogen haben: Tragen europäischer Kleidung, Besitz eines Autos, Zugehörigkeit zu einer christlichen Glaubensgemeinschaft, Heirat nach Zivilrecht, Schlafen in einem Bett, Beiziehung eines Rechtsanwaltes, Beschäftigung im modernen Sektor, Leben im städtischen Milieu (vgl. MAMASHELA 1989: 69). Es liegt auf der Hand, daß es kaum möglich ist, mit solchen Kriterien die Lebensweise einer Person eindeutig festzustellen, zumal ja, bedingt durch die Wanderarbeit, häufig eine "gemischte" Lebensweise zu beobachten ist: Während die Arbeiter in den Minen und Industriebetrieben beschäftigt sind, pflegen sie einen europäischen Lebensstil, sobald sie aber auf Urlaub in ihre Dörfer zurückkehren, nehmen sie sofort wieder eine traditionelle Lebensweise an. In Swaziland wird zur Bestimmung des anwendbaren Erbrechts nur darauf abgestellt, ob der Verstorbene eine Zivilehe eingegangen ist oder nicht (vgl. SANDERS 1986b: 118 f). In Botswana muß der Customary Courts Commissioner darüber entscheiden, ob ein Afrikaner als "Tribesman" einzustufen ist oder nicht, wobei ihm das Gesetz aber keine klaren Entscheidungskriterien vorgibt (vgl. SANDERS 1986a: 140).

Am kompliziertesten war die Rechtslage in der Republik Südafrika unter dem Apartheidregime: Dort wurde die Bevölkerung auf der Grundlage des "Population Registration Act 1957" in vier genau definierten "Rassen" - Weiße, Asiaten, "Farbige" (Coloureds) oder Schwarze - eingeteilt, wobei die Zuordnung durch Registrierung unmittelbar nach der Geburt erfolgte. Diese Methode mußte zwangsweise häufig zu anachronistischen Lösungen führen: So wurden etwa Japaner aus rein politischen Gründen als Weiße klassifiziert. Außerdem wurden in den verschiedenen Apartheid-Gesetzen (Population Registration Act 1957, Immorality Act 1957, Group Areas Act 1966) jeweils auf andere Klassifikationskriterien abgestellt, sodaß ein und dieselbe Person in drei verschiedene Kategorien fallen konnte (OLMESDAHL 1987: 283). Für Zwecke der Gerichtsbarkeit galt dagegen die im Blacks Administration Act 38 of 1927 festgelegte Kategorisierung:

> A Black shall include any person who is a member of any aboriginal race or tribe of Africa: Provided that any person residing under the same conditions as a Black in a scheduled Black area ... or in any land of which the South African Development Trust is the registered owner, shall be regarded as a Black for the purposes of this Act (section 35).

Die Rechtsprechung interpretierte diese Definition genauer: Sie stellte klar, daß (genaugenommen entgegen dem eigentlichen Wortlaut) eine nicht "pure-blooded Black person" nicht als Afrikaner gilt, selbst wenn er/sie so aussieht und sich so wie ein(e) AfrikanerIn verhält." Andererseits konnte ein reinblütiger Afrikaner niemals als "Nicht-Schwarzer" angesehen werden, selbst wenn er gänzlich eine europäische Lebensweise angenommen hatte oder von der Anwendung des traditionellen Gewohnheitsrechts ausgenommen war. Mischlinge ("Griquas", "Coloureds") galten nicht als "aboriginal race or tribe of Africa" (vgl. BEKKER 1989: 10 f).

ad 2) Doch selbst wenn beide Parteien des Rechtsstreits Afrikaner ("Natives") waren und die betreffenden gewohnheitsrechtlichen Normen weder dem "Ordre Public" noch gesetzlichen Regelungen zuwiderliefen (dazu in Kap. 2.9.1.2.), bedeutete das nicht automatisch, daß das traditionelle afrikanische Recht angewendet wurde. Das hing nämlich auch von der Natur der Sache ab: Wenn es um Sachverhalte ging, die nach Meinung der (weißen) Richter dem traditionellen afrikanischen Leben fremd waren, wendeten sie auch zwischen Schwarzen das Common Law an (vgl. ELIAS 1954: 98).

Ähnliche Bestimmungen gelten bis heute in den unabhängig gewordenen afrikanischen Staaten. So wurden in Südafrika die Commissioner's Courts (nach deren Abschaffung die Magistrate's Courts) per Gesetz ermächtigt, in Rechtssachen zwischen Schwarzen, die Fragen der traditionellen Gebräuche betreffen, afrikanisches Recht (mit den Einschränkungen des in Kap. 2.9.1.2. behandelten Repugnancy Clause) anzuwenden.[42] Alles in allem haben die Gesetzgeber noch immer kein umfassendes System von Regeln geschaffen. Daher können nur Grundsätze herangezogen werden, die von den Gerichten und der Lehre entwickelt wurden, um das im Einzelfall anwendbare Recht zu bestimmen. Im folgenden sollen einige dieser Prinzipien aufgezählt werden:

- Wenn die Parteien traditionell lebende Afrikaner sind, so soll traditionelles Gewohnheitsrecht auf ihre Rechtsbeziehung angewendet werden, wenn keine zwingenden Gründe dagegen sprechen;

---

[42] Black Administration Act 38 of 1927, section 11(1) (dieser galt für die Commissioner's Courts und trat mit deren Abschaffung durch den Special Courts for Blacks Abolition Act 34 of 1986 außer Kraft); Magistrates' Courts Act 32 of 1944, section 54A; Law of Evidence Amendment Act 45 of 1988, section 1. Auch in den Verfassungen der vier formell unabhängigen Homelands fand sich ein ähnlicher Paragraph, die jedoch folgende Hauptunterschiede zur Regelung in Südafrika aufwiesen: **Jedes** Gericht war ermächtigt, afrikanisches Gewohnheitsrecht anzuwenden, und der "repugnancy clause" wurde gestrichen (vgl. BENNETT 1985: 65).

- wenn die Parteien "moderne" Afrikaner sind, die nicht mehr traditionell leben, so soll ihre Rechtsbeziehung nicht dem traditionellen Gewohnheitsrecht unterliegen;

- wenn nur eine der Parteien ein traditionell lebender Afrikaner ist, gilt das Common Law, außer die Parteien haben sich zuvor auf die Anwendung von traditionellem Recht geeinigt;

- wo Rechtsstreitigkeiten entstehen in Zusammenhang mit Privateigentum, Handelsgesellschaften, "westlichen" Handelsgeschäften usw., also in Bereichen, in denen das traditionelle Gewohnheitsrecht keine adäquaten Antworten parat hat, soll es auch keine Anwendung finden (vgl. DU PLESSIS/KOK 1990: 162).

Der allgemeine Trend zumindest in den anglophonen afrikanischen Staaten geht neuerdings dahin, eine gesetzliche Generalklausel in Kraft zu setzen, die bestimmt, daß in Zivilrechtsfällen (innerhalb der Grenzen des Ordre Public) automatisch afrikanisches Gewohnheitsrecht anzuwenden ist, außer wenn die Parteien vereinbart haben, daß Common Law Anwendung finden soll. In Strafrechtsfällen (mit Ausnahme von Bagatelldelikten) muß dagegen das traditionelle Gewohnheitsrecht dem staatlichen Recht weichen (vgl. SANDERS 1986b: 119).

2.9.1.2 Die Einschränkung durch den "Ordre Public Colonial"

Auch wenn sich aus den im vorangehenden Kapitel erläuterten Kriterien eindeutig ergab, daß ein Fall nach traditionellem Recht zu beurteilen war, unterbanden die Kolonialherren die Anwendung bestimmter Normen des traditionellen afrikanischen Rechts. Es fand sich in den Statuten der Obersten Gerichtshöfe ("Supreme Court Ordinances") fast aller britischen Kolonien ein Passus, der festlegte, daß gewohnheitsrechtliche Normen nur unter der Voraussetzung Anwendung finden sollten, daß sie nicht gegen den "Ordre Public" der Kolonialmacht oder bestehende Gesetze verstießen (vgl. auch Kap. 2.3.2.). Die englische Formulierung dieses sogenannten Repugnance Clause lautete:

> Nothing in this Ordinance shall deprive the Courts of the right to observe and enforce the observance, or shall deprive any person of the benefit, of any native law or custom not beeing repugnant to natural justice, equity or good conscience, or incompatible, either in terms or by necessary implication, with any Ordinance or any rule, regulation, order, proclamation or by-law made under any Ordinance for the time beeing in force in the Territory.[43]

---

[43] vgl. z.B. section 17 of Cap. 3 of 1953 edition of Laws of Northern Rhodesia; section 19 of Cap. 211 of the 1948 Laws of Nigeria. Die Termini "ordinance", "rule", "regulation",

Freilich ist entscheidend, von wem und nach welchen Kriterien festgelegt wird, ob eine gewohnheitsrechtliche Norm den Geboten von "natural justice, equity or good conscience" widerspricht, denn eine solche Feststellung beruht natürlich auf bestimmten Werturteilen. Da stets ein durch seine ganze Erziehung von europäischen Wertvorstellungen und christlichen Idealen geprägter englischer Richter über diese Frage entschied, war ein europäischer "Bias" unvermeidlich. Dadurch wurde sozusagen ein "neues" Gewohnheitsrecht geschaffen (vgl. dazu auch CHANOCK 1985: 229; BAUER 1989: 7; SANDERS 1994: 71). Immerhin ist, wie ADEI (1981: 20) konstatiert, die diesbezügliche Einstellung der Richter in den letzten Jahrzehnten wesentlich toleranter geworden.

Die Regelungen in den heute unabhängigen afrikanischen Staaten lehnen sich weitgehend an die eben genannten Bestimmungen aus der Kolonialzeit an, wenn sich auch einzelne Formulierungen ändern können: So ist etwa der "Repugnance Clause" in Botswana definiert als "contrary to morality, humanity or natural justice"[44], in Swaziland als "contrary to natural justice or morality",[45] und in Südafrika lautet er: "opposed to public policy or natural justice".[46] Überall ist weiters das Primat des Gesetzesrechts festgehalten, was bedeutet, daß traditionelles Recht gesetzlichen Bestimmungen nicht widersprechen darf. Interessant dürfte in diesem Zusammenhang die Interpretation der neuen Verfassung Südafrikas werden, in der ja erstmals ein umfassender Grundrechtskatalog enthalten ist, dessen Bestimmungen mit Sicherheit in einigen Punkten in Widerspruch zu den traditionellen afrikanischen Gewohnheitsrechten stehen.

2.9.2 Kompetenzkonflikte zwischen verschiedenen afrikanischen Gewohnheitsrechten

Bisher wurde die Abgrenzung zwischen afrikanischem Gewohnheitsrecht und staatlichem Recht behandelt. Anders ist das Problem gelagert, wenn an einem Rechtsstreit Personen verschiedener Stammeszugehörigkeit (innerhalb eines Staates) beteiligt sind, deren Gewohnheitsrechte die aktuelle Rechtsfrage unterschiedlich regeln. Traditionell war in solchen, allerdings nur selten

---

"order", "proclamation", "by-law" können alle unter dem deutschen Begriff "Gesetz" subsumiert werden.

[44] Botswana Customary Law Act 1969, section 2.

[45] Swasi Courts Act 80 of 1950, section 11(a).

[46] Black Administration Act 38 of 1927, section 11(1) (galt für die Commissioner's Courts und trat mit deren Abschaffung durch den Special Courts for Blacks Abolition Act 34 of 1986 außer Kraft); Magistrates' Courts Act 32 of 1944, section 54A; Law of Evidence Amendment Act 45 of 1988, section 1.

auftretenden, Fällen jeweils das Recht des Beklagten anzuwenden, weil der Kläger, ganz egal welcher Ethnie er selbst angehörte, den Rechtsstreit stets nur vor das Oberhaupt der Gruppe des Beklagten bringen konnte. Wenn ein Schwarzer mit einer anderen Ethnie als seiner eigenen lebte, so war er dem Recht dieser Ethnie unterworfen (vgl. BEKKER 1989: 64).

Während Rechtsstreitigkeiten, an denen Personen verschiedener Stammeszugehörigkeit beteiligt sind, früher sehr selten waren, tritt diese Konstellation, nicht zuletzt als Folge der zunehmenden Mobilität, insbesondere der weitverbreiteten Wanderarbeit, heutzutage immer häufiger auf:

> As members of the various communities to which these diverse bodies of law apply increasingly marry, contract with, and rob one another, the potentiality for conflict of laws is enourmous (FALLERS 1963: 71).

Überdies sind es heute nicht primär die traditionellen Streitbeilegungsinstanzen, sondern staatliche Gerichte, welche darüber zu befinden haben, ob der Streitfall nach einem der in Frage kommenden Gewohnheitsrechte (und gegebenenfalls nach welchem) abgehandelt werden oder ob staatliches materielles Recht herangezogen werden soll oder ob andere Lösungsmöglichkeiten (wie z.B. der Rückgriff auf allgemeine Rechtsgrundsätze, dazu unten) gesucht werden sollen.

In der frühen rechtsanthropologischen Literatur wurde das Problem in seiner Tragweite unterschätzt. Man glaubte, auf die allen Gewohnheitsrechten inhärenten allgemeinen Rechtsgrundsätze zurückgreifen zu können:

> I believe that part of the answer lies in this, that faced with such a situation the courts are able to go back to first principles which are - such is the claim - generally recognized among the tribes. I suggest tentatively that native courts are able to develop the law, because they are concerned primarily with fundamental general concepts such as Wrong and Injury, terms so flexible in their connotation that they are not merely capable of infinite development but, indeed, contain the possibilities of such development (EPSTEIN 1954: 27).

Dieses Konzept muß freilich dort versagen, wo große soziokulturelle Unterschiede zwischen den Ethnien bestehen: Wenn etwa ein Mann aus einer patrilinearen Ethnie, der eine Frau aus einer matrilinearen Ethnie geheiratet hat, im Scheidungsverfahren um das Sorgerecht für die gemeinsamen Kinder streitet. Man erkannte daher bald, daß bei solchen "intertribalen" Konflikten das staatliche Recht festlegen muß, welches Recht nun tatsächlich zur Anwendung kommen soll (vgl. KERR 1956: 143). Häufig wird in solchen Fällen überhaupt das materielle staatliche Recht zur Beurteilung der Rechtsfrage herangezogen (vgl. BAUER 1989: 7). Unter Umständen bestimmt aber auch das Gesetz, welches Gewohnheitsrecht anzuwenden ist.[47] Auch hier gibt es prinzipiell persönliche und sachliche Anknüpfungspunkte, nach denen sich das anzuwendende Recht bestimmt. So kennt der Botswana Customary Law Act 1969 folgende Anknüpfungspunkte:

- Bei Disputen um Land ist das Recht jenes Gebietes maßgeblich, auf dem dieses Land liegt;
- in Erbrechtssachen ist jenes Recht anwendbar, dem der Verstorbene unterlag;
- in allen anderen Fällen jenes Recht, das die Parteien vereinbart haben; wenn keine Vereinbarung vorliegt, das Recht des Ortes, and dem die rechtsbegründende Handlung gesetzt wurde (SANDERS 1986a: 141 f).

Wenn das anzuwendende Recht nach diesen Kriterien nicht genau bestimmbar ist, so soll in Botswana das Gericht "in accordance with the principles of justice, equity and good conscience" entscheiden (vgl. SANDERS 1986a: 142). In Lesotho und Swaziland gibt es aufgrund der dominanten Position jeweils einer Ethnie überhaupt keine gesetzlichen Regelungen für Kompetenzkonflikte zwischen verschiedenen einheimischen Gewohnheitsrechten (BENNETT 1985: 128).

2.9.3 Kompetenzkonflikte mit internationalem Bezug

Mit den zunehmenden Migrationsbewegungen über die Grenzen der heutigen Staaten hinweg traten neue Kompetenzkonflikte zwischen verschiedenen Rechtsordnungen auf. Diese seien hier am konkreten Beispiel Swazilands erwähnt, sie treten aber auch in den anderen Staaten des südlichen Afrika auf:

1) zwischen dem staatlichen Recht Swazilands und dem staatlichen Recht eines anderen Staates;

2) zwischen dem Gewohnheitsrecht der Swazi und einem fremden Gewohnheitsrecht (also dem traditionellen Recht eines Angehörigen eines anderen Staates). Ein wirkliches Problem tritt hier jedoch nur auf, wenn der Ausländer einer anderen Ethnie angehört als sein inländischer Prozeßgegner;

3) zwischen dem Gewohnheitsrecht der Swazi und dem staatlichen Recht eines anderen Staates;

4) zwischen dem Gewohnheitsrecht eines Ausländers und dem dem staatlichen Recht Swazilands.

Die in Punkt 1 genannten Kompetenzkonflikte werden weitgehend durch die Normen des internationalen Privatrechts bzw. des internationalen Strafrechts

[47] Vgl. z.B. die Regelungen im Botswana Customary Law Act 1969, section 10(1) oder im Black Administration Act 38 of 1927, section 11(2) der Republik Südafrika oder in den Verfassungen der vier ehemaligen "Homelands".

entschieden.[48] Dagegen gibt es zu den in den Punkten 2 bis 4 angesprochenen Problemen für gewöhnlich keine eindeutigen Regelungen durch Gesetze oder internationale Konventionen und so gut wie keine Gerichtsentscheidungen (vgl. SANDERS 1986b: 111 ff).[49] Manche Autoren (z.B. BENNETT 1985: 128 ff) schlagen daher vor, bei Fehlen ausdrücklicher gesetzlicher Regelungen die Normen des Internationalen Privatrechts analog anzuwenden. Dagegen wehrt sich unter anderem SANDERS (1986b: 119) mit dem Argument, daß dieser Vorschlag auf einer zu eurozentristischen Sichtweise beruhe.

2.10 ZUR BEWEISBARKEIT TRADITIONELLER RECHTSNORMEN VOR STAATLICHEN GERICHTEN

Im vorangehenden Kapitel wurde der Frage nachgegangen, wann traditionelles Recht beziehungsweise welches anzuwenden ist. Sobald feststeht, welches traditionelle Recht zur Anwendung kommen soll, muß aber noch geklärt werden, wie ein Gericht Kenntnis von jenen Normen des traditionellen Gewohnheitsrechts erlangt, die es anwenden soll. Während von traditionellen Gerichten (z.B. den Chiefs oder Headmen) angenommen wird, daß sie das Gewohnheitsrecht ihrer eigenen Ethnie kennen, muß vor staatlichen Gerichten, die ja mit von außen kommenden Richtern besetzt sind, das einheimische Gewohnheitsrecht erst bewiesen werden.

In der vorkolonialen Zeit waren die afrikanischen Gewohnheitsrechte Systeme von Regeln, die sich aus der Lebensweise und den natürlichen Bedürfnissen der Menschen entwickelt hatten und in der Vorstellung der Normunterworfenen seit urdenklichen Zeiten existierten. Daher waren diese Normen allgemein bekannt. Entscheidungen eines Chiefs in besonders gelagerten, bislang nicht eindeutig geregelten, Rechtsfragen erlangten weite Verbreitung, wurden über Generationen

---

[48] Das durch internationale Übereinkommen geschaffene Internationale Privatrecht ist ebenso wie das Internationale Strafrecht ein Kollisionsrecht, das heißt es enthält keine materiellrechtlichen Regeln, sondern legt nur fest, welches nationale Recht in einer Rechtssache mit internationalen Berührungspunkten anzuwenden ist.

[49] Diese Tatsache ist vor allem in Südafrika auf den ersten Blick befremdlich, weil sich dort permanent eine große Anzahl ausländischer Arbeitskräfte aufhält. Die Erklärung dafür, daß so gut wie keiner dieser Arbeiter in Rechtsstreitigkeiten mit der ansässigen Bevölkerung verwickelt war, liegt in der Tatsache, daß sie sich stets nur vorübergehend in Südafrika aufhielten. Die südafrikanische Regierung erlaubte diesen Arbeitskräften die Einreise nämlich nur unter der Bedingung, daß sie unmittelbar nach Beendigung des Dienstverhältnisses wieder in ihre Heimat zurückkehrten. Sie wurden in abgeschotteten Siedlungen im Umkreis der Minen untergebracht, durften ihre Familien nicht mitbringen und Kontakte zur einheimischen Bevölkerung wurden auf ein Minimum reduziert. Daher konnten auch kaum ehe- und erbrechtliche Konflikte (wie z.B. Unterhaltszahlungen, Scheidung) entstehen (BENNETT 1985: 129 f).

weitertradiert und dienten als Grundlage für künftige Urteile (vgl. BEKKER 1989: 11). Auch in der Gegenwart wird grundsätzlich angenommen, daß traditionelle Richter das Gewohnheitsrecht kennen, obwohl das in der heutigen Zeit keineswegs ganz sicher sein muß (vgl. PALMER/POULTER 1972: 126 f).

Staatliche Gerichte kennen hingegen laut gesetzlicher Vermutung das afrikanische Gewohnheitsrecht nicht. Im folgenden soll daher der Frage nachgegangen werden, wie staatliche Gerichte Kenntnis von gewohnheitsrechtlichen Normen erlangen bzw. wie solche Normen bewiesen werden können, sodaß sie das Gericht seiner Entscheidung zugrundelegen kann.

Kein Beweisproblem besteht, wo eine **Kodifikation** (vgl. Fußn. 3) vorliegt, mit der das Gewohnheitsrecht einer Ethnie oder Teile desselben in Gesetzesform gegossen wurde. Kodifikationen haben die den europäischen Richtern vertraute äußere Erscheinungsform von Gesetzen, sie bestehen also aus Hauptteilen, Paragraphen, Absätzen usw. Eine der ersten Kodifikationen in Afrika war der "Natal Code of Bantu Law", in dem 1878 große Teile des Gewohnheitsrechts der Zulu (oder was man dafür hielt) festgeschrieben wurden. Er galt in der Provinz Natal. Im südafrikanischen Homeland KwaZulu, dem in den 1970er Jahren von der Zentralregierung in Pretoria teilweise Autonomie in der Gesetzgebung zugestanden worden war,[50] trat dagegen ein eigener Code of Zulu Law in Kraft gesetzt, womit die kuriose Situation eintrat, daß zwei unterschiedliche Fassungen des traditionellen Rechts der Zulu (oder Teilen desselben) nebeneinander bestanden, die beide Anspruch auf Authentizität erhoben. Das Recht der Zulu ist bis heute das einzige in der Republik Südafrika, welches teilweise kodifiziert wurde (vgl. BEKKER 1989: 11 f).

Eine andere - wenngleich lückenhafte - Kodifikation stellen die bekannten "Laws of Lerotholi" der Basotho dar. Sie wurden erstmals um die Jahrhundertwende im Auftrag des "National Council of Basutoland"[51] aufgezeichnet und 1903 vom "Paramount Chief" Lerotholi bestätigt. Über die wahre Rechtsnatur dieser "Laws of Lerotholi" entspann sich ein heftiger Disput unter Rechtsgelehrten. Die herrschende Lehre vertritt heute folgende Meinung: Die "Laws of Lerotholi" stellten ursprünglich lediglich eine unverbindliche Deklaration dar, da weder der National Council of Basutoland noch der Paramount Chief Gesetzgebungskompetenz besaßen. Dies gilt heute noch für Teil I. Teil II und III dagegen erlangten mit der "Native Administration Proclamation No. 61 of 1938,

---

[50] vgl. National States Constitution Act 21 of 1971.

[51] Ein aus Chiefs bestehendes beratendes Organ der Regierung ohne legislative Kompetenz, dessen Verhältnis zur Kolonialverwaltung als gespannt galt (vgl. BENNETT 1985: 33).

Section 15(1)" Gesetzeskraft.[52] Die "Laws of Lerotholi" wurden in der Folge mehrmals "novelliert" (vgl. PALMER/POULTER 1972: 106 f).

Wo durch Kodifikationen das traditionelle Gewohnheitsrecht nicht nur aufgezeichnet, sondern auch fortgebildet (mit anderen Worten: durch Gesetzgeber oder einheimische Informanten im eigenen Interesse verfälscht) wird, kann es leicht dazu kommen, daß neben dem kodifizierten und von den Gerichten angewendeten Recht sich in der sozialen Realität der traditionell lebenden Bevölkerung das ursprüngliche Gewohnheitsrecht weiter behauptet (vgl. BENDA-BECKMANN 1984: 29 f).

In den meisten Ländern waren (und sind bis heute) aber keine Kodifikationen der afrikanischen Gewohnheitsrechte vorhanden. Daher muß der, der sich vor staatlichen Gerichten auf eine traditionelle Norm beruft, diese in der Regel zunächst beweisen. Also brauchten die Kolonialgerichte Regeln über den Beweis traditionellen Rechts. Sie glaubten, diese in den englischen Vorschriften über den Beweis ausländischen Rechts bzw. über den Beweis lokaler Gewohnheiten und Handelsbräuche gefunden zu haben und übertrugen diese Regeln auf Afrika. Demnach können sich bis heute die staatlichen Gerichte zur Ermittlung des afrikanischen Gewohnheitsrechts auf folgende Quellen stützen:

1) Aussagen rechtskundiger Afrikaner
2) (nicht rechtsverbindliche) schriftliche Aufzeichnungen des Gewohnheits rechts
3) früher ergangene Gerichtentscheidungen

ad 1) Das Gericht verläßt sich auf Aussagen rechtskundiger Afrikaner. Im Einzelnen kann dies auf folgende Arten geschehen:

a) In einigen Staaten zieht das Gericht rechtskundige Personen als Beisitzer ("assessors") bei, welchen dann eine Rolle ähnlich den Sachverständigen in österreichischen Gerichtsverfahren zukommt.

b) Der Richter hält sich an die Aussagen von Zeugen, welche von den Parteien namhaft gemacht wurden. Wo das Gewohnheitsrecht oftmals von Zeugen bestätigt wurde, wird es "gerichtsnotorisch", d.h. es muß nicht nicht mehr bei jedem Prozeß neu bewiesen werden.

c) In manchen Staaten ist auch vorgesehen, daß Chiefs verbindlich erklären können, was in ihrem Gebiet als Gewohnheitsrecht gilt (ADEI 1981:27).

---

[52] Der genaue Wortlaut in der Fassung nach der Überarbeitung 1946 ist abgedruckt in: African Studies, Vol. 11, No. 4, Johannesburg, December 1952. Vgl. dazu ausführlich auch BENNETT 1985: 33 ff.

ad 2) Das Gericht zieht - soweit vorhanden - Textbücher über das Gewohnheitsrecht heran. Die dort enthaltenen Regeln sind aber keine Gesetze. Das heißt, sie werden wie Zeugenaussagen behandelt und vor Gericht muß in der Regel noch bewiesen werden, daß sie durch die betroffene Gemeinschaft tatsächlich anerkannt werden (vgl. ADEI 1981: 47). Dies erscheint deshalb wesentlich, da durch die raschen sozialen Veränderungen manche früher richtigen Beobachtungen heute ihre Gültigkeit verloren haben können. Bei den erwähnten Textbüchern kann es sich um

a) "Books of Authority" oder

b) "Restatements of Law" handeln.

ad a) In der Kolonialzeit versuchte man, sich auf "Books of Authority" abzustützen. Diese waren meist von Anthropologen, aber auch von Verwaltungsbeamten oder Juristen, verfaßte Studien über das Gewohnheitsrecht einzelner Ethnien (vgl. ADEI 1981: 26). Das bekannteste der "Books of Authority" ist wohl das 1938 erstmals erschienene "Handbook of Tswana Law and Custom" von Isaac SCHAPERA (1955). Der britische Anthropologe Schapera war von der Regierung des Protektorats Bechuanaland damit beauftragt worden, ein Buch über das Recht der Tswana zu verfassen. Seine Studie wurde von vielen als Modell moderner rechtsanthropologischer Forschung angesehen, weil er zwar den Forschungsgegenstand in westlichen Rechtskategorien analysierte, dennoch aber die Rechtsnormen nicht abstrakt darstellte, sondern sie in ihrem sozialen Kontext erklärte (vgl. BENNETT 1985: 26).

Es regte sich aber auch Kritik: Primär wurde der Vorwurf erhoben, die Arbeiten dieser, gelegentlich abschätzig als "Government Anthropologists" bezeichneten, Wissenschaftler kämen vor allem den imperialistischen Interessen des Mutterlandes an einer möglichst reibungslosen Verwaltung der Kolonien entgegen. Im übrigen waren die Autoren der "Books of Authority" geprägt von der Schule der "British Social Anthropology", und dieser wurde vielfach vorgehalten, daß sie wegen ihrer ahistorischen Einstellung nicht imstande wäre, das Phänomen des sozialen und kulturellen Wandels adäquat zu erfassen (dazu u.a. WERNHART 1986c: 105).

ad b) Einen ähnlichen Weg versuchten einige afrikanische Staaten nach der Unabhängigkeit zu gehen. Ziel war es, die gewohnheitsrechtlichen Normen in einzelnen Rechtsbereichen systematisch zu ermitteln und in sogenannten "Restatements of Customary Law" zusammenzufassen, welche dann von den einzelnen Regierungen zu gültigen Bestandsaufnahmen des Gewohnheitsrechts einer bestimmten Ethnie erklärt werden können (womit sie wie Kodifikationen zu behandeln wären). Bekannt wurde insbesondere das 1959 von der School of Oriental and African Studies der Universität London unter der Leitung von Prof. ALLOTT begonnene "Restatement of African Law Projekt". Ein Beispiel für ein solches "Restatement" wäre der von S. ROBERTS 1972 veröffentlichte Band über das Familienrecht der Tswana, in dem das traditionelle Recht von neun

Stämmen erfaßt ist. Auch bei diesen Restatements erscheint es mir jedoch unabdingbar, sie einer periodischen Überprüfung auf ihre fortdauernde soziale Akzeptanz hin zu unterziehen.

Allerdings wurden Restatements auch dazu benutzt, um das System der Apartheid zu untermauern: Die von A.C. MYBURGH gegründete Jural School etwa spezialisierte sich auf eine anti-empirische, eurozentristische Spielart der "Volkekunde"[53]. Die Universität von Südafrika ermöglichte es MYBURGH, ein (ausschließlich mit weißen Anthropologen und Juristen besetztes) "Zentrum für indigenes Recht" als Teil ihrer juridischen Fakultät einzurichten, welches schließlich zwei Restatements des offiziellen Gewohnheitsrechts im künstlich geschaffene Homeland Bophutatswana veröffentlichte. Diese, ohne Offenlegung der angewandten Methode erstellten, Restatements trugen eindeutig die Handschrift europäischer Juristen und schenkten dem lebenden Recht wenig Beachtung. Erst nach dem Abgang von MYBURGH leitete sein Nachfolger M.W. PRINSLOO eine ideologische Öffnung der Jural School ein (SANDERS 1994:71 f).

ad 3) Schließlich besteht die Möglichkeit, daß der Richter sich an früheren Gerichtsentscheidungen orientiert. Das setzt freilich die Veröffentlichung dieser Urteile voraus. Wo ein staatliches Gericht als Berufungsinstanz für ein traditionelles Gericht tätig wird, wird es nur in Ausnahmefällen von dem abweichen, was in der erstinstanzlichen Entscheidung als traditionelles Gewohnheitsrecht erkannt wurde (ADEI 1981: 47).

Diese aus Europa stammende Präzedenzregel erwies sich jedoch im afrikanischen Kontext als unbefriedigend, weil dort die Notwendigkeit, die Weiterentwicklung des Gewohnheitsrechts zu ermöglichen, viel dringender war als das Bedürfnis, die Voraussehbarkeit gerichtlicher Entscheidungen und Rechtssicherheit überhaupt zu garantieren (vgl. ALLOTT 1970a: 151, 258 ff). Und BENNETT (1989: 35) formuliert (in Bezug auf die Situation in der Republik Südafrika) pointiert: "...there is a wealth of precedent from the former Appeal Courts; these form the main sources of law although they are patently out of date".

Eine in diesem Zusammenhang auftauchende Frage ist jene, wie die solcherart gewonnenen Ergebnisse zu werten sind: Behandelt man sie als Rechtsnormen (die z.B. mit juristischen Methoden interpretiert werden) oder als simples Tatsachenmaterial (das z.B. auch widerlegt werden kann). Wenn wir die anglophonen Staaten betrachten, wurde dort bis zur Unabhängigkeit das traditionelle Gewohnheitsrecht lediglich von den einheimischen Gerichten festgestellt und

---

[53] Es ist dies der Afrikaans-Terminus für Ethnologie, welchen die Befürworter der Apartheid als das Studium der schwarzen Homelands im Hinblick auf deren unabhängige Entwicklung unter Anleitung der Weißen interpretierten.

angewendet, während die Obergerichte die gewohnheitsrechtlichen Normen bloß als Tatsachen berücksichtigten. Heute definiert man hingegen in einigen Staaten die Normen des Gewohnheitsrechts als echte Rechtsnormen. Es könnte den Anschein haben, als sei das Gewohnheitsrecht dadurch mit einem höheren Grad der Verbindlichkeit ausgestattet worden. Praktisch bedeutet diese Rangerhöhung aber, daß das Gewohnheitsrecht von nun an von Berufsrichtern angewendet und ausgelegt und dabei umgestaltet wird, was regelmäßig alsbald unter Mitwirkung von Juristen geschieht, die in der Schule des Common Law ausgebildet wurden und denen das traditionelle Gewohnheitsrecht eine fremde Materie ist (vgl. DAVID/GRASMANN 1988: 650).

3 ZUR AKTUELLEN BEDEUTUNG DES TRADITIONELLEN RECHTS ANHAND VON BEISPIELEN AUS DEM SÜDLICHEN AFRIKA

3.1 VORBEMERKUNGEN

Das Thema der vorliegenden Studie ist die Frage, welche Rolle die traditionellen Gewohnheitsrechte heute noch im Rechtsleben Afrikas spielen. Wo in der Literatur diese Frage aufgeworfen wird, wird sie unterschiedlich beantwortet. Dabei tendieren Juristen im allgemeinen dazu, die Kraft und die soziale Signifikanz der traditionellen Rechte zu unterschätzen, während Anthropologen eher dazu neigen, sie überzubewerten (vgl. auch LEWIN 1968: 161). Da ein generalisierendes Urteil der Komplexität der Thematik nicht gerecht werden kann, habe ich mich bemüht, eine differenzierte Analyse über die gegenwärtige Bedeutung des traditionellen Rechts in einzelnen Rechtsbereichen zu erstellen. Dabei erschien es mir nicht sinnvoll, diese Problematik für den gesamten afrikanischen Kontinent zu behandeln. Eine solche Themenstellung wäre viel zu komplex, müßte man doch die unterschiedlichsten Gegebenheiten berücksichtigen, wie etwa die verschiedensten Wirtschaftsformen und Sozialstrukturen (wie z.B. Matrilinearität und Patrilinearität), unterschiedliche koloniale Vergangenheit usw.

Ich habe mich daher entschlossen, die Untersuchung auf den Großraum "Südliches Afrika" einzugrenzen. Dies bietet zweierlei Vorteile: Zum einen weisen alle dort beheimateten Ethnien - wie unter anderem aus den Monographien von ASHTON (1967), KRIGE (1965), MACLEAN (1906)[54], SCHAPERA (1955) und STAYT (1931) sowie aus der vergleichenden Studie von MURDOCK (1981) eindeutig hervorgeht - traditionell sehr ähnliche ökonomische, soziale und politische Strukturen auf, was sich in vergleichbaren gewohnheitsrechtlichen Normen manifestiert. Zum anderen weisen auch die staatlichen Rechtsordnungen der heutigen Staaten des südlichen Afrika sehr viele gemeinsame Züge auf, da sie alle ihre Wurzeln einerseits im römisch-holländischen Recht, andererseits im englischen Recht haben.

Die wichtigsten im südlichen Afrika beheimateten ethnischen Gruppen, auf deren gewohnheitsrechtlichen Normen die Studie basiert, sind:

1) Die Nguni: Zu diesen zählen vor allem die Zulu, die Xhosa, die Swazi und die Ndebele

---

[54] Colonel C.B. Maclean war der Chief Commissioner of British Kaffraria. Sein 1858 erstmals erschienenes "Compendium of Kafir Laws and Customs" beschrieb zum ersten mal das traditionelle Recht der Zulus. Das 1906 wiederaufgelegte Kompendium wurde bald zum Standardwerk und häufig in Gerichtsurteilen zitiert (vgl. BENNETT 1985: 25 f).

2) Die Sotho-Tswana, die wiederum in drei Untergruppen zerfallen, nämlich die Tswana (oder Betchuana), die Nord-Sotho (oder Bapedi) und die Süd-Sotho (auch Basuto oder Basotho)[55]

3) Die Tsonga (oder Shangaan)

4) Die Venda

Einen Anhalt bezüglich der jeweiligen Siedlungsgebiete gibt Abb. 3 im Anhang. In jeder dieser Ethnien gibt es jedoch einige Clans, die aus verschiedenen Gründen (z.B. Streit innerhalb ihres eigenen Stammesverbandes) ihre ursprünglichen Wohngebiete verlassen und sich einem anderen Stamm angeschlossen haben (vgl. PETTERSSON 1953: 20).

Alle genannten Ethnien gehören zur Großgruppe der Bantu. Bewußt ausgespart bleiben die Khoisaniden, also Buschmänner und Hottentotten, weil deren Rechtsvorstellungen auf völlig anderen sozio-ökonomischen Grundlagen beruhen. Auch auf die rechtlichen Konzepte der aus Asien stammenden Minorität wird nicht eingegangen.

Die von den Kolonialmächten gezogenen Grenzen verliefen oft quer durch die Siedlungsgebiete der afrikanischen Ethnien. So leben heute beispielsweise Swazi sowohl in Swaziland als auch in Südafrika, Tswana sowohl in Botswana als auch in Südafrika (vgl. BENNETT 1985: 129). Bei der Feststellung der regionalen Siedlungsgebiete der verschiedenen Ethnien muß man weiters berücksichtigen, daß es - bedingt durch den starken Bevölkerungsdruck in den schwarzen Siedlungsgebieten - infolge der Entdeckung von Gold und Diamanten im späten 19. Jahrhundert und der raschen Industrialisierung im 20. Jahrhundert zu starken Wanderungsbewegungen von Schwarzen gekommen ist und weiterhin kommt. Dabei verlassen Afrikaner ihre traditionellen Wohngebiete, um in Minen, Fabriken oder bei weißen Farmern Arbeit anzunehmen. In der Republik Südafrika lebt (laut Auskunft des "Bureau for Information" in Pretoria) etwa nur noch die Hälfte der schwarzen Bevölkerung auf ihrem angestammten Land, der Rest hat sich in den Städten (und insbesondere in deren Außenbezirken, den sogenannten Townships) angesiedelt oder wohnt auf weißen Farmen. Diese Migrationsbewegung hat natürlich zu ethnischen Gemengelagen und Vermischungen geführt (vgl. z.B. DUBB 1980: 446 ff).

Wie bereits erwähnt, weisen alle genannten Gruppen starke Gemeinsamkeiten in Kultur und Sprache auf (die Schnalzlaute in der Sprache der Xhosa und Swazi weisen jedoch auf Einflüsse der Buschmänner hin). Sie leben alle von Landwirtschaft - man bezeichnet sie (im Gegensatz zu den Waldlandbauern) als Savannenbauern - und Viehzucht, wobei die Landwirtschaft knapp überwiegt (vgl. MURDOCK 1981: 106). Dennoch gibt es signifikante Unterschiede in den

---

[55] Die Suaheli-Vorsilbe "Ba-" (oder auch "Wa-") ist ein in weiten Teilen Afrikas gebräuchliches Pluralpräfix. "Basotho" bedeutet also soviel wie "Volk der Sotho".

traditionellen Gewohnheitsrechten der einzelnen Ethnien, und zwar vor allem im Bereich des Familien- und Erbrechts.

Weiters ist für das Verständnis der heutigen Situation außerordentlich wichtig, daß die Süd-Ost-Bantu einem starken Kulturwandel ausgesetzt waren und sind. HIRSCHBERG schreibt dazu:

> Allein die Tatsache, daß z.B. bei den Xhosa schon vor hundert Jahren der Pflugbau eingeführt wurde und daß weiterhin die südostafrikanische Bantufamilie von seiten europäischer Mächte stärkste Beeinflussung erfahren hat, läßt den starken Kulturwandel innerhalb dieser Völkerfamilie verständlich werden. Hatten schon die militärischen Maßnahmen eines Tschaka zu großen Lockerungen im Kulturgefüge der Südostbantu geführt, so wurde durch die Maßnahmen der europäischen Verwaltungsbehörden noch ein übriges hinzugetan (HIRSCHBERG 1965: 101).

Zu den turbulenten historischen Entwicklungen im südlichen Afrika und den durch sie ausgelösten kulturellen Umbrüchen siehe im übrigen Kapitel 3.3.

Die Grundsätze des traditionellen Rechts sollen mit aktuellen Regelungen der Rechtsordnungen folgender Staaten kontrastiert werden:

- Botswana
- Lesotho
- Swaziland
- Republik Südafrika

Gelegentlich werden auch Beispiele aus den vier bis 1994 formell unabhängigen "Homelands" Südafrikas herangezogen. In diesen erfolgten tiefgreifende rechtliche Veränderungen innerhalb kürzester Zeit und einige der getroffenen Regelungen erscheinen deshalb interessant, da sie völlig neue, oft radikale Modelle des Umgangs mit traditionellem Gewohnheitsrecht implementierten, die freilich in der Regel nicht von langer Dauer waren beziehungsweise überhaupt bloß auf dem Papier bestanden. Meines Erachtens versuchten die jeweiligen Gesetzgeber dieser Homelands, ihre totale Abhängigkeit von Südafrika auf wirtschaftlichem Gebiet durch besonders autonome, ja geradezu "exzentrische" Gesetzgebung auszugleichen, die jedoch den Bedürfnissen der Normunterworfenen wenig gerecht und von diesen auch kaum angenommen wurde.

Die Rechtslage in Namibia, dem 1990 in die Unabhängigkeit entlassenen ehemaligen Deutsch-Südwestafrika und später von Südafrika verwalteten Mandatsgebiet des Völkerbundes wird nicht behandelt, weil aufgrund der deutsch dominierten kolonialen Vergangenheit zu viele Besonderheiten zu berücksichtigen gewesen wären. Ein weiterer Grund, warum Namibia ebenso wie Zimbabwe aus dieser Studie ausgespart bleiben ist, daß in beiden Staaten Ethnien leben, die bereits zum "matrilinear belt" gehören und/oder andere Wirtschaftsformen pflegen (z.B. betreiben die Herero traditionell überhaupt keine Landwirtschaft, vgl. MURDOCK 1981: 106).

Das staatliche Recht ist einerseits bestimmt durch die Regeln des Common Law und anderseits durch die jeweilige nationale Gesetzgebung. Wenn im folgenden der Begriff "Common Law" verwendet wird, so bezieht sich dieser auf das römisch-holländische Recht einschließlich der Veränderungen, die es durch den englischen Einfluß erfahren hat. Wenn ein bestimmtes Land angesprochen wird, so ist die spezifische Ausprägung des Common Law in diesem Land gemeint.

Ziel der vorliegenden Arbeit kann es nicht sein, eine umfassende Darstellung der Rechtslage in den einzelnen Staaten des südlichen Afrika zu liefern oder auf juristische Detailfragen einzugehen (an vielen Stellen finden sich jedoch Hinweise auf weiterführende Literatur). Vielmehr soll versucht werden, die wichtigsten Konflikte und Problemfelder aufzuzeigen, die sich in der Konfrontation von traditionellem und "modernem" Recht ergeben und zu skizzieren, welche Lösungsansätze es bereits gibt bzw. welche in Zukunft denkbar wären. Wegen seiner großen Bedeutung in der Praxis wird auf den Bereich des Ehe- und Familienrechts besonders ausführlich eingegangen.

3.2 ETHNOGRAPHISCHE GRUNDLAGEN

Die Sozialorganisation

An dieser Stelle soll kurz auf die wichtigsten, für das Verständnis des traditionellen Rechts unerläßlichen Grundlagen der Sozialorganisation jener Ethnien des südlichen Afrika, auf die diese Arbeit Bezug nimmt, eingegangen werden. Die meisten Ethnien bildeten schon in vorkolonialer Zeit Staaten (Nationen). Unterhalb der Ebene der Nation gibt es soziale Einheiten und Wohneinheiten, deren idealtypisches Erscheinungsbild im folgenden ganz kurz skizziert werden soll:

Der **Clan**: Dabei handelt es sich um eine soziale Gruppe, deren Mitglieder ihre Abstammung von einem gemeinsamen Ahnen über die männliche Linie herleiten. Da die gemeinsame Abstammung regelmäßig nicht beweisbar ist, handelt es sich beim Clan um eine fiktive Form der Verwandtschaft, um ein rein ideologisches Konstrukt. Clans sind häufig nach ihrem Gründer, manchmal auch nach einem Totemtier benannt (vgl. ASHTON 1967: 12). Zwischen den Clans einer Ethnie gibt es geringfügige kulturelle Unterschiede. Die Größe der Clans kann stark variieren, manchmal sind Clans nicht größer als Lineages (ASHTON 1967: 16). An der Spitze jedes Clans steht ein Chief. In manchen Ethnien sind die Clans exogam.

Die **Familie** ist nicht so genau definiert wie der Clan, doch im täglichen Leben wichtiger. Es handelt sich traditionell um patrilineare Großfamilien ("extended families"), also um Verwandtschaftsgruppen, die neben der Kernfamilie auch die Eltern des Mannes, die väterlichen Großeltern, die väterlichen Onkel sowie deren Frauen und Kinder einschließen. Die Familie ist die traditionelle Produktionseinheit und Wohngemeinschaft. Sie ist durchwegs patriarchal organisiert, was idealtypischerweise bedeutet: Patrilineale Deszendenz, patrilokale postnuptiale Residenz, eine dominierende Rolle des männlichen Familienoberhauptes und Erbfolge durch die männliche Linie nach dem Primogeniturprinzip. Die traditionelle Familie kann polygyn sein. Der Vater als Familienoberhaupt ist der Vormund[56] aller weiblichen und aller unverheirateten männlichen Familienangehörigen. Er übt die Kontrolle über das Familienvermögen aus und ist moralisch verpflichtet, seine Söhne mit dem für die traditionelle Eheschließung erforderlichen Brautpreis auszustatten. Innerhalb der patrilinearen Familie bestehen weitreichende Fürsorge- und Beistandspflichten. Wesentlich weniger eng sind die Verbindungen zu den matrilateralen Verwandten, und am schwächsten sind die Beziehungen zu den Verwandten der Ehefrauen. Letztere sind meist eher förmlich und von höflicher Distanz geprägt (vgl. ASHTON 1967: 19). Heute sind die traditionellen Großfamilien jedoch infolge von Missionierung und weitverbreiteter Beschäftigung in der Industrie oft zu monogamen Kleinfamilien geschrumpft (vgl. LINDIG 1981: 267).

Der Familienrat stellt das Gremium dar, in dem alle anstehenden Fragen und möglichen intrafamiliären Konflikte auf unterster Ebene beraten und diskutiert werden. Ihm gehören jedenfalls alle Männer, die gemeinsam in einer Siedlung leben, an. Es sollen aber auch jene Familienmitglieder, die anderswo wohnen, eingeladen werden, und diese reisen, wenn es sich um wichtige Angelegenheiten (etwa Erbschaftsfragen) handelt, auch tatsächlich an. Manchmal sind auch Frauen, speziell ältere, vertreten (vgl. BEKKER 1989: 94). Ein Familienrat wird etwa einberufen werden, wenn über den Brautpreis für eine Tochter verhandelt werden soll, wenn darüber zu entscheiden ist, ob der Witwe eines verstorbenen Familienmitglieds ein anderes männliches Familienmitglied als Ersatz gegeben werden soll (Levirat) oder wenn ein Sohn enterbt werden soll. Das Ziel der Zusammenkunft ist es, einen Konsens zu erreichen (vgl. POULTER 1976: 41).

---

[56] In dieser Arbeit werden mit dem Begriff "Vormund" (etwas abweichend von der deutschen Rechtssprache) Personen bezeichnet, denen die Obsorge für Person und Vermögen eines anderen Menschen übertragen ist.

Siedlungsformen

Im südlichen Afrika gibt es zwei verschiedene Siedlungsformen, nämlich das einzelstehende Gehöft und das Dorf. Diese Siedlungsformen reflektieren nicht nur die soziale Organisation, sondern auch und vor allem die geographischen und ökologischen Gegebenheiten. In den unwegsamen Hügelländern dominieren Einzelgehöfte, während in den flachen Steppengebieten die dörfliche Siedlungsform vorherrscht (vgl. SHAW 1980: 85 ff)

Einzelgehöfte sind charakteristisch für sämtliche Nguni sowie für die Tsonga. Diese Gehöfte werden jeweils von einer erweiterten Familie bewohnt. Die Hütten sind in einem Kreis oder Halbkreis angeordnet, wobei die Hütte der Hauptfrau (auch als "das große Haus" bezeichnet) die zentrale Position einnimmt, während die Hütten der anderen Frauen sich ihrem Rang entsprechend links und rechts davon anschließen. Den Mittelpunkt bildet das Viehgehege, der sogenannte "Kraal"[57] (vgl. SHAW 1980: 85 f). Gelegentlich leben Nebenfrauen auch in einem eigenen Gehöft.

Das **Dorf** besteht aus einer Anzahl von Gehöften, deren Bewohner im Idealfall über die männliche Linie miteinander verwandt sind. In der Realität leben aber oft auch verheiratete weibliche Verwandte, Diener oder Fremde in diesen Dörfern (SCHAPERA 1955: 15 f). Andererseits verlassen heutzutage viele männliche Verwandte das Dorf, um zumindest temporär anderswo (z.B. als Wanderarbeiter) zu leben, sie bleiben ihrer Familie jedoch weiterhin verbunden. Jedem Dorf steht ein Headman vor, der insbesondere die Interessen des Dorfes nach außen vertritt und auf unterster Ebene Recht spricht. Sein Amt ist erblich. Die dörfliche Siedlungsweise ist besonders für die Sotho-Tswana und Venda charakteristisch. Die Hütten stehen in regelmäßiger Anordnung, sodaß Straßen und freie Plätze gebildet werden (VALLENTIN 1902: 175). Meist sind die Gehöfte im Kreis angeordnet, wobei jenes des Headman bzw. Chiefs, wenn das Gelände uneben ist, an der höchsten Stelle liegt. Den Mittelpunkt des Dorfes bildet meist der Rinderkraal,[58] und zwischen dem Kraal und der Hütte des Headman liegt der Versammlungsplatz (als "Inkundla", "Tinkhundla" oder "Kgotla" bezeichnet), auf dem sich die Männer des Dorfes treffen, um die gemeinsamen Angelegenheiten zu diskutieren und der als Gerichtsplatz dient (vgl. SHAW 1980: 86 f). Einige Gruppen umgeben ihre Dörfer mit einer Umzäunung aus Schilf, Gestrüpp oder Erde. In einem weiten Umkreis um das Dorf dehnen sich die Grasflächen, die Weideplätze für das Vieh und die Felder aus.

[57] Mit dem Terminus "Kraal" (Kral) wird aberin der Literatur gelegentlich auch die Siedlung selbst bezeichnet (vgl. HIRSCHBERG 1988: 264).

[58] In den vergangenen Jahrzehnten sind manche Gruppen jedoch dazu übergegangen, daß jede Familie ihren eigenen Rinderkraal errichtet.

(VALLENTIN 1902: 176). Die Größe dieser Dörfer kann stark variieren (z.B. bei den Tswana von weniger als 100 bis über 2.000 Einwohner), im Durchschnitt leben dort einige hundert Menschen (vgl. SCHAPERA 1955: 23). Die weitaus größten Dörfer, die gelegentlich sogar als Städte bezeichnet werden, gibt es bei den Tswana (vgl. HIRSCHBERG 1965: 171).

Traditionelle Landbesitzregelungen

Zum Schluß soll noch ein Blick auf die traditionelle Form des Landbesitzes geworfen werden: Das bebaubare Land steht dem Stamm als Kollektiv zu und wird von den traditionellen Autoritäten, angefangen vom König (bzw. dem Supreme Chief), über die Chiefs bis hinunter zu den Headmen, treuhänderisch verwaltet. Das bedeutet, daß jede dieser Autoritäten den jeweils nachgeordneten Instanzen Teile des ihr anvertrauten Landes zuteilt, sodaß letztlich jedes Mitglied der Gemeinschaft ein Stück Land zur Bewirtschaftung erhält. Es entsteht so ein System, das in mancher Hinsicht an das mittelalterliche Lehenswesen in Europa erinnert. In regelmäßigen Abständen überprüfen die traditionellen Autoritäten die Nutzung des Landes und die Befürftigkeit der Inhaber und nehmen bei Bedarf eine Umverteilung vor. Diesbezügliche Entscheidungen sind in der Regel endgültig und unanfechtbar (vgl. PALMER/ POULTER 1972: 267). Die traditionellen Rechtsordnungen der Süd-Ost-Bantu kennen kein Individualeigentum an Land, es kann daher weder verkauft noch verpfändet werden. In vielen traditionellen Rechten ist das Land nicht einmal vererbbar, sondern fällt nach dem Tod automatisch an den Chief zurück (vgl. POULTER 1976: 31; dazu auch ADEI 1981: 42 ff, HENRŸ 1981: 249 ff).

Auswirkungen der Verstädterung

Heute leben freilich Millionen von Afrikanern als Arbeiter in den großen Städten oder Stadtrandsiedlungen. Man ist versucht - und zahlreiche Weiße sind dieser Versuchung erlegen - diese Menschen als "detribalisiert" anzusehen, weil sie die materielle Kultur der Industriegesellschaft angenommen haben. In Wahrheit bestehen jedoch nach wie vor starke emotionale wie wirtschaftliche Bindungen zur ländlichen Heimat, und der verstädterte Afrikaner besitzt sozusagen zwei kulturelle Identitäten. Worin unterscheidet sich nun das urbane Leben verglichen mit jenem der ländlichen Gebiete? Ich möchte hier nur einige der wichtigsten Aspekte hervorheben: In der Stadt wird der Arbeiter in ein System eingebunden, das permanent die Einhaltung regelmäßiger Arbeitszeiten verlangt. Meist liegt es in der Natur der Arbeit, daß das Ergebnis wenig bis überhaupt keine Bedeutung für den Beschäftigten hat und seine einzige Arbeitsmotivation in der Entlohnung besteht. Weiters ist er in der Regel gezwungen, mit Menschen zusammenzuarbeiten, mit denen ihn weder Verwandtschaft, noch Nachbarschaft, noch Zugehörigkeit zu derselben ethnischen Gruppe verbinden (vgl. DUBB 1980: 446f).

3.3 ZUR GESCHICHTE DER HEUTIGEN STAATEN DES SÜDLICHEN AFRIKA

An dieser Stelle kann natürlich keine umfassende Darstellung der Geschichte des südlichen Afrika gegeben werden (für gute, wenngleich teilweise etwas veraltete Überblicksdarstellungen sei auf FISCHER WELTGESCHICHTE Bd. 32 (1966), STEVENS (1967) sowie KI-ZERBO (1981) verwiesen). Ich werde mich im folgenden auf jene Ereignisse konzentrieren, die unmittelbare Auswirkungen auf die Rechtsgeschichte hatten bzw. die zur Beantwortung rechtsanthropologischer Fragestellungen beitragen können. Denn meiner Ansicht nach können Recht und politische Ereignisse nicht getrennt voneinander gesehen werden, sondern stehen vielmehr in einer engen Wechselbeziehung. Gerade im südlichen Afrika entzündeten sich politische Konflikte immer wieder an unterschiedlichen Auffassungen von Recht und Gerechtigkeit. Die Unterteilung des Kapitels in die Abschnitte Südafrika und britische Protektorate erfolgt hauptsächlich aus didaktischen Gründen. In Wirklichkeit ist die Entwicklung in den einzelnen Gebieten natürlich als interdependent zu betrachten.

Zur Verdeutlichung der unterschiedlichen Ausgangspositionen der vier heutigen Staaten seien an dieser Stelle deren gegenwärtige Größe und Einwohnerzahl angegeben (die Daten stammen aus dem FISCHER WELTALMANACH 1997, wurden aber gerundet):

	Einwohner (in Mio)	Fläche (in km²)	Bevölkerungsdichte (Ew/km²)
Rep. Südafrika	42	1.221.000	34
Botswana	1,4	582.000	2,5
Lesotho	2	30.000	66
Swaziland	0,9	17.000	52

Daneben ist natürlich in wirtschaftlicher Hinsicht zu berücksichtigen, daß sich die meisten Bodenschätze sowie fast die gesamte Industrie auf südafrikanischem Staatsgebiet befinden (eine politische Landkarte des südlichen Afrika findet sich in Abbildung 1 im Anhang).

3.3.1 Südafrika

Seit dem 5. Jahrhundert wanderten verschiedene Bantu-Gruppen von Zentralafrika ausgehend in Richtung Süden. Man nimmt an, daß dies in mehreren Wellen geschah. Die wichtigsten dieser Gruppen waren die Nguni und die Sotho-Tswana (manchmal auch als Sotho-Tschuana transkribiert). Zu den Nguni zählen die Xhosa und ein zunächst wenig bedeutender Stamm, die Zulu, welche sich an den Osthängen der Drakensberge im heutigen Natal niederließen. Die Sotho-Tswana waren eine zahlenmäßig sehr starke Gruppe, die sich später in den nach ihnen benannten Gebieten Basutoland und Betschuanaland ansiedelte.[59]

Der Dreieckskonflikt zwischen Afrikanern, Buren und Briten

Die ersten Holländer landeten 1652 am Kap der guten Hoffnung und errichteten im Auftrag der holländischen Ostindiengesellschaft einen Versorgungsstützpunkt für die Handelsschiffe nach Indien. Um die Verproviantierung der Schiffe sicherstellen zu können, ließ der erste Gouverneur Jan van Riebeeck Kolonisten aus den Niederlanden kommen, die sich bald selbst als "Buren" (Bauern) bezeichneten. Van Riebeeck führte das römisch-holländische Recht (zu diesem vgl. Kap. 2.4.2.) ein. Zunächst wurden das römisch-holländische Gemeine Recht in seiner damals aktuellen Ausformung sowie die meisten Gesetze Hollands rezipiert. In der Folge wurde die Weiterentwicklung des römisch-holländischen Rechts durch die holländischen Gerichte auch am Kap übernommen. Desgleichen erlangten zahlreiche - wenn auch bei weitem nicht alle - Gesetze, die in Holland nach 1652 verabschiedet wurden, auch für das Kap Gültigkeit. In den folgenden Jahren strömten immer mehr religiös verfolgte Protestanten ins Land, nicht nur aus den Niederlanden, wo sie der spanischen Herrschaft entflohen, sondern vor allem auch aus Frankreich, von wo sie König Ludwig XIV. nach der Aufhebung des Ediktes von Nantes vertrieb. Letztere gehörten vornehmlich zur französischen Bourgeoisie und hoben das Bildungsniveau der Buren gewaltig an (vgl. KI-ZERBO 1981: 363). Bald verloren die Buren den ursprünglichen Zweck ihrer Ansiedlung, die Versorgung der Ostindiengesellschaft, aus den Augen. Sie wurden autonom und gründeten eigene Farmen. Der Lebensstil der Buren war streng puritanisch. Ihr religiöser Fanatismus stellte - und daran hat sich bis zum heutigen Tag wenig geändert - das größte Hindernis für ein friedliches und

---

[59] Alle diese Gruppen waren natürlich nicht homogen, sondern bestanden wiederum aus verschiedenen Stämmen (für Botswana vgl. z.B. SANDERS 1986a: 137). Erst recht sind die heutigen Stämme "rassisch" nicht homogen, da sie ein Ergebnis der politischen Wirren der letzten zweihundert Jahre sind.

gleichberechtigtes Zusammenleben aller Bevölkerungsgruppen dar.[60] Die autochthonen Buschmänner und Hottentotten wurden brutal verjagt, ihre sozialen und politischen Strukturen zerschlagen. Um den Mangel an Arbeitskräften auszugleichen, importierten die Buren Sklaven aus anderen Teilen Afrikas und aus Fernost. Während das übrige Afrika hauptsächlich "Ausbeutungskolonie" war, entwickelte sich das südliche Afrika zur Siedlungskolonie.

Gegen 1775 erreichten die ersten Siedler den "Great Fish River" - später die Grenze zwischen Kapkolonie und Ciskei - und trafen dort auf die Xhosa. Sie standen damit erstmals einem jener Bantuvölker gegenüber, die (ganz anders als die Hottentotten und Buschmänner) gut organisiert und hierarchisch strukturiert waren und funktionierende rechtliche und politische Institutionen besaßen. Bald kam es, ausgelöst durch Viehdiebstähle[61] und Streitigkeiten um Weideplätze, zu den ersten Zusammenstößen, die sich später zu wahren Schlachten zwischen Buren und Xhosa ausweiteten. Diese Kämpfe hielten mehr als hundert Jahre an.

Im Jahre 1795 besetzten die Briten erstmals das Kap und zwangen die Holländer zu Kapitulation (vgl. dazu ausführlich VALLENTIN 1902: 187 f). 1803 wurde die Kolonie wieder an Holland zurückgegeben, doch schon drei Jahre später erneut besetzt. Mit der zweiten Besetzung begann der starke Einfluß des englischen Rechts im südlichen Afrika. Diese Entwicklung wurde durch die Tatsache begünstigt, daß in den Niederlanden 1809 das römisch-holländische Recht durch den "Code Napoleon" ersetzt wurde und es somit zu keiner Weiterentwicklung des römisch-holländischen Rechts mehr kommen konnte (vgl. DU PLESSIS/KOK 1990: 18).

Die Briten ließen zwar das römisch-holländische Recht formell weiter gelten, nahmen jedoch in zahlreichen Rechtsgebieten Veränderungen im Wege der Gesetzgebung (natürlich in englischer Sprache) vor, insbesondere im Bereich der Gerichtsorganisation und des Verfahrensrechts (vgl. MELLET/SCOTT 1982: 52 ff). Dazu kam die Veränderung des römisch-holländischen Common Law durch den englischen Einfluß: Erstens waren die Richter durchwegs in England

---

60 Den Zusammenhang zwischen protestantischer Religion und kapitalistischem Gewinnstreben hat Max WEBER (1970) eindrucksvoll aufgezeigt. Die Theologie der Niederländisch-Reformierten Kirche lieferte später auch die ideologische Rechtfertigung der Apartheidspolitik. Zur politischen Rolle der verschiedenen christlichen Kirchen in Südafrika vgl. GROHS (1983: 269 ff).

61 Es ist dies ein typisches Beispiel für einen Konflikt, der unter anderem durch unterschiedliche Rechtsvorstellungen ausgelöst wurde: Die Buren ließen ihr mit Brandzeichen versehenes Vieh weitgehend unbeaufsichtigt auf den Weiden. Bei den Xhosa dagegen stand eine Herde unter der ständigen Aufsicht eines Hirten. So betrachteten sie das unbeaufsichtigte Vieh der Buren als herrenlos und eigneten es sich an. Dies löste brutale Vergeltungsaktionen der Buren aus, die, um ihr Vieh zurückzuholen, tief in das Xhosa-Gebiet östlich des Great Fish River eindrangen.

ausgebildet und anglophon, zweitens wurde das Prinzip der "stare decises", also der Bindung an Präzedenzentscheidungen, eingeführt, wobei sich diese Bindung aber nicht mehr auf Entscheidungen der niederländischen Gerichte bezog, sondern auf Urteile englischer Gerichte, insbesondere des Privy Council (vgl. DU PLESSIS/KOK 1990: 19). Letzterer war auch oberstes Berufungsgericht. Zunächst sollte das neue Recht nur auf Europäer angewendet werden und die Rechtsverhältnisse der Afrikaner weiterhin ihrem traditionellen Recht unterliegen. Doch schon bald wurde der Geltungsbereich auf einzelne Afrikaner ausgedehnt, insbesondere auf Angestellte der britischen Verwaltung oder solche, deren Verhalten die Absicht erkennen ließ, sich dem neuen Recht zu unterwerfen (vgl. WOODMAN 1993: 278)

Um 1820 wurde Shaka (Tschaka) unumschränkter Herrscher der Zulu. Shaka war von einem grenzenlosen Ehrgeiz besessen, der nur noch durch seine Grausamkeit übertroffen wurde. Mithilfe seiner hochprofessionellen Armee unterwarf er zahlreiche Stämme, die seinem Expansionsdrang im Wege standen,[62] andere Gruppen ergriffen die Flucht ins Landesinnere. Die so ausgelöste Völkerverschiebung wird als "Difaqane" bezeichnet. Was man in der Folge als Zulu bezeichnete, war keine "Rasse", sondern "ein System, das für den Krieg und durch den Krieg lebte" (FISCHER WELTGESCHICHTE [Bd. 32] 1966: 170). Der große Kriegsherr Shaka war absoluter Herr über Leben und Tod und allen Besitz seiner Untertanen. Sämtliche jungen Leute, Knaben und Mädchen - und zwar nicht nur die des eigenen Stammes, sondern auch die der besiegten Gruppen - wurden in militärische Formationen, "Altersregimenter" (LINDIG 1981: 266) gezwungen. Eine Folge dieser Militarisierung der traditionellen Gesellschaft war die militärische Orientierung der kulturellen Werte der Zulus (vgl. UKPABI 1979: 204). Als Shaka zunehmend der geistigen Verwirrung anheim fiel, erstach ihn 1828 sein Halbbruder Dingan und rief sich selbst zum Nachfolger aus. Dingan sollte in der Folge die erste Berührung mit den Weißen haben.

Das 19. Jahrhundert war geprägt von dem Dreieckskonflikt zwischen Bantu, Buren und Briten. Über Jahre hindurch schwelte innerhalb der weißen Kolonisatoren am Kap der Konflikt zwischen den englischen Kolonialherren und den Buren, die sich unterdrückt fühlten. Nachdem 1833 die Sklaverei im ganzen britischen Empire abgeschafft worden war und somit die Burenfarmer ihrer billigen, aus Westafrika, Madagaskar und Asien importierten Arbeitskräfte verlustig zu gehen drohten, begannen sie 1837 ihren "Großen Treck" nach

---

[62] Zur Rolle des Militärs in den traditionellen afrikanischen Gesellschaften vgl. UKPABI (1979: 200 ff). Die Biographien der vier wichtigsten "Kriegerkönige" des südlichen Afrika (Shaka der Zulu, Moshoeshoe der Sotho, Mzilikazi der Ndebele, Maquoma der Xhosa) finden sich in KNIGHT (1994).

Norden und Osten. Die britische Kolonialverwaltung betonte indes, daß die Buren auch weiterhin britische Untertanen seien, trotzdem sie das britische Territorium verlassen hatten.[63] Zunächst zogen die sog. "Voortrecker" in einem beschwerlichen Marsch über die Drakensberge zu den fruchtbaren Hügeln Natals, wo sie auf die Zulus unter Dingan stießen. Dieser hieß die ersten Neuankömmlinge willkommen und unterzeichnete ein Papier, das ihnen das Recht auf Niederlassung gewährte. Er tat dies ohne Bedenken, weil in seiner Vorstellung alle, die sich in seinem Land niederließen, auch seine Untertanen waren. So dachten die Buren jedoch nicht. Als sie Dingan genauer erklärten, daß sich Tausende von ihnen auf dem Weg nach Natal befanden, wurde er unruhig und ließ die Fremden bei einem Fest ermorden. Als alle Burenkolonnen eingetroffen waren, traten sie unter der Führung von Pretorius gegen die Zulus an, die sie in der berühmt gewordenen Schlacht am "Blood River" vernichtend schlugen (vgl. KI-ZERBO 1981: 366). Die Buren riefen eine Republik aus, in der sie das römisch-holländische Recht einführten. Diese Republik war nicht von langer Dauer, denn schon 1842 erfolgte die Besetzung und wenig später die Annexion Natals durch die Briten. Dadurch geriet auch das Recht Natals unter englischen Einfluß, wodurch eine Situation entstand, die jener in der Kapkolonie ähnlich war (vgl. MELLET/SCOTT 1982: 79 ff).

Die meisten der Voortrecker in Natal wanderten in der Folge zurück über die Drakensberge und zogen mit dem anderen Zweig der Auswanderer Richtung Norden, wo sie eine Republik zwischen den Flüssen Oranje (sog. "Oranje-Freistaat") und Vaal sowie mehrere kleine Republiken nördlich des Vaal (daher die Bezeichnung "Transvaal") gründeten. Sie vertrieben dabei zahlreiche afrikanische Ethnien aus ihren Siedlungsgebieten (z.B. Tswanagruppen in das heutige Botswana, Ndebele unter Chief Mzilikasi nach Rhodesien). Die Sotho unter ihrem Herrscher Moshoeshoe (Moschesch) I leisteten erbitterten Widerstand, während die Xhosa sich von falschen Propheten irreführen ließen, die ihnen versprachen, die Fremden würden von einem apokalyptischen Sturm hinweggefegt werden, vorausgesetzt, daß die Xhosa ihr ganzes Hab und Gut vernichteten.[64] So wurden die Xhosa im Jahre 1857 von einem Tag zum anderen völlig mittellos und sanken zum Arbeitskräftereservoir für die Unternehmen der Weißen herab (vgl. KI-ZERBO 1981: 367; dazu auch: VALLENTIN 1902: 183). Die Tswana, Sotho und Swazi erreichten schließlich einen Protektoratsstatus durch die Briten (dazu in Kap. 3.3.2.).

Schließlich anerkannten die britischen Behörden unter dem Druck des Parlaments 1852 die Unabhängigkeit der neuentstandenen Burenrepubliken nördlich des Vaal und zwei Jahre später auch jene des Oranje-Freistaates. 1860

[63] Dieser Grundsatz wurde im Cape of Good Hope Punishment Act of 1836 festgeschrieben.

[64] Es dürfte sich wohl um eine typische Revitalisierungsbewegung gehandelt haben.

schlossen sich die Republiken des Transvaal zur "Zuid-Afrikaanschen Republiek" zusammen (vgl. FISCHER WELTGESCHICHTE [Bd. 32] 1966: 167). In allen Burenrepubliken galt das römisch-holländische Recht (vgl. MELLET/SCOTT 1982: passim).

In der Zwischenzeit hatten die britischen Truppen in verlustreichen Kämpfen die Hauptstadt der Zulu, Ulundi, erobert, ihren König Cecwayo (in manchen Werken auch als Cethshewayo transkribiert) gefangengenommen und nach Kapstadt verbannt und Zululand in 13 Häuptlingstümer aufgeteilt. Was nach weiteren Zessionen noch von Zululand übrigblieb, wurde 1887 der Provinz Natal eingegliedert. Damit war das Ende des einst so mächtigen Zulureiches besiegelt (vgl. u.a. GRÜTTER/VAN ZYL 1990: 23).

In der zweiten Hälfte des 19. Jahrhunderts kamen aber auch Einwanderer aus Britisch-Indien in mehreren Wellen nach Südafrika: Die ersten (hauptsächlich Hindus) wurden um 1860 als Arbeiter auf den Zuckerplantagen Natals angeheuert. Später kamen vor allem Muslime auf eigene Kosten ins Land. Heute gibt es in Südafrika eine beachtliche indische Minderheit, die sich in Natal konzentriert und oft im Wirtschaftsbereich tätig ist.

Schließlich entstand durch uneheliche Beziehungen der weißen Kolonialisten mit einheimischen Frauen eine rasch wachsende Gruppe von Mischlingen (vgl. SOUTH AFRICAN COMMUNICATION SERVICE 1994: 96 f; OLMESDAHL 1987: 278).

Was die Anerkennung afrikanischen Rechtstraditionen betraf, so gab es in den einzelnen Gebieten unterschiedliche Regelungen: In der Kapkolonie trafen die Weißen vorerst nur auf die dort autochthonen Khoisaniden. Auf deren gewohnheitsrechtliche Normen wurde keinerlei Rücksicht genommen (vgl. BENNETT 1985: 40; 1989: 27). Völkerrechtlich ließ sich das durch die Berufung auf den Erwerbstitel "Entdeckung" für den Erwerb territorialer Souveränität rechtfertigen. Dazu ist freilich festzustellen, daß man nach klassischem Völkerrecht nur herrenloses Gebiet ("terra nullius") entdecken kann, das sich in niemandes Besitz befindet und welches sich daher jedermann aneignen kann. Da das Kap der guten Hoffnung aber eben kein herrenloses Gebiet war, sondern von Ureinwohnern, nämlich den Hottentotten, bewohnt und (wenngleich nicht agrarisch) genutzt wurde, ist retrospektiv die Anwendbarkeit des Konzepts der "terra nullius" im konkreten Fall zu verneinen.[65] Faktisch war das Ignorieren des

---

[65] Eine ähnliche Problematik stellte sich bis vor kurzem für die Aborigines in Australien (vgl. dazu HAZDRA 1992: 203 f).

In diesem Zusammenhang ist auf das Rechtsgutachten des Internationalen Gerichtshofes zum Westsahara-Fall (Western Sahara, Advisory Opinion (1975) ICJ Reports 3) hinzuweisen, in welchem festgestellt wird, daß das Gebiet der Westsahara zum Zeitpunkt der spanischen

traditionellen Rechts der Hottentotten und Buschmänner möglich, weil es den Kolonisatoren bald gelang, ihre sozialen und politischen Strukturen zu zerschlagen.

Alle in der Kapkolonie lebenden Menschen unterlagen somit ohne Unterschied der ethnischen Herkunft ausschließlich dem importierten Recht der Weißen, nur ausnahmsweise wurden auf afrikanischem Gewohnheitsrecht beruhende Verträge von staatlichen Gerichten anerkannt, sofern sie nicht dem "ordre public colonial" widersprachen. Ein solcher Verstoß gegen den "ordre public" wurde aber z.B. schon bei der Vereinbarung über einen Brautpreis (Lobolo) angenommen. Als die Kolonialherren schließlich erkannten, daß das europäische Erbrecht den traditionellen afrikanischen Erbregeln diametral widersprach, nicht durchsetzbar war und zu großem Widerstand seitens der betroffenen Afrikaner führen mußte, ermöglichten sie im Black Succession Act 18 of 1864 erstmals die Anwendung des traditionellen Erbrechts für Afrikaner (vgl. BEKKER 1989: 2). Besondere Erwähnung verdient die Entwicklung in der Transkei: Nach der schrittweisen Annexion der verschiedenen indigenen Staaten und Häuptlingstümer auf dem Gebiet der späteren Transkei durch die Kapkolonie in den 80er Jahren des vorigen Jahrhunderts erließ die dortige Kolonialverwaltung spezielle Gesetze für diese Gebiete. Die "magistrates courts", also die staatlichen Gerichte erster Instanz mit praktisch unbeschränkter Zuständigkeit, wurden ermächtigt, afrikanisches Gewohnheitsrecht anzuwenden, wenn beide Streitparteien Schwarze waren. Damit war erstmals staatlichen Gerichten die Möglichkeit eröffnet, Gewohnheitsrecht als System, also in seiner Gesamtheit, anzuwenden. Diese vom Recht der übrigen Kapkolonie stark abweichenden Regelungen galten jedoch, wie erwähnt, nur auf dem Gebiet der Transkei (vgl. BEKKER 1989: 4; BENNETT 1985: 42).

Im Oranje-Freistaat hat sich nie eine kohärente Politik gegenüber den traditionellen Gewohnheitsrechten entwickelt. Dagegen wurde das Gewohnheitsrecht der Zulu in Natal und in Transvaal zumindest teilweise anerkannt. Sehr weit ging die Regelung in Natal: Ab 1898 waren alle Gerichte, also auch die Berufungsinstanzen, angewiesen, Zivilrechtsstreitigkeiten zwischen Schwarzen nach deren Gewohnheitsrecht zu beurteilen. Diese Regelung galt bis zur Einführung des Blacks Administration Act 38 of 1927. Um die gerichtliche Anwendung von Gewohnheitsrecht zu erleichtern, hat man dieses in Natal teilweise kodifiziert, und zwar im "Natal Code of Bantu Law", welcher später mehrmals modifiziert wurde.[66] Das im Natal Code festgeschriebene Gewohnheitsrecht hatte Gesetzeskraft und mußte daher vor Gericht nicht mehr bewiesen werden.

Kolonisierung keine "terra nullius" war, obwohl es nicht von Bodenbauern, sondern "bloß" von Nomaden bewohnt wurde.

[66] Das erste mal wurde der Natal Code of Bantu Law durch die Proclamation 2 of 1887 eingeführt. Die zuletzt gültige Fassung dieses Gesetzes trug den Titel "Natal Code of Zulu

In Transvaal galt bis 1885 ähnlich wie in der Kapkolonie ausschließlich das importierte Recht. Mit dem Law 4 of 1885 wurde der Staatspräsident ermächtigt, sowohl eigene "Commissioners" für Schwarze als auch Chiefs zu ernennen, die für die Entscheidung aller zivilrechtlichen Streitfälle zwischen Afrikanern zuständig waren. Während die ordentlichen Gerichte des Transvaal ausschließlich nach staatlichem Recht urteilten, hatten die "Commissioners" und Chiefs stets traditionelles Gewohnheitsrecht anzuwenden. Dies freilich mit dem Vorbehalt, daß dieses mit den "Prinzipien der Zivilsation" vereinbar sein mußte. Da jedoch ähnlich wie am Kap die mit europäisch ausgebildeten Beamten besetzten Gerichte zum Beispiel die traditionelle Form der Eheschließung als "unzivilisiert" einstuften und fundamentale Strukturen der afrikanischen Gesellschaft ignorierten, war diese Regelung in der Praxis für Afrikaner wertlos (vgl. BENNETT 1989: 27).

Entscheidend für die zukünftige Geschichte Südafrikas sollten zwei Ereignisse sein: Die Entdeckung von Diamantenvorkommen im nördlichen Kap im Jahre 1867 und die Entdeckung von Gold am Witwaatersrand 20 Jahre später. Beide Funde lösten einen Ansturm von Glücksrittern aus allen Teilen der Welt aus und führten nicht nur zu Chaos und Anarchie, sondern auch zu einem Wiederaufflammen der alten Rivalitäten zwischen Buren und Engländern.[67] Diese Entwicklung kulminierte im sogenannten Burenkrieg (1899-1902), der von beiden Seiten mit unerbittlicher Härte geführt wurde. Der Burenkrieg endete 1902 mit der Niederlage der Buren gegen die zahlenmäßig weit überlegenen Briten, welche die Burenstaaten besetzten. Danach bestand "British South Africa" aus vier Kolonien (Kap, Natal, Orange und Transvaal) und drei Protektoraten (Bechuanaland, Basutoland und Swaziland). In allen diesen Gebieten galt das (bereits durch englischen Einfluß modifizierte) römisch-holländische Recht. Die vier Kolonien schlossen sich 1910 zur Südafrikanischen Union zusammen,[68] welche ein Teil des britischen Dominion wurde. Die Gebiete der Kolonien wurden zu den vier Provinzen des neuen Staates, dessen Verfassung sich am Westminster-Modell orientierte, aber den Provinzen doch ein beachtliches Maß

Law". Sie galt allerdings nur in Natal: In Kwa Zulu wurde nach 1971 das traditionelle Zulu-Recht in einem eigenen Gesetz (dem sog. KwaZulu Code) niedergeschrieben, das sich teilweise erheblich vom Natal Code of Zulu Law unterschied. Es herrschte also die absurde Situation, daß es zwei verschiedene kodifizierte Fassungen des angeblich authentischen Gewohnheitsrechts der Zulu (bzw. Teilen desselben) gab. Außerhalb dieser beiden Gebiete galt nach wie vor das ungeschriebene Gewohnheitsrecht der Zulu, welches sich von beiden Kodifikationen inhaltlich unterschied.

[67] Diese Entwicklung war vor allem auch zurückzuführen auf die Expansion und den Machtanspruch der mächtigen "British South Africa Company" des intriganten Cecil Rhodes.

[68] Die rechtliche Grundlage bildete ein britisches Gesetz, nämlich der South Africa Act of 1909.

an Autonomie beließ. Englisch und Afrikaans wurden zu gleichberechtigten Staatssprachen.

Zur Zeit der Gründung der Südafrikanischen Union gab es also in den einzelnen Provinzen die unterschiedlichsten Regelungen bezüglich der Anwendbarkeit von afrikanischem Gewohnheitsrecht. Dieser chaotische Zustand verlangte nach einer einheitlichen Regelung, die mit dem Blacks Administration Act 38 of 1927 (ursprünglicher Titel: Natives Administration Act, dazu Fußn. 41) erzielt wurde (dazu unten).

Die Politik der Rassentrennung

Nach dem zweiten Weltkrieg, in den Südafrika ebenso wie schon in den ersten Weltkrieg trotz heftiger Widerstände seitens der Buren an der Seite Großbritanniens eingegriffen hatte, fanden 1948 (rein weiße) Wahlen statt, aus denen die nationalistischen Buren als Sieger hervorgingen. In der Folge übernahm eine Allianz aus National Party und Afrikaner-Partei die Regierung, welche mit der Einführung eines Systems der strikten Rassensegregation, der sogenannten *Apartheid*, begann: Die Bevölkerung wurde in vier verschiedene Rassen eingeteilt: Weiße, Schwarze, Asiaten und "Farbige" (Coloureds), die wiederum in sieben Unterkategorien zerfielen (dazu OLMESDAHL 1987: 278 ff). Den Schwarzafrikanern wurden nicht nur jegliche politischen Rechte vorenthalten, ein alle Facetten des täglichen Lebens durchziehendes Netz von Apartheid- und Sicherheitsgesetzen verwehrte ihnen auch den gleichberechtigten Zugang zu Ausbildung, Beruf und Wohlstand. Nach dem, durch zunehmende internationale Kritik an der Politik der Rassentrennung bedingten, Austritt aus dem Commonwealth of Nations entstand schließlich 1961 die Republik Südafrika. In der Folge bemühten sich Teile der südafrikanischen Richterschaft, die Elemente des englischen Rechts zurückzudrängen, um das römisch-holländische Recht in möglichst unverfälschter Form zu erhalten (vgl. LEWIN 1968: 158 f).

Nun noch einige Worte zur Rolle des Gewohnheitsrechts im Kontext der politischen Situation Südafrikas: Bis zu Beginn dieses Jahrhunderts hatten die Buren systematisch die tribalen Institutionen, die sie als Bedrohung empfanden, eliminiert. In der Folge war, bedingt durch die rapid zunehmende Wanderarbeit, ein tiefgreifender sozialer Wandel zu beobachten, wobei ein städtisches schwarzes Proletariat entstand, das der weißen Vorherrschaft gefährlich werden konnte. Daher änderte die südafrikanische Regierung ihre Politik und versuchte, die tribalen Institutionen wiederzubeleben und für ihre Zwecke zu nutzen. So wird etwa der Burengeneral Hertzog mit folgender Aussage zitiert:

> ...it had been a mistake, and a great evil, of previous administrations to undermine the power of chiefs ... The neglect of tribal laws and customs had underminded the authority of the chiefs, and deprived them of the power to restrain their young men (zitiert in SIMONS 1968: 54).

Im Blacks Administration Act 38 of 1927 wurde der britische Generalgouverneur quasi zum "Obersten Häuptling" aller Afrikaner erklärt und mit geradezu unglaublichen Befugnissen ausgestattet:

> The Governor-General may define the boundaries of the area of any tribe or of a location and may from time to time alter the same and may divide any existing tribe into two or more parts or amalgamate tribes or parts of tribes into one tribe or constitute a new tribe, as necessity or the good government of the Blacks may in his opinion require (Act 38 of 1927, section 5(a)).

Mit dem Inkrafttreten der neuen Verfassung der Republik Südafrika im Jahre 1961 gingen die "Angelegenheiten der Bantu", die bis dahin dem Generalgouverneur oblagen, in den Kompetenzbereich des Staatspräsidenten über: "The control and administration of Bantu affairs shall vest in the State President" (vgl. Republic of South Africa Constitution Act 32 of 1961, section 111).

Die afrikanischen Gewohnheitsrechte wurden - mit bestimmten Einschränkungen - anerkannt und im Sinne des rechtlichen Dualismus durch separate Gerichte administriert (vgl. ANDREWS 1994: 264). Mit der Betonung der "tribalen Identität" der verschiedenen in Südafrika lebenden Ethnien glaubte man, das System der Rassentrennung rechtfertigen und ausbauen und eine Solidarisierung innerhalb der schwarzen Bevölkerung verhindern zu können. Veränderungen in den sozioökonomischen Verhältnissen blieben dabei unberücksichtigt:

> ...There are those - and they now occupy all commanding heights - who insist on keeping African tribal law pure; and on applying it in town as well as country. They realize, no doubt, that one means of keeping people apart is to try and perpetuate their culture, unchanged, whatever protests may come from the people concerned (LEWIN 1968: 158).

Manche sprechen in diesem Zusammenhang sogar von einer "erfundenen Tradition" (z.B. KÖSSLER 1991: 15 ff) oder der "Einführung des Tribalismus" (z.B. die Beiträge im Sammelband von VAIL, 1989). Dies führte schließlich dazu, daß der Begriff "Gewohnheitsrecht" heute in weiten Kreisen negativ konnotiert ist, da er vielfach mit Apartheid und dem Streben der weiß dominierten Regierung Südafrikas, die Politik der getrennten Entwicklung zu rechtfertigen, in Zusammenhang gebracht wird (vgl. CASSIM 1981: 134).

Jahrzehntelang war die Politik der südafrikanischen Regierung darauf ausgerichtet, eine Teilung zwischen den ländlichen Gebieten, die der schwarzen

Bevölkerung vorbehalten waren und wo sich der Staat möglichst wenig einmischen (d.h. natürlich auch nicht investieren) sollte, und jenen weiß dominierten Gebieten, die als städtische Industrie- und Handelszentren oder als Farmland die Basis für das moderne ökonomische und politische Leben des Landes bilden sollten, herbeizuführen. Diesem Zwecke dienten auch verschiedene Gesetze,[69] die den Landerwerb bzw. die Ansiedlung von Schwarzen in "weißen" Gebieten verhindern sollten und separate Siedlungsgebiete für Schwarze festlegten. Dadurch wurde 80% der Bevölkerung der Landbesitz in 80% des Staatsgebietes verboten, was in einem dualen Agrarsystem mündete: Der großangelegte, kapitalintensive, für den Markt produzierende "weiße" Sektor stand dem arbeitsintensiven, vor allem der Subsistenz dienenden "schwarzen" Sektor gegenüber. Ab 1954 kam es sogar zu Zwangsaussiedlungen von (insgesamt ca. 3,5 Millionen) Schwarzen aus den weißen Zonen in die ihnen zugeteilten "Homelands". Dabei handelte es sich einerseits um die "unproduktiven" Mitglieder des bereits urbanisierten Teils der afrikanischen Bevölkerung, anderseits um "squatters" oder "labour tenants" sowie um Bewohner von sogenannten "black spots" in weißen Farmgebieten.[70] Die so

[69] Das erste Gesetz dieser Art bildete der Native Land Act 27 of 1913, mit dem der damalige Landbesitz der Schwarzen anerkannt und dessen Verkauf oder Verpachtung an Europäer verboten wurde. Gleichzeitig wurde den Schwarzen der Erwerb von Land außerhalb dieser Gebiete, die etwa 7% des Staatsgebietes ausmachten, verboten. Es folgte der Native Trust and Land Act 18 of 1936, womit sogenannte "Offene Gebiete" (etwa 6% des Staatsgebietes) dem für Schwarze bestimmten Land hinzugefügt wurden. Außerdem schuf man den South African Native Trust, mit dem Generalgouverneur an der Spitze, der dieses Land kaufen und für die Schwarzen verwalten sollte. Diese beiden Gesetze bildeten den Kern der Homeland-Politik und stellten die rechtlichen Grundlagen der territorialen Trennung der Bevölkerungsgruppen nach ethnischen Gesichtspunkten dar. Es folgte der berüchtigte Group Areas Act 36 of 1966, mit dem verschiedene Siedlungszonen geschaffen wurden, welche jeweils einer der vier Gruppen von Weißen, Schwarzen, Asiaten und 'Farbigen' zugewiesen wurden; weiters der Natives (Urban Areas) Act 25 of 1945, dessen Neufassung 1952 den Verbleib von Frauen bei ihren in den Ballungszentren lebenden Männern so gut wie unmöglich machte und zur besseren Kontrolle ("Influx-Control") jeden Afrikaner ab dem 16. Lebensjahr dazu verpflichtete, stets ein Arbeitsbuch (Paß) mit sich zu führen (dazu ausführlich vgl. OLMESDAHL 1987: 287 ff; BENNETT 1989: 28). Die genannten Gesetze wurden zu Beginn der 90-er Jahre außer Kraft gesetzt (vgl. MNDAWENI 1991: 215 f).

[70] "Black spots" wurden die schwarzen Farmen genannt, die mitten im für Weiße bestimmten Gebieten lagen. Ihr Land sollte in die kommerzialisierte weiße Landwirtschaft eingegliedert werden.

Mit "labour tenants" oder "squatters" bezeichnete man jene schwarzen Landarbeiterfamilien, die für begrenzte Landnutzungsrechte auf dem Boden, auf dem sie teilweise schon vor der kolonialen Eroberung durch weiße Siedler wohnten, die Hälfte oder 3/4 des Jahres für den weißen Grundbesitzer arbeiteten. Die Umstellung der weißen Landwirtschaft auf eine voll technisierte und kommerzialisierte Warenproduktion machte diese Familien für den weißen

zwangsumgesiedelten waren in den ihnen fremden Homelands landlos und unwillkommen, arm und arbeitslos. Die räumliche Trennung der einzelnen Bevölkerungsgruppen hatte natürlich auch Auswirkungen im privatrechtlichen Bereich, insbesondere im Ehe- und Familienrecht und im Erbrecht. Zum Teil wurde die Befolgung der traditionellen afrikanischen Normen durch die staatlichen Gesetze unmöglich gemacht (dazu in Kap.3.5. und 3.6.).

Mit dem Bantustan Authorities Act verkündete die weiße Regierung den Grundsatz einer nach ihrer Auffassung "positiven Apartheidpolitik". Angelpunkt dieser Politik war die Einrichtung von Selbstverwaltungsgebieten, worin Afrikaner, zu Beginn unter Aufsicht der Weißen, wieder in ihre alten Stammesgefüge eingegliedert werden sollen, um so ihre "ethnische Eigenständigkeit", auch auf rechtlichem Gebiet, in einer eigenen, später autonomen Gemeinschaft wiederzufinden (vgl. FISCHER WELTGESCHICHTE [Bd. 32] 1966: 282). Durch den Bantu-Homeland Citizenship Act 26 of 1970 wurde jeder Schwarze einem bestimmten Homeland zugeordnet, gleichgültig, ob er je dort gelebt hatte oder nicht. Diesen schwarzen Siedlungsgebieten (zunächst als "Reserves", später als "Bantustans" und schließlich als "Homelands" bezeichnet) sollte zunächst begrenzte Autonomie, auch im Bereich der Gesetzgebung, zugestanden werden. Bei der Bestimmung des Zuständigkeitsbereichs des traditionellen Rechts sollte nicht das Territorialprinzip (Kriterium des Wohnortes), sondern das Personalprinzip (Kriterium der Staatsangehörigkeit) herangezogen werden. Da das staatliche Recht der Republik Südafrika aber das Territorialprinzip anwendete, waren im Falle der auf "weißem" Gebiet lebenden Schwarzen Kompetenzkonflikte zwischen den beiden Rechtsordnungen unvermeidlich (vgl. OLMESDAHL 1987: 283).

Das Endziel war die Entlassung der Homelands in die Unabhängigkeit, wobei dahinter natürlich die Intention stand, im Kerngebiet Südafrikas eine weiße Mehrheit zu schaffen (dazu vgl. WELLMER 1976: 35 ff) und die schwarze Bevölkerung in relativ kleine, untereinander rivalisierende und letzlich doch von Südafrika abhängige "Staaten" aufzusplittern. Zuletzt gab es sechs autonome Homelands innerhalb des Staatsverbandes der Republik Südafrika (Lebowa, Qwaqwa, Gazankulu, KwaZulu, KaNgwane und KwaNdebele) mit einer Gesamtbevölkerung von ca. 5,5 Millionen Menschen. Vier weitere Homelands hatten bereits formell die Unabhängigkeit erlangt, nämlich: Transkei (1976), Bophuthatswana (1977), Venda (1979) und Ciskei (1981).[71] Diesen formell

Sektor unrentabel im Vergleich zu schwarzen Saison- oder Wanderarbeitern (vgl. WELLMER 1976: 42).

[71] Die ethnische Verteilung der afrikanischen Bevölkerung über die Homelands war folgendermaßen geplant: Nordsotho sollten in Lebowa siedeln, Südsotho in Qwaqwa, Tsonga in Gazankulu, Zulu in KwaZulu, Swazi in KaNgwane, Ndebele in KwaNdebele, Xhosa in Transkei und Ciskei, Tswana in Bophuthatswana, Venda in Venda (siehe Abb. 2 im Anhang).

unabhängigen Staaten wurde völlige, den autonomen "Homelands" weitgehende Legislativkompetenz zugestanden, wovon diese auch ausgiebig Gebrauch machten.[72] Allerdings verwandelten sich dadurch die traditionellen afrikanischen Gewohnheitsrechte, die ursprünglich Personalrechte waren, also für alle Angehörigen einer Ethnie ohne territoriale Begrenzung galten, allmählich in für bestimmte Gebiete gültige Territorialrechte (vgl. BENNETT 1989: 32), die für zugewanderte Angehörige einer anderen Ethnie, nicht aber für eigene Aussiedler nach Verlassen des Gebietes galten.

Da aber die internationale Gemeinschaft die solcherart künstlich geschaffenen Gebilde, die teilweise aus mehreren nicht zusammenhängenden Gebieten bestanden, nicht als souveräne Staaten anerkannte,[73] mußte das Konzept der Homelands als gescheitert betrachtet werden (vgl. u.a. KOLTER 1991: 13 f) und mittlerweile sind alle Homelands bereits wieder formell in die südafrikanische Republik eingegliedert (dazu unten). Überhaupt muß darauf hingewiesen werden, daß die Ideologie der Apartheid niemals auch nur annähernd in die Praxis umgesetzt werden konnte, weil die postulierten geschlossenen ethnischen Gemeinschaften einfach nicht existierten und es der Regierung auch nicht gelang, solche zu schaffen (vgl. SANDERS 1994: 73).

Untrennbar verbunden mit der Homeland-Politik der südafrikanischen Regierung war das System der zirkulierenden Wanderarbeit. Ursprünglich durch den starken Bevölkerungsdruck in den Siedlungsgebieten der Schwarzen und die Besteuerung durch die (weiße) Verwaltung ausgelöst, hatte dieses System die traditionellen sozialen Strukturen der Afrikaner weitgehend zersetzt. Auch aus anderen Ländern des südlichen Afrika (insbesondere Lesotho, Botswana, Swaziland, Zimbabwe) kamen (und kommen) schwarze Arbeitskräfte in die Republik Südafrika. Diese unterlagen zusätzlich noch besonderen Einreise- und Aufenthaltsbestimmungen.[74]

Die Wirtschaft benötigte zwar dringend schwarze Arbeiter in Minen und Industriebetrieben, doch sollten sie nach einigen Jahren wieder in die ihnen zugewiesenen Siedlungsgebiete zurückkehren. Daher erlaubte man den Arbeitern auch nicht, ihre Familien mitzubringen. Die Praxis der Wanderarbeit in Verbindung mit den erst vor kurzer Zeit aufgehobenen restriktiven Niederlassungsbestimmungen für Schwarze hat dazu geführt, daß die "Homelands", ebenso wie die formell unabhängigen Kleinstaaten des südlichen Afrika, hauptsächlich von

---

[72] Einige Beispiele: KwaZulu erließ einen eigenen Code of Zulu Law, der sich deutlich vom Natal Code of Zulu Law unterschied. In der Transkei trat 1978 ein revolutionierendes Eherecht nach tanzanischem Vorbild in Kraft. Bophuthatswana schaffte mit dem Bophuthatswana Intestate Succession Restatement Act 3 of 1990 die gewohnheitsrechtliche Erbfolge völlig ab.

[73] Dazu vgl. Fußn. 17.

[74] z.B. Alien Act 1 of 1937; Admission of Persons to the Union Regulation Act 22 of 1945; Admission of Persons to the Republic Regulation Act 55 of 1971.

Frauen, Kindern und Alten bevölkert waren beziehungsweise sind (vgl. BENNETT 1989: 28; NTANTALA 1974: 41 ff; WELLMER 1976: 35 ff).

Das Ende der Apartheid

Das System der Rassentrennung geriet unter immer stärkeren Druck, und zwar sowohl seitens der inneren Opposition - verkörpert vor allem durch den bereits 1912 gegründeten African National Congress (ANC) - als auch seitens der internationalen Gemeinschaft. Doch erst nach dem Amtsantritt von Staatspräsident Frederik W. de Klerk im September 1989 wurde ein Prozeß zur Abschaffung des weltweit geächteten Apartheidsystems und der Errichtung einer demokratischen Ordnung ohne Rassenschranken in Gang gesetzt, der mit der Aufhebung des Verbots des ANC und der Freilassung seiner seit 1962 inhaftierten Symbolfigur Nelson Mandela begann. Bis Juni 1991 hob das Parlament alle wesentlichen Apartheidgesetze auf. Ende April 1994 fanden die ersten freien Wahlen statt, aus denen der ANC als klarer Sieger hervorging, und unmittelbar danach trat eine Übergangsverfassung[75] in Kraft. Sie sah als oberste Legislative ein aus zwei Kammern bestehendes, multiethnisches Parlament vor, wobei die erste Kammer (Nationalversammlung) aus 400 direkt gewählten Volksvertretern, die zweite Kammer (Senat) aus je zehn von den Provinzen entsandten Deputierten bestand. Daneben wurde ein "Council of Traditional Leaders" mit hauptsächlich beratenden Kompetenzen eingerichtet. Die Übergangsverfassung enthielt erstmals in der Geschichte des Landes einen Grundrechtskatalog (Bill of Rights), über dessen Einhaltung der neugeschaffene Verfassungsgerichtshof wacht. Südafrika erhielt eine neue Flagge und elf (statt bisher zwei) offizielle Landessprachen. In der Folge wurde Mandela als Präsident vereidigt und ernannte ein Kabinett der nationalen Einheit, in dem fast alle politischen Gruppierungen vertreten waren (vgl. MUNZINGER-ARCHIV 1994: Politik, 6 ff).

Die Übergangsverfassung brachte eine völlige territoriale Neugliederung des Landes: Die bisherigen vier Provinzen wurden aufgeteilt und die "unabhängigen" bzw. autonomen Schwarzengebiete wiedereingegliedert. Es entstanden neun Provinzen mit eigenen Parlamenten, die allerdings große Unterschiede bezüglich Größe, Bevölkerungszahl und Wirtschaftskraft aufweisen. Im Frühjahr 1994 wurden alle vier formell unabhängigen Homelands wieder in den Staatsverband der Südafrikanischen Republik eingegliedert, was teilweise freiwillig, teilweise gewaltsam (vor allem im Falle Bophuthatswanas) vonstatten ging. Die Bürger aller dieser "Staaten" wurden wieder Staatsbürger der Republik Südafrika. Doch auch danach existierten die Homelandverwaltungen faktisch weiter, ihre Auflösung gestaltet sich sehr schwierig. Zudem waren und sind mit der Wieder-

---

[75] Act 200 of 1993.

eingliederung eine Unzahl höchst komplizierter rechtlicher Probleme verbunden (z.B. im Bereich des Eherechts, dazu MNDAWENI 1991: 215 ff). Weiters kam es zu einer völligen Neuordnung der Lokalverwaltungen, denen als unterste Ebene der repräsentativen Demokratie besonders große Bedeutung zugemessen wird. Der erste Schritt war die Neufestlegung der Stadt- und Gemeindegrenzen, wodurch eine Vereinigung der ehemals weißen Städte mit den ihnen vorgelagerten schwarzen Townships und damit die Beendigung der weißen Vorherrschaft in den Lokalregierungen erreicht wurde. Anstelle der zuvor 800 wurden in der Folge etwa 300 neue Gemeinden gebildet,[76] und 1995 fanden die ersten freien Wahlen zu den Gemeinderäten statt (vgl. SOUTH AFRICAN COMMUNICATION SERVICE 1995: 26).

Mit dem Amtsantritt Mandelas war auch die internationale Isolation Südafrikas durchbrochen. Das Land wurde wieder in den Commonwealth aufgenommen und nahm seinen UNO-Sitz wieder ein. Ein radikaler Umbruch in der südafrikanischen Innenpolitik nach dem Machtwechsel 1994 wurde durch mehrere Faktoren teils verhindert und teils verzögert: Erstens durch die Bildung einer Regierung der nationalen Einheit unter Beteiligung (fast) aller politisch relevanten Gruppierungen, zweitens durch das Bestreben Mandelas, Rücksicht zu nehmen auf die Ängste und Sorgen der Minderheiten, und drittens durch die Wirtschaftskrise, die kostenintensive Reformen behinderte. Zu den vordringlichsten Projekten der neuen Regierung zählten eine Reform der Justiz und des Polizeiapparates sowie eine Landreform, welche die weitere Verstädterung eindämmen soll (vgl. MUNZINGER-ARCHIV 1994: Politik, 6 ff). Im Frühjahr 1997 schließlich trat die definitive Verfassung Südafrikas[77] in Kraft, welche m.E. im wesentlichen die mit der Übergangsverfassung eingeleiteten Reformen zementiert. Im gleichen Jahr begann man mit den Vorarbeiten für eine umfassende Reform des Blacks Administration Act 38 of 1927 (lt. Auskunft der Südafrikanischen Botschaft in Wien).

3.3.2 Die britischen Protektorate

Die Engländer zeigten zunächst wenig Interesse, sich mit der Verantwortung für die Verwaltung und Rechtsprechung in ökonomisch wenig interessanten Gebieten zu belasten (PAIN 1978: 143, 163 ff). Die drei ehemaligen britischen Protektorate Bechuanaland, Basutoland und Swaziland haben denn auch gemeinsam, daß die Briten sie eher widerwillig und nur auf dringende Bitten der lokalen Chiefs hin unter ihren Schutz stellten, um sie vor Übergriffen von Seiten der Buren aus

---

[76] vgl. Local Government Transition Act 209 of 1993, novelliert durch Act 34 of 1994.

[77] Act 108 of 1996.

Transvaal und Orange zu bewahren. Die drei Protektorate bildeten die von einem Hochkommissar verwalteten "High Commission Territories". Die Rechtsgeschichte der heutigen Staaten Lesotho und Swaziland unterscheidet sich von jener anderer afrikanischer Staaten dadurch, daß diese Staaten ethnisch weitestgehend homogen sind und es daher auch nur jeweils eine einzige traditionelle Rechtsordnung gibt (vgl. z.B. MAMASHELA 1989: 60).

Alle drei Länder waren seit Beginn dieses Jahrhunderts durch das Phänomen der Wanderarbeit geprägt: Sie dienten, ebenso wie die schwarzen "Homelands" innerhalb der Republik Südafrika, als Reservoir billiger Arbeitskräfte für die südafrikanischen Minen und Farmen. Dafür, daß sich immer mehr Schwarze als Wanderarbeiter verdingten, waren m.E., wie in anderen Kolonialgebieten auch, vor allem zwei Gründe ausschlaggebend:

- Zum einen hob die britische Kolonialverwaltung Steuern und Abgaben ein, die die Afrikaner irgendwie verdienen mußten;
- zum anderen waren durch den Kontakt mit den Weißen Bedürfnisse nach bestimmten Gütern geweckt worden, die nicht lokal produziert werden konnten.

Beide Faktoren erzeugten einen Bedarf an Bargeld, der nur durch Lohnarbeit zu befriedigen war. Im Falle Lesothos und Swazilands kam als weiterer Grund für die Wanderarbeit noch der große Bevölkerungsdruck dazu (vgl. z.B. POULTER 1976: 20 f).

3.3.2.1 Botswana

Die Vorfahren der Sotho-Tswana zählten zu den frühesten Bantu-Einwanderern im südlichen Afrika. Die ersten Gruppen kamen vermutlich schon ab dem 13. Jahrhundert nach Transvaal, von wo manche in das Gebiet des heutigen Botswana weiterwanderten. Andere flohen später vor der kriegerischen Expansion der Zulu und dem "Großen Treck" der Buren dorthin. Tswana ist eigentlich eine Kollektivbezeichnung für acht verschiedene Gruppen, nämlich: Ngwato, Kwena, Ngwaketse, Tawana, Kgatla, Malete, Rolong und Tlokwa. Daneben leben auf dem Gebiet des heutigen Botswana noch ethnische Minderheiten (Kalenga, Yei, Sarwa, Subia u.a.), die jedoch von den Tswana weitestgehend assimiliert wurden (so hatten und haben sie kein Recht auf den Gebrauch ihrer eigenen Sprachen in Schule, Radio oder vor Behörden). Die meisten der zunächst weitgehend autonomen Tswana-Gruppen wurden in den 70er Jahren des vorigen Jahrhunderts unter dem Ngwato-Chief Khama III. politisch geeint. Ab 1820 war das ganze Land jedoch unter den Einfluß der London Missionary Society[78] geraten (vgl. MOLUTSI 1994: 29).

---

[78] Die wohl bekannteste Missionsstation war jene, die David Livingstone in Kolobeng (westlich von Gaborone) errichtete.

Das Interesse der Buren für Botswana stieg sprunghaft an, als man bei Tati (nahe Francistown) Gold fand. Auf Anraten der englischen Missionare suchte Khama III. den Schutz der Briten gegen die Buren. So wurde schließlich das heutige Botswana 1885 unter dem Namen "Bechuanaland" ein britisches Protektorat. In der Folge wurde mit der "Proclamation of 10 June 1891" des britischen Hochkommissars das Recht der Kapkolonie in Bechuanaland rezipiert,[79] welches im wesentlichen auch heute noch gilt (vgl. PAIN 1978: 163 f). Die Engländer richteten in der Folge acht "Eingeborenen-Reservate" ein, der Rest des Landes wurde als Kronland (47%) oder als freier Grundbesitz (5%) deklariert (wobei die ethnischen Minderheiten entweder in einem der Reservate oder auf dem Kronland lebten). Die Verfassung von 1963, die bis heute unverändert in Kraft ist, benannte die Reservate in Distrikte um, ließ ihre Grenzen jedoch unangetastet und erhob die acht den Reservaten zugeordneten Tswana-Gruppen zu den "eigentlichen Stämmen". Das hatte Auswirkungen auf die Position der Chiefs: Die Chiefs der Tswana wurden als Paramount, die der ethnischen Minderheiten als Headmen und Subchiefs klassifiziert. Letztere hatten nicht das Recht, ihre Leute im House of Chiefs - ein dem britischen Oberhaus nachgebildetes Organ - zu repräsentieren (nur jene, die außerhalb der Reservate lebten, konnten zwei Repräsentanten entsenden). In den folgenden Jahrzehnten entwickelte sich das bereits beschriebene Phänomen der Wanderarbeit, und in den 1940er Jahren bildeten die Einkünfte der Wanderarbeiter beinahe die Hälfte des Gesamteinkommens der afrikanischen Bevölkerung Botswanas. Das Erziehungs- und Gesundheitswesen lag weitgehend in der Hand von Missionaren. Die sozialen Ungleichheiten innerhalb der ländlichen Bevölkerung vertieften sich. Eine reiche Aristokratenschicht verfügte über ständig wachsende Herden und profitierte von Tributzahlungen und Zwangsarbeit. Sie entzog sich langsam den traditionellen Kontrollmechanismen (vgl. MOLUTSI 1994: 29 f; FRIMPONG 1993: 385:ff).

Die herausragendste Persönlichkeit, vor ebenso wie nach der Unabhängigkeit, war der populäre Ngwato-Führer Seretse Khama (ein Enkel Khamas III.).[80] Er wurde wegen seiner Heirat mit einer weißen Frau durch britische und südafrikanische Regierungen schikaniert und mußte 1950 deswegen sogar ins Exil gehen. Gerade diese Anfeindungen machten ihn in seiner Heimat zum

---

[79] Mit derselben Proklamation wurde übrigens auch die Rezeption im damaligen Süd-Rhodesien angeordnet. Die generelle gesetzliche Grundlage für die Anwendung englischen Rechts in Protektoraten (die britische Krone hatte ja in solchen Territorien, die nicht Teil des englischen Dominion waren, ursprünglich keine Gesetzgebungs- und Jurisdiktionsbefugnisse) finden sich in den Foreign Jurisdiction Acts von 1843 und 1890 (vgl. ADEI 1981: 5).

[80] Für gute graphische Darstellungen der Häuptlingslinien der einzelnen Tswana-Stämme vgl. SCHAPERA 1955: 303 ff.

Nationalhelden. Es gelang ihm, den Status eines nationalen Führers gewinnen, den andere Chiefs nie erreichten. Nach seiner Rückkehr 1956 übernahm Seretse Khama die führende Rolle bei der Formulierung einer neuen Verfassung für die Zeit nach der Unabhängigkeit. Laut dieser immer noch gültigen Verfassung ist Botswana eine Präsidialrepublik mit demokratischen Strukturen westlicher Prägung. Neben dem (aus nunmehr 40 Mitgliedern bestehenden) Parlament - für welches sich laut Verfassung Chiefs nicht bewerben dürfen - gibt es ein dem Parlament nachgeordnetes, beratendes "House of Chiefs", das heute 15 Mitglieder zählt (darunter die Paramount Chiefs der acht großen ethnischen Tswana-Gruppen). Damit verloren die Chiefs ihre autonome Stellung und wurden bezahlte Staatsangestellte. Auch wenn der Staat versuchte, die traditionellen Autoritäten einzubinden, setzte er doch alles daran, deren Macht zu beschneiden, z.B. durch die Einrichtung neuer Vertretungsorgane auf lokaler Ebene. Daher ist das Verhältnis von Regierung und Chiefs bis heute gespannt (vgl. MOLUTSI 1994: 30).

In den ersten allgemeinen Wahlen 1965 errang Khamas "Botswana Democratic Party" nach dem Mehrheitswahlrecht 28 der damals 31 Parlamentssitze (die restlichen drei gingen an die Botswana National Front, BNF). Die stärkste Unterstützung erhielt die BDP von der ländlichen Bevölkerung, während die BNF und andere Oppositionsparteien sich vor allem im städtischen Milieu behaupteten. Als Botswana 1966 die Unabhängigkeit erlangte, wählte das Parlament Seretse Khama zum ersten Präsidenten und bestätigte ihn danach alle fünf Jahre. Bald kam es zu Machtproben mit den Chiefs, die der Staat für sich entschied: 1969 resignierte Bathoen II. Gaseitsewe[81], Führer der Ngwaketse und nach Sir Seretse Khama der mächtigste Chief des Landes. Khama war erster Staatspräsident geworden, Gaseitsewe trat der damals neu gegründeten BNF bei, deren Kernland seither in seinem Territorium liegt (vgl. MOLUTSI 1994: 30).

Die Politik Sir Seretse Khamas war konservativ: Er gab Garantien gegenüber den weißen Landeigentümern ab und holte ausländische Investoren ins Land, vor allem um die 1967 entdeckten riesigen Diamantenfelder auszubeuten. Botswana erlebte einen wirtschaftlichen Aufschwung. Seretse Khama war immer ein Gegner der Apartheid, mußte aber doch einen sehr pragmatischen Kurs im Verhältnis zum starken Nachbarn Südafrika steuern. Nach seinem Tod im Juli 1980 folgte ihm Vizepräsident Dr. Quett Masire nach, der die Politik seines Vorgängers weiterführte und seinerseits im November 1997 vom bis dahin amtierenden Vizepräsidenten Festus Mogae abgelöst wurde. Botswana ist einer der wenigen afrikanischen Staaten, in denen der Westminster-Typ einer liberalen Demokratie seit der Unabhängigkeit intakt geblieben ist. Alle fünf Jahre finden Wahlen statt, das Land besitzt eine liberale Verfassung einschließlich eines Grundrechts-

---

[81] Siehe Fußn. 80.

katalogs, es besteht ein Mehrparteiensystem, eine unabhängige Rechtssprechung und eine freie Marktwirtschaft. Die Kehrseite der politischen Stabilität sind jedoch eine gewisse Versteinerung der politischen Strukturen und Institutionen (vgl. MOLUTSI 1994: 30 f).

3.3.2.2 Lesotho

Schon Jahrhunderte vor der Kolonisation war das gebirgige Gebiet westlich der Drakensberge von Sotho-sprechenden Clans besiedelt, die sich mit den khoisaniden Ureinwohnern vermischten. Während der Wirren der "Difaqane", also der durch die Expansionsbestrebungen der Zulu unter Shaka ausgelösten "Kriege des Unheils" in den 20er Jahren des vorigen Jahrhunderts, tat sich ein Führer mit außerordentlichem diplomatischem und militärischem Geschick hervor: Moshoeshoe I. Ihm gelang es, die verschiedenen Clans und die zahlreichen Kriegsflüchtlinge zu einem mächtigen Königreich zusammenzuschweissen, das in den 50er Jahren des 19. Jahrhunderts auf dem Höhepunkt seiner Macht stand. Es gab damals schon eine einheitliche Sprache (Basotho), eine einzige Armee und eine zentrale Regierung, die aber der Bevölkerung in Form der "Pitso" (Volksversammlungen der Männer, die sowohl auf regionaler, als auch auf nationaler Ebene existierten) ein gewisses Mitspracherecht einräumte.

Moshoeshoe I. mußte sich aber nicht nur gegen Shaka, sondern auch gegen die Buren zur Wehr setzen. Diese begannen nach der Abschaffung der Sklaverei am Kap durch die Briten im Jahre 1833 ihren "Grossen Treck" nach Norden, auf dem sie 1836 die Grenzen des heutigen Lesotho erreichten. Bald entbrannte ein Streit um Landrechte. Aufgrund der steigenden Spannungen wandte sich der Moshoeshoe I. mit der dringenden Bitte um Hilfe an die Briten. Doch trotz des ständigen Drängens Moshoeshoes wurde seine Heimat erst 1868 zum britischen Protektorat "Basutoland". Dafür ließen sich die Engländer auch noch den fruchtbarsten Teil des Landes (westlich des Caledon River) abtreten (vgl. KNIGHT 1994: 86 f).

Da die Wahrnehmung der Verpflichtungen aus dem Protektoratsvertrag dem Vereinigten Königreich sehr teuer kam, trat es die Verwaltung Basutolands 1871 an die Regierung der damaligen Kolonie "Kap der guten Hoffnung" ab. Während der 12 Jahre dauernden Annexion Basutolands durch die Kapkolonie galt das Recht dieser Kolonie, obwohl die Basotho entgegen ihrem Wunsch nicht im Kapparlament vertreten und somit keinen Einfluß auf die Gesetzgebung hatten. Im Jahre 1883 schließlich kam es auf Betreiben der Kapkolonie zur Loslösung Basutolands und Großbritannien übernahm wieder direkt die Verantwortung. Die gesetzgebende Gewalt wurde einem Hochkommissar übertragen. Mit dessen

"Proclamation No. 2B of 1884" wurde das Recht der Kapkolonie übernommen oder besser gesagt beibehalten (vgl. PALMER/POULTER 1972: 46).

Die Briten führten ein typisches "Indirect Rule"-System ein, in dem den Basotho-Häuptlingen beträchtliche Macht verblieb, einschließlich der Befugnis, das Gewohnheitsrecht anzuwenden und die Landverteilung zu regeln. Um 1907 wurden auf Betreiben der Häuptlinge die "Laws of Lerotholi" kompiliert, in denen die Normen des traditionellen Gewohnheitsrechts der Basotho zusammengefaßt wurden. Und die "Proclamation No. 61 of 1938" bestimmte: "The Paramount Chief has full power and authority over every native resident in Basutoland".

In den folgenden Jahrzehnten zwang die prekäre ökonomische Situation[82] zahlreiche schwarze Bewohner Basutolands dazu, sich als Wanderarbeiter in südafrikanischen Farmen und Minen zu verdingen. In Lesotho entstanden relativ früh nationalistische Bewegungen. Während die zunehmend konservativ agierenden Häuptlinge ihre auf der Landzuteilung basierende Macht weitgehend aufrechterhalten konnten, entstanden schon um 1950 zahlreiche Organisationen wie Gewerkschaften, Berufsverbände etc., darunter auch die beiden Parteien, die auch nach der Unabhängigkeit ständige Rivalen bleiben sollten: Die radikalere, von sozialistischem Gedankengut geprägte "Basutoland Congress Party" (BCP) unter Ntsu Mokhele und die eher traditionell orientierte "Basutoland National Party" (BNP) unter Chief Leabua Jonathan. Letzere gewann mit südafrikanischer Unterstützung 1965 die ersten freien Wahlen mit knappem Vorsprung (vgl. MATLOSA 1992: 327 ff).

Schließlich wurde Lesotho 1966 ein unabhängiges Königreich mit Moshoeshoe II. als Staatsoberhaupt, dem allerdings nach der neuen Verfassung rein repräsentative Aufgaben zukamen, während die legislativen Funktionen einem Zweikammerparlament nach britischem Vorbild, die exekutiven Funktionen der Regierung zugeordnet wurden. Daß Moshoeshoe II. dennoch immer wieder versuchte, in die Politik seines Landes einzugreifen, brachte ihn in permanenten Konflikt zu den Regierungspolitikern, und zwar unabhängig von deren ideologischer Ausrichtung. Die 22 Chiefs der Basotho sind im Oberhaus des Parlaments vertreten und spielen vor allem als Wahlorgan für die Inthronisierung des Königs (sog. "Rat der Häuptlinge") traditionell eine große Rolle. Wichtige Funktionen kamen und kommen den Chiefs auch auf lokaler Ebene in den ländlichen Gebieten zu, zumal die District Councils während der ersten zwanzig Jahre nach der Unabhängigkeit suspendiert bzw. gänzlich aufgelöst waren (vgl. PALMER/POULTER 1972: 236).

Trotz der Abhängigkeit des Landes von Südafrika versuchte der erste Premier, Chief Lebua Jonathan, unter dem Druck des Volkes und in Erwartung

[82] Die Gründe dafür waren dieselben wie in Botswana.

massiver Unterstützung aus Westeuropa vorsichtig auf Distanz zum Apartheidregime zu gehen: So gewährte Lesotho geflüchteten ANC-Mitgliedern Unterschlupf (was 1980 zu einem südafrikanischen Kommandounternehmen auf dem Staatsgebiet Lesothos führte), verweigerte die Anerkennung der Homelands als unabhängige Staaten und forderte die Rückgabe des 1869 zwangsweise an die Kapkolonie abgetretenen Landes. Im Inneren führte seine konservative Politik letzlich zu einer sich ständig vergrößernden Kluft zwischen armer Landbevölkerung und relativ wohlhabender städtischer Bevölkerung (vgl. ZEHENDER 1981: 337 ff) sowie zu systematischen Menschenrechtsverletzungen (vgl. MAOPE 1986: 95 ff). Als Chief Jonathan und seine BNP 1970 als Verlierer aus den Wahlen hervorging, erklärte er diese kurzerhand für ungültig, verbot alle Parteien und setzte die Verfassung außer Kraft. Auch den zweiten Urnengang nach der Unabhängigkeit gewann die BNP 1985 nur dank massiver Manipulationen (vgl. MATLOSA 1992: 337). Im Jänner 1986 verhängte Südafrika eine Blockade über Lesotho. Die daraus resultierende Krise führte zur Absetzung von Chief Jonathan in einem Militärputsch und in weiterer Folge dazu, daß der regierende Militärrat die exekutive und legislative Macht auf den König übertrug. Vier Jahre später wurde König Moshoeshoe II. vom Militärrat wegen politischer Differenzen ins Exil nach London geschickt und sein ältester Sohn als König Letsie III. vereidigt.

1993 brachte das Ende der Militärdiktatur. Es trat eine neue Verfassung in Kraft, derzufolge das Parlament aus zwei Kammern, nämlich einer Nationalversammlung (aus gewählten Abgeordneten) und einem Senat (aus den 22 Chiefs und elf ernannten Mitgliedern) besteht. Bei den Parlamentswahlen im gleichen Jahr gewann die BCP alle 65 Sitze und Ntsu Kokhele wurde neuer Ministerpräsident. Nach einem gescheiteren "königlichen Putsch" - Letsie III. versuchte vergeblich, das Parlament aufzulösen und die Regierung zu entlassen - wählte der "Rat der Häuptlinge" erneut den mittlerweile als Privatmann zurückgekehrten Moshoeshoe II. zum König von Lesotho, freilich mit rein repräsentativen Befugnissen. Am 15. Jänner 1996 kam Moshoeshoe II. bei einem Autounfall ums Leben. Daraufhin wurde wieder Letsie III. als König inthronisiert. Durch eine neue Verfassungsreform wurde allerdings das Amt des Königs von jenem des Paramount Chief der Basotho getrennt (letzteres wurde einem Bruder Letsies III. zugesprochen). Grund dafür dürfte gewesen sein, daß sich mehrere Chiefs gegen den mit 33 Jahren noch unverheirateten Letsie III. ausgesprochen hatten (vgl. Frankfurter Allgemeine Zeitung vom 20.1.1996: 5).

3.3.2.3 Swaziland

Ende des 16. Jahrhunderts überquerten die Vorläufer der Swazi unter ihrem König Ngwane II. von Osten kommend die Lebombo-Berge und ließen sich im

Südosten des heutigen Swaziland nieder. Der Enkel Ngwanes II., Sobhuza I., trotzte den Zulu unter Dingaan, unterwarf die in der Umgebung siedelnde Nguni- und Sotho-Bevölkerung und schuf ein starkes, zentralisiertes Reich. Sein von 1840-1868 regierender Nachfolger Mswazi (manchmal auch als Mswati transkribiert) war der kriegerischste aller Swaziherrscher. Er baute, dem Vorbild Shakas folgend, eine starke Armee auf. Von seinen Nachbarn seiner kühnen Feldzüge wegen gefürchtet und geachtet, hinterließ Mswazi bei seinem Tod ein Volk, dessen Einheit die Briten anerkannten und dessen Territorium sie den Namen Swaziland gaben. Mswati sollte der letzte wirklich unabhängige Regent Swazilands für die nächsten hundert Jahre sein. Der nächste Swazikönig, Mbandzeni, war - insbesondere nachdem 1882 Goldvorkommen entdeckt worden waren - mit einem Ansturm europäischer Glücksritter konfrontiert. Er sah sich gezwungen, ihnen Konzessionen für Weideland und Schürfrechte einzuräumen, die mit den traditionellen Regeln der Landnutzung unvereinbar waren. 1894 schlossen Buren und Engländer über die Köpfe der Swazi hinweg ein Abkommen, in welchem Swaziland der Burenrepublik Transvaal einverleibt wurde. Bis 1903 blieb Swaziland ein Bestandteil Transvaals. Nach der Besetzung Transvaals durch die Briten als Folge des Burenkrieges übernahmen diese auch die Verwaltung Swazilands. Die Rezeption des römisch-holländischen Rechts, wie es in Transvaal geltung hatte, erfolgte durch den "General Administration Act 11 of 1905" sowie die "General Law and Administration Proclamation 4 of 1907" (vgl. PAIN 1978: 167; NHLAPO 1989: 47).

Mit der "Partitions Proclamation of 1907" wurden die Landabtretungen Mbandzenis bestätigt. Dadurch blieben zwei Drittel des Landes im Eigentum von (zumeist abwesenden) weißen Großgrundbesitzern. Mehrere Versuche, das zu ändern, scheiterten, darunter sogar eine Berufung an den Privy Council in London im Jahre 1922, die nur wegen eines Formfehlers abgewiesen wurde. Obwohl die britische Regierung 1941 einige Grundstücke ankaufte und sie den Swazi übergab, befindet sich heute noch fast die Hälfte des Staatsgebietes von Swaziland im Eigentum südafrikanischer Staatsbürger. Diese Tatsache ist eines der Haupthindernisse für die Entwicklung des Landes. Trotzdem die Besteuerung durch die britische Kolonialverwaltung auch in Swaziland vor allem die jüngeren Männer zur Lohnarbeit zwang (LINDIG 1981: 343), sind die traditionellen politischen Strukturen und Institutionen (Chiefs, Headmen) weitgehend intakt geblieben.

Swaziland gliedert sich in (heute 55) administrative Zonen, die von traditionellen lokalen Räten (sog. "Tinkhundlas") verwaltet werden. Das Amt des Königs unterliegt der traditionellen Erbfolge. Fällt die Erbfolge auf einen Minderjährigen, wird dessen Mutter bis zur Volljährigkeit mit der Wahrnehmung der Königskompetenzen beauftragt. Der König hat nicht nur weitreichende exekutive und legislative Befugnisse, sein Clan, die Dlamini, kontrolliert auch den Großteil der Wirtschaft des Landes. Der König ernennt die Regierung, wobei er das Amt des

Premierministers bislang stets einem Angehörigen des Dlamini-Clans übertrug. König Sobhuza II. hatte es verstanden, die massive Anhäufung politischer und wirtschaftlicher Macht in den Händen seines Dlamini-Clans als Ausdruck unverrückbarer Swazi-Tradition hinzustellen. Die Monarchie in Swaziland erfreute sich denn auch, insbesondere unter der traditionell lebenden Landbevölkerung, einer großen Akzeptanz, und erst seit einigen Jahren mehren sich die kritischen Stimmen (dazu unten). Zwar entstanden in den 60er Jahren politische Parteien, sie blieben aber auf die europäisierte Elite und Teile der neuentstandenen Arbeiterklasse beschränkt und konnten nie die Bedeutung wie etwa in Lesotho erlangen. König Sobhuza II., der dem westlichen politischen System mit prinzipieller Abneigung gegenüberstand, gründete seine eigene royalistische Partei, die "Imbokodvo"-Nationalbewegung, welche bei den Wahlen 1964, 1967 und 1972 jeweils überwältigende Siege davontrug.

1968 wurde Swaziland als letztes britisch verwaltetes Gebiet Afrikas in die Unabhängigkeit entlassen und nahm offiziell den Namen "Ngwane" an. Zunächst erhielt das Land eine Verfassung nach dem Vorbild der Westminster-Konstitution. Auf all jene - in der Regel mit der Monarchie in Zusammenhang stehende - Bereiche der traditionellen Kultur, die nach der Verfassung von 1968 ausdrücklich der Überwachung durch "westliche" Normen entzogen waren, findet das römisch-holländische Recht bis heute keine Anwendung (vgl. NHLAPO 1989: 48).

Der König setzte 1973 jedoch die Verfassung außer Kraft und verbot alle Oppositionsparteien (vgl. ADINKRAH 1991: 227, 238). Vier Jahre später löste er auch das Parlament endgültig auf und proklamierte eine neue, angeblich die traditionelle Wertordnung der Swazi reflektierende Verfassung. Neben den "Tinkhundla" auf Distriktebene wurde auf nationaler Ebene eine Art von Zweikammer-Stammesparlament ("Libandla") mit ausschließlich beratender Funktion geschaffen, das einerseits aus einer Nationalversammlung, andererseits aus einem Senat besteht. Die Abgeordneten der Nationalversammlung wurden bis 1992 nicht direkt, sondern von den (im allgemeinen königstreuen) "Tinkhundla" gewählt, die Senatoren wurden je zur Hälfte von der Nationalversammlung gewählt und direkt vom König ernannten). Die Stellung des Königs ist extrem stark: Er kann jeden Beschluß des Parlaments durch sein Veto zu Fall bringen und Minister nach seinem freien Ermessen einsetzen und abberufen. Außerdem verwaltet er persönlich - und nicht etwa der Staat als juristische Person! - das gesamte, den gewohnheitsrechtlichen Regeln (denen individuelles Eigentum an Grund und Boden fremd ist) unterliegende "Swazi Nation Land" (vgl. ADINKRAH 1991: 226 ff).

Außenpolitisch lehnte sich Swaziland stets eng an die Republik Südafrika an, mit der es auch enge wirtschaftliche Beziehungen unterhält. 1982 starb König Sobhuza II. nach 60-jähriger Regentschaft. Nach Erreichen der Volljährigkeit bestieg sein ältester Sohn 1986 als König Mswati III. den Thron. Er sieht sich vermehrtem Widerstand gegen die absolutistische Macht des Königshauses ausgesetzt. Vor allem ein Teil der städtischen Jugend lehnt sich gegen die Verewigung der bestehenden Machtverhältnisse auf. Als Folge des beträchtlichen Demokratisierungsdrucks kam es 1992 zu einer Verfassungsänderung, worin unter anderem die Direktwahl von 55 der 65 Abgeordneten zur Nationalversammlung vorgesehen war (10 werden weiterhin vom König ernannt). 1993 wurde erstmals nach dem neuen System gewählt. Nach einem Machtkampf zwischen König Mswati III. und dem Gewerkschaftsdachverband im Jänner 1996, der in einem Generalstreik und blutigen Zusammenstößen mit der Polizei mündete, kündigte der König die Ausarbeitung einer neuen Verfassung "auf der Grundlage der Wünsche der Nation" an. Trotzdem kann Swaziland noch als die "einzige traditionelle Monarchie Schwarzafrikas" (SANDERS 1986b: 111) bezeichnet werden.

3.4 VERFAHRENSRECHT

3.4.1 Traditionelle Gerichtsbarkeit und traditionelles Verfahren

Die traditionellen Gewohnheitsrechte der stark stratifizierten Ethnien des südlichen Afrika kennen eine Unterscheidung zwischen Straf- und Zivilrecht, wenngleich diese nicht so ausgeprägt ist wie in den europäischen Rechtsordnungen. Diese Unterscheidung schlägt sich natürlich auch im Prozeßrecht nieder. Den Chiefs oblagen traditionell sowohl die Zivil- als auch die Strafgerichtsbarkeit, doch hat ihnen die Kolonialadministration die Strafrechtskompetenz sehr bald entzogen, sodaß es sich beim traditionellen Straf- und Strafprozessrecht zum Großteil bereits um totes Recht handelt.

Grundsätzlich stehen die materiellen Güter eines Mannes ihm selbst zu, während seine Person dem Chief gehört. Wenn daher die Güter eines Mannes (Vieh, Haus, Felder, unter Umständen auch auch seine Frau) verletzt oder beschädigt werden, so kann er in der Regel selbst privatrechtlich auf Schadenersatz klagen. Die Strafgerichtsbarkeit betrifft dagegen primär Delikte wie Hexerei, Mord, Körperverletzung, Vergewaltigung oder Verleumdung, bei denen stets der Chief, als "Vater" des Stammes, als der eigentlich Geschädigte angesehen wird. Er kann in der Folge eine Strafe verhängen, ohne daß der Geschädigte auch einen Rechtsanspruch auf Schadenersatz hat. Der größte Unterschied zwischen einem traditionellen afrikanischen und einem staatlichen Strafverfahren liegt in der Unschuldsvermutung: Während gemäß staatlichem Recht ein Angeklagter solange als unschuldig zu gelten hat, bis seine Schuld bewiesen ist, ist die Beweislast im traditionellen Recht umgekehrt: Die Schuld des Angeklagten wird angenommen, solange er nicht stichhaltig das Gegenteil beweisen kann. Während im staatlichen Recht primär Zeugenaussagen die Grundlage der richterlichen Entscheidung bilden, wird im traditionellen Verfahren der Beschuldigte selbst einem rigorosen Kreuzverhör unterzogen, wobei die Befrager versuchen, ihm aus jedem noch so kleinen Fehler oder Widerspruch 'einen Strick zu drehen' (vgl. MACLEAN 1906: 39).

Die überwältigende Mehrheit der Strafverfahren endet denn auch mit einer Verurteilung. Adam KUPER führt dies im Falle der von ihm untersuchten Kgalagari in Betchuanaland darauf zurück, daß aufgrund der Kleinräumigkeit der örtlichen Lebensumstände die meisten Leute auch ohne Beweisverfahren genau wissen, was tatsächlich geschehen ist:

> A court which almost always convicts is either - like the court in *Alice in Wonderland* - a travesty, or else it is operating within a face-to-face community, where everyone knows everyone else's affairs (KUPER 1969: 45).

In aller Regel verhängte der Chief eine Vermögensstrafe, deren Höhe durch gewohnheitsrechtliche Normen bestimmt war. Das Verbrechensopfer hatte keinen Anspruch auf diese Entschädigung, aber der Chief konnte - und hat das vermutlich auch sehr oft getan - ihm, beziehungsweise seinen hinterbliebenen Angehörigen, einen Teil der Strafe zukommen lassen (vgl. z.B. SCHAPERA 1955: 46 f, 257 ff). Die Todesstrafe wurde nur in Ausnahmefällen verhängt, zum Beispiel für tätlichen Angriff auf eine Häuptlingsfrau, für Mord unter besonders erschwerenden Umständen und insbesondere für Hexerei. Freiheitsstrafen und körperliche Strafen waren dagegen gänzlich unbekannt. Sollte ein Delinquent nicht über genügend Mittel verfügen, um die Strafe zu bezahlen, so müssen sein Vater oder die nächsten lebenden Angehörigen einspringen. Sollten auch diese nicht dazu imstande sein, so erlaubt das traditionelle Recht einen Zahlungsaufschub, bis sich die Umstände fünf, zehn oder gar zwanzig Jahre später geändert haben (vgl. MACLEAN 1906: 36 f; LABUSCHAGNE/VAN DEN HEEVER 1995: 422 ff).

Die Mehrzahl der Prozesse vor den Gerichten der Chief's war jedoch zivilrechtlicher Natur. Im folgenden wird der typische Verlauf des traditionellen Verfahrens zur Entscheidung eines Zivilrechtsstreites skizziert. Dieses Verfahren, das deutlich auf ausgeprägt kephale Gesellschaften hinweist, war bei allen Ethnien des südlichen Afrika fast ident (vgl. dazu ASHTON 1967: 222 ff, KRIGE 1965: 229 ff, MACLEAN 1906: 39 ff, SCHAPERA 1955: 283 ff, STAYT 1931: 218 ff), gehört jedoch heute teilweise der Vergangenheit an (der Einfachheit halber verwende ich trotzdem die Gegenwart).

Ein Afrikaner, der glaubt, einen berechtigten Anspruch gegen einen anderen zu haben - in der Folge werden diese beiden Personen der Einfachheit halber als

Kläger und Beklagter bezeichnet - begibt sich zu dessen Haus, und zwar in Begleitung all jener Personen (also Zeugen, Berater, Verwandte), die er zur Durchsetzung seines Rechts als notwendig erachtet. Dort angekommen, setzt sich die Gruppe auffällig nieder. Sobald sie von den Bewohnern des 'gegnerischen' Krals gesichtet wird, versammeln sich die dort anwesenden Männer ebenfalls und setzen sich zusammen. Ein Angehöriger der Beklagtengruppe ruft die Frage nach dem Begehr der Fremden. In der Regel wird der Kläger einen Sprecher namhaft machen, der dem Beklagten gegenüber den Anspruch erläutert. Da ein solcher Besuch nicht angekündigt ist, befindet sich der Beklagte in einer ungünstigen Situation, ist er doch möglicherweise nicht darauf vorbereitet, ihre Gegenargumente vorzubringen. Daher kann er sich dadurch aus der Affaire ziehen, daß er der Klägergruppe gegenüber angibt, daß im Augenblick nur "Kinder" im Hause anwesend wären, mit denen eine derart wichtige Diskussion nicht geführt werden könne. Daraufhin muß der Kläger mit seinen Begleitern abziehen, um später zu einem im voraus vereinbarten Zeitpunkt zurückzukehren.

Bis zu diesem Zeitpunkt mobilisiert dann der Beklagte seine Berater, Nachbarn und Zeugen. Am vereinbarten Tag kommt dann der Kläger mit seinem Gefolge zurück und man sitzt in einer Art Familienrat zusammen, wobei sich eine ausführliche Diskussion enspinnt, bei der das Thema von allen möglichen Seiten beleuchtet wird. Diese Diskussion, die oft einen gewissen "Showcharakter" hat, kann sich über mehrere Tage hinziehen. Obwohl dabei kein unabhängiger Richter anwesend ist, ist dieses Gespräch doch von immenser Bedeutung für den Fortgang des Verfahrens. Mißverständnisse können ausgeräumt werden, und jede Partei kann ihre Chancen einschätzen. Erkennt der Kläger, daß er seinen Anspruch nicht genügend untermauern kann und mit seinem Anliegen vermutlich nicht durchkommen wird, so wird er die Sache gar nicht weiter verfolgen. Erkennt der Beklagte, daß er keine oder nur unzureichende Argumente zu seiner Verteidigung ins Treffen führen kann, läßt er sich vielleicht gar nicht auf den Streit ein und anerkennt den Anspruch des Klägers. In diesem Fall muß nur noch die Höhe der zu leistenden Zahlung verhandelt werden, wobei die Zahlung unter Umständen für einige Zeit, im Extremfall sogar einige Jahre, aufgeschoben werden kann (vgl. MACLEAN 1906: 38).

Lenkt der Beklagte bei diesem ersten Gespräch nicht ein, so bleibt dem Kläger nichts anderes übrig, als sich zurückzuziehen und den Rechtsstreit vor den Headman zu bringen. Zu diesem Zwecke begeben sich beide Parteien zum Kral des Headman, vor dem die gesamte Geschichte des Konflikts und der daran beteiligten Parteien aufgerollt wird, was eine ganze Woche dauern kann. Die Rolle dieses Headman ist der eines Schiedsrichters vergleichbar, der die Parteien nicht zwingen kann, vor ihm zu erscheinen und der auch meist keine Zwangsmittel zur Durchsetzung seiner Entscheidung hat. Im einzelnen läuft das Verfahren ungefähr folgendermaßen ab: Die Gruppe des Klägers nähert sich dem Haus des Headman, wobei sie jeder Dorfbewohner nach dem Grund ihres

Besuches fragen kann. Sobald die Berater des Headman auftauchen, wird der Beklagte geholt. Sobald auch dieser mit seinem Gefolge eintrifft, wird das Problem ausführlich diskutiert. Dabei werden in der Regel zunächst die Parteien gehört, danach kann jeder der Anwesenden seine Meinung sagen. Jeder Sprecher gibt ein Einführungsstatement ab, das normalerweise nicht durch Fragen oder Einwände anderer Gesprächsteilnehmer unterbrochen werden darf. Daher schwingen die Teilnehmer an solchen Sitzungen oft lange, weitschweifige Reden und bedienen sich aller nur denkbaren dramaturgischen und rhetorischen Tricks. Eine rechtliche Verpflichtung, sich dabei an die Wahrheit zu halten, besteht nicht. Erst nachdem ein Redner seine Ausführungen beendet hat, dürfen der Headman, seine Berater, sowie die Vertreter der beiden Lager Fragen stellen (vgl. MACLEAN 1906: 43 f).

Die zwei wesentlichsten Charakteristika des traditionellen Verfahrens sind also die Anwesenheit der Parteien sowie die Möglichkeit der freien Rede (vgl. BOZEMAN 1976: 245 f). Durch die freie Rede können Emotionen abgebaut und kann der gesamte soziale Kontext, also die Beziehungen zwischen den Streitparteien weit über den konkreten Streitfall hinaus, zur Sprache gebracht werden. Außerdem können solche Prozesse durchaus auch der Unterhaltung der Anwesenden dienen, wodurch wiederum der soziale Zusammenhalt der Gemeinschaft gestärkt wird, denn schließlich ist es eine (nicht zuletzt ökonomische) Notwendigkeit, daß die Streitparteien auch nach dem Prozeß noch in der Lage sind, zusammenzuarbeiten (z.B. in der Landwirtschaft).

Ein solcher Disput kann sich über mehrere Tage hinziehen, wobei aber nicht immer alle Personen anwesend sein müssen. Sobald der Headman alle Informationen hat, die er zu seiner Entscheidungsfindung benötigt, verkündet er nach Konsultation seiner Berater das Urteil. Dieses basiert auf den Normen des traditionellen Rechts der jeweiligen Gemeinschaft, welches aus der Gesamtheit der Entscheidungen früherer Streitfälle, wie sie im individuellen und kollektiven Gedächtnis der Menschen existieren, besteht. Dabei wurden in der Vergangenheit die Urteile verstorbener Chiefs nicht hinterfragt, da Chiefs als unfehlbar galten. Dies hat sich freilich durch den vermehrten Kulturkontakt mit den Europäern seit dem Beginn dieses Jahrhunderts geändert (vgl. MACLEAN 1906: 35 f), sodaß heute auch in den traditionellen Gerichten eine beträchtliche Unsicherheit bezüglich des Ausganges eines Verfahrens besteht.

Sind die Parteien mit der Entscheidung des Headman einverstanden, so drücken sie ihre Unterwerfung unter diese aus, indem sie Hand oder Fuß des Headman küssen (vgl. MACLEAN 1906: 43). Ist eine der Parteien mit der Entscheidung des Headman unzufrieden, so kann sie die Sache vor den Chief bringen. Dasselbe gilt, wenn der Beklagte zwar die Entscheidung des Headman akzeptiert, jedoch in der Folge die ihm auferlegte Zahlung verweigert.

Der Chief hat, anders als der Headman, in der Regel auch Zwangsmittel zu seiner Verfügung, seine Urteile sind vollstreckbar. Das geschieht, indem der

Chief seine Helfer aussendet, die den Schuldner "pfänden": Sie konfiszieren genau jene Gegenstände aus dem Eigentum des Beklagten (in der Regel Vieh, seltener Getreide), zu deren Zahlung er verurteilt wurde, und bringen sie zum Chief. Anders als nach staatlichem Recht, welches Exekutionsbeschränkungen kennt, ist laut traditionellem Recht das gesamte Eigentum des Schuldners der Pfändung unterworfen (vgl. BEKKER 1989: 16). Der Chief behält einen Teil davon als Gerichtsgebühr für sich, wovon er auch noch seine Helfer bezahlen muß. Den Rest übergibt er dem Kläger. Ist eine der Parteien mit dem Urteil des Chief unzufrieden, so kann sie gegebenenfalls beim Paramount Chief des Stammes Berufung einlegen, der das Urteil des Chief aufheben kann. Das diesbezügliche Verfahren läuft analog jenem vor dem Chief ab.

Falls ausnahmsweise ein Sachverhalt nicht durch Gewohnheitsrecht geregelt ist, also keine Präzedenzfälle bekannt sind, so entscheidet der Headman bzw. Chief nach seinem eigenen Gerechtigkeitsempfinden, wobei die Wiederherstellung der gestörten Sozialbeziehungen im Vordergrund steht. Ein solches Urteil erlangt große Bekanntheit und bleibt den Menschen lange im Gedächtnis. Es wird so zu einem Präzedenzfall für zukünftige, ähnlich gelagerte Fälle (vgl. BEKKER 1989: 30). Ausnahmsweise kann ein Headman bzw. Chief, der sich durch ein rechtliches Problem überfordert fühlt, die Parteien auch direkt an den Chief bzw. Paramount Chief verweisen, ohne zuvor ein eigenes Urteil zu fällen.

3.4.2 Zur Gerichtsorganisation

3.4.2.1 Die duale Gerichtsorganisation Südafrikas bis 1986

Im folgenden soll zunächst die von 1927 bis 1986 in der Republik Südafrika gültige Gerichtsorganisation behandelt werden, weil sie ein Musterbeispiel für eine duale Gerichtsorganisation darstellt:[83] Mit dem Blacks Administration Act 38 of 1927 wurde erstmals eine uniforme Regelung für das gesamte Staatsgebiet der Südafrikanischen Union getroffen, welche eine strikte Trennung zwischen gewohnheitsrechtlichen und staatlichen Gerichten mit jeweils eigenen Instanzenzügen vorsah. Nach Meinung der damaligen Regierung waren spezielle Gerichte notwendig, die mit den Feinheiten des afrikanischen Gewohnheitsrechts vertraut

---

[83] An dieser Stelle erscheint eine terminologische Klärung angebracht, die für das Verständnis der englischsprachigen Fachliteratur von Bedeutung ist: Während in unserem Sprachgebrauch die Organe aller rechtssprechenden Organe als Richter bezeichnet werden, ist der Terminus "Judge" im südlichen Afrika ausschließlich den Richtern des Obersten Gerichtshofes vorbehalten.

waren, aber nicht notwendigerweise auch das staatliche Recht kennen mußten (vgl. u.a. BEKKER 1989: 15 f).

Bevor ich auf die einzelnen Gerichte näher eingehe, möchte ich die duale Gerichtsorganisation zunächst mit einer graphischen Darstellung illustrieren (in Anlehnung an BENNETT 1989: 30; der Rechtszug geht von oben nach unten). Die wichtigsten Sondergerichte für Afrikaner (Commissioner's Courts und Black Appeal Courts) wurden 1986 abgeschafft (dazu unten):

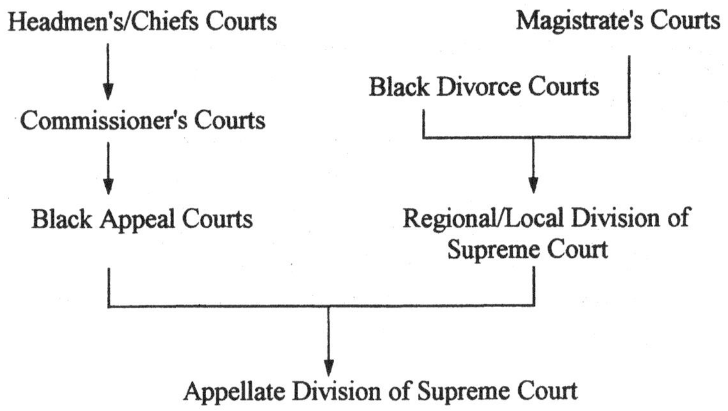

Die Headmen's/Chief's Courts

Die Chief's Courts sind in section 12 des Blacks Administration Act 38 of 1927 geregelt. Sie bildeten die erste Instanz für geringfügige Rechtsstreitigkeiten zwischen Schwarzen, sofern sich die Parteien nicht darauf einigten, die Angelegenheit vor den Commissioner's Court zu bringen. Allerdings war (und ist bis heute) die richterliche Tätigkeit jedes Headman oder Chief an eine staatliche Konzession gebunden: Der zuständige Minister (d.h. der Minister für konstitutionelle Entwicklung und Planung) kann einen vom Staatspräsidenten anerkannten Chief oder Headman dazu ermächtigen, gewohnheitsrechtliche Ansprüche aus einheimischem Gewohnheitsrecht zu entscheiden, die von Schwarzen gegen Schwarze geltend gemacht werden, wenn der Beklagte in seinem örtlichen Zuständigkeitsbereich wohnhaft ist.[84] Die Chiefs dürfen nur das traditionelle

[84] Probleme ergeben sich daraus, daß das Gesetz keine Definition des Begriffes "resident" gibt. Daher taucht in der Praxis (Stichwort: Wanderarbeit!) eine Fülle von Fragen auf, wie permanent der Aufenthalt des Beklagten sein muß (BEKKER 1989: 15).

Gewohnheitsrecht, nicht aber das Common Law anwenden (vgl. BENNETT 1985: 27). Ausgenommen von der Entscheidungsbefugnis der Chiefs bzw. Headmen sind nur Fragen, die mit der Nichtigerklärung oder Scheidung einer Zivilehe zu tun haben (Act 38 of 1927, section 12(1)). Dafür sind nämlich eigene Gerichte ("Black Divorce Courts", dazu unten) zuständig. Neben der zivilrechtlichen Zuständigkeit wurde den Chiefs/Headmen auch die strafrechtliche Kompetenz für gewohnheitsrechtliche Delikte, aber auch für geringfügige Common Law-Delikte (z.B. Sachbeschädigung) verliehen (vgl. DU PLESSIS/KOK 1990: 160; OLMESDAHL 1987: 298). Sie dürfen dabei nur Vermögens-, keine Freiheitsstrafen verhängen. Die Chiefs bzw. Headmen halten sich weitgehend an das bereits in Kap. 3.4.1. beschriebene traditionelle Verfahren.

Die Commissioner's Courts

Die mit staatlichen Beamten besetzten Commissioner's Courts wurden vom südafrikanischen Justizminister eingerichtet, um zivile Streitsachen zwischen Schwarzen abzuhandeln. Generell kann gesagt werden, daß die Commissioner's Courts dann zuständig waren, wenn der Beklagte im Gebiet des Gerichts wohnhaft oder beschäftigt war oder wenn die Parteien schriftlich zugestimmt hatten, die Angelegenheit vor den Commissioner's Court zu bringen. Commissioner's Courts konnten traditionelles Gewohnheitsrecht anwenden, wenngleich mit der Einschränkung, daß dieses nicht im Widerspruch zu "public policy or natural justice" stehen durfte (MELLET/SCOTT 1982: 147). Commissioner's Courts konnten als Gerichte erster Instanz tätig werden, aber auch Berufungen gegen Entscheidungen der Chief's Courts hören. Da die Chiefs und Headmen nicht verpflichtet waren und sind, schriftliche Aufzeichnungen über den Prozeßverlauf zu führen, mußte vor dem Commissioner's Court der gesamte Prozeß, einschließlich der Prüfung aller Beweismittel, wie z.B. Zeugenaussagen, wiederholt werden.

Zusätzlich zu ihrer zivilrechtlichen Zuständigkeit wurden den Commissioner's Courts auch die strafrechtliche Zuständigkeit für Gesetzesübertretungen der speziell für Schwarze geschaffenen Gesetze übertragen, insbesondere waren sie für die strafrechtliche Durchsetzung der berüchtigten "Pass Laws" und anderer, der Einschränkung des Zuzugs von Schwarzen in die industriellen Ballungsräume dienenden Apartheidgesetze verantwortlich. Viele Afrikaner sahen sie deshalb als Instrument der Unterdrückung an und brachten ihnen wenig Vertrauen entgegen (vgl. BENNETT 1989: 29 f).

Die Black Appeals Courts

Berufungen gegen Urteile der Commissioner's Courts gingen an eigene Appeals Courts, die mobil waren und in ihrem jeweiligen Zuständigkeitsbereich örtliche Gerichtstage abhielten (vgl. BENNETT 1989: 29 f).

Die Black Divorce Courts

Ein weiteres Sondergericht für Afrikaner sind bis heute die Black Divorce Courts. Sie sind zuständig für die Entscheidung über Nichtigerklärung und Scheidung von Zivilehen zwischen Schwarzen und allen damit direkt verbundenen Fragen wie Sorgerecht über die Kinder, Unterhaltspflichten und vermögensrechtliche Fragen. Die Frage, was mit einem für eine Zivilehe geleisteten Brautpreis ("Bohali", "Lobolo") geschehen soll, ist jedoch nicht vom staatlichen Divorce Court, sondern vom Headman bzw. Chief zu entscheiden, da es sich um eine Frage des afrikanischen Gewohnheitsrechts handelt (vgl. BEKKER 1989: 16; OLMESDAHL 1987: 294). Gegen Urteile eines Divorce Court ist die Berufung an die Provincial Division bzw. die Local Division des Supreme Court (dazu unten) möglich.

Obwohl die mit der Ausarbeitung einer neuen Gerichtsorganisation betraute Hoexter-Kommission bereits 1984 die Auflösung der Divorce Courts gefordert hat, wurden sie (anders als die Commissioner's Courts und Appeal Courts) nicht abgeschafft. Nach dem Ende der Apartheid ist jedoch in absehbarer Zeit mit der Auflösung dieses Relikts der getrennten Gerichtsbarkeit für Schwarze und Weiße und der Einrichtung eigener "Family Courts" zu rechnen.

Die Magistrate's Courts

Die Magistrate's Courts gehen auf Einrichtungen in Holland und Batavia[85] zurück, und 1682 wurde mit dem "Landdros"[86] ein lokales Rechtssprechungsorgan geschaffen, das die Voortrecker auf ihren Wanderungen beibehielten und aus dem die heutigen Magistrate's Courts hervorgingen (vgl. MELLET/SCOTT 1982: 149). Das gesamte Staatsgebiet ist in Distrikte aufgeteilt, denen jeweils ein "Magistrate" vorsteht. Er ist der höchste staatliche Repräsentant in seinem Distrikt und hat sowohl Aufgaben der Verwaltung als auch der Rechtssprechung wahrzunehmen. Der Magistrate ist erstinstanzliches Gericht für Zivil- und

---

[85] Kolonialname für Jakarta (auf der heute zu Indonesien gehörenden Insel Java).

[86] Seit 1957 waren die Termini "Landdros" und "Magistrate" offiziell als Synonyme anerkannt.

Strafrechtsfälle innerhalb seines Zuständigkeitsbereiches. Dabei wendete er bis 1986 ausschließlich Common Law an (vgl. BENNETT 1985: 27). Wo ein Commissioner's Court eingerichtet war, hatte der Magistrate keine Zuständigkeit für zivilrechtliche Streitigkeiten zwischen Schwarzen.

Der Supreme Court

Nach der Vereinigung der Burenrepubliken Oranje und Transvaal und der britischen Kolonien Natal und Kap der guten Hoffnung zur Südafrikanischen Union im Jahre 1910 wurden die existierenden vier Obersten Gerichtshöfe zu "Provincial Divisions of the Supreme Court", die teilweise wieder in "Local Divisions" unterteilt wurden. Dort werden z.B. bedeutende Zivilrechtsstreitigkeiten abgehandelt oder wird über schwere Verbrechen geurteilt, zum Teil in erster Instanz, zum Teil als Berufungsinstanz. An der Spitze des Supreme Court steht die sogenannte "Appellate Division" mit dem Sitz in Bloemfontein. Dieses aus 14 Richtern bestehende Berufungsgericht war (nach der Abschaffung des Rechtszuges an den Privy Council im Jahre 1950) das höchste Gericht des Landes, teilt diese Stellung jedoch seit der Übergangsverfassung 1993 mit dem neugeschaffenen Verfassungsgerichtshof. Entscheidungen der Appellate Division sind für alle untergeordneten Gerichte verbindlich.

Der Supreme Court wendet so gut wie immer staatliches Recht an. Lediglich unter genau festgelegten Voraussetzungen (dazu ausführlich vgl. BEKKER 1989: 38 f; BENNETT 1989: 27 ff) kann er auch nach traditionellem afrikanischem Recht urteilen. Im allgemeinen hat der Supreme Court bislang sehr wenig Bereitschaft gezeigt, Rechtsstreitigkeiten zwischen Afrikanern nach deren Gewohnheitsrecht zu entscheiden, offenbar weil er der Meinung war, daß solche Prozesse besser vor anderen Gerichten abgehandelt werden sollten (vgl. BEKKER 1989: 38). Ob der Supreme Court diese Linie beibehalten wird, bleibt abzuwarten.

Informelle "Volksgerichte"

In den Schwarzensiedlungen rund um die großstädtischen Ballungszentren mit ihren ethnischen Gemengelagen und starken sozialen Spannungen hat die explodierende Kriminalität in Verbindung mit dem dortigen Nichtfunktionieren der Chiefs Courts und dem begründeten Mißtrauen vieler Afrikaner gegen die Commissioner's Courts dazu geführt, daß sich in den 80er Jahren spontan neue Formen der Gerichtsbarkeit entwickelten. Diese sogenannten "Volksgerichte" können verschiedenste Formen annehmen. Da gibt es Repräsentanten der einzelnen ethnischen Gruppen, die von ihren Chiefs ernannt wurden, um im städtischen Milieu traditionelles Gewohnheitsrecht anzuwenden. Da gibt es Selbstorganisationen der (meist ethnisch gegliederten) Wohnviertel zur örtlichen Aufrechterhaltung von Recht und Ordnung. Da gibt es aber (vor allem in SOWETO) auch Vigilante-Gruppen und Gangs, die zum Teil grausame Strafen für selbstdefinierte "Verbrechen" verhängen, wie etwa das berüchtigte "Necklacing", bei dem einem "Verurteilten" ein mit Benzin gefüllter Autoreifen um den Hals gehängt und angezündet wird (OLMESDAHL 1987: 299 ff). Oft spielen Frauen und unverheiratete Männer (die ja traditionell als Minderjährige gelten) eine wichtige Rolle in diesen "Volksgerichten" (vgl. SANDERS 1987: 409). SANDERS (1994: 74 f) weist darauf hin, daß die moderne südafrikanische Rechtsanthropologie in jüngster Zeit ihr Interesse für die inoffiziellen Streitbeilegungsmechanismen in den krisengeschütelten Townships entdeckt hat.

3.4.2.2 Die gegenwärtige Gerichtsorganisation in Südafrika

Mitte der 80er Jahre erfolgte eine tiefgreifende Neuorganisation der Gerichtsbarkeit in Südafrika: Zunächst wurden ab 1984 die sogenannten "Small Claims Courts" eingeführt, dann kam es 1986 zur Abschaffung der Commissioner's Courts und der Black Appeal Courts. Später kamen noch die Bestimmungen der neuen Verfassung hinzu, die insbesondere die Einrichtung eines Verfassungsgerichtshofes vorsieht.

Die Small Claims Courts

Die Absicht, die hinter den 1984 erstmals eingerichteten[87] Small Claims Courts stand, war es, den Streitparteien - insbesondere den armen und wenig gebildeten Angehörigen des städtischen schwarzen Proletariats - rasch und unbürokratisch zu einer Entscheidung in Bagatelleangelegenheiten zu verhelfen. Die "Small Claims Courts" sind staatliche Gerichte, die nur für Fälle mit geringem Streitwert (heute bis maximal 3.000 Rand) zuständig sind. Die anfallenden Gerichtsgebühren sind gering, die rechtlichen Formalitäten werden auf ein Minimum beschränkt, die Beiziehung eines Rechtsanwaltes ist nicht erlaubt und es gibt keine Berufungsmöglichkeit (BENNETT 1989: 31). Das Gericht besitzt die generelle Befugnis, traditionelles afrikanisches Gewohnheitsrecht anzuwenden. Als Richter fungiert ein Jurist, der seine Dienste unentgeltlich zur Verfügung stellt. Soll traditionelles Recht als Entscheidungsgrundlage dienen, muß es zuerst bewiesen werden, was vermutlich in der Tatsache begründet liegt, daß man von den Richtern im allgemeinen nicht erwarten kann, daß sie mit den traditionellen

[87] Small Claims Courts Act 61 of 1984.

afrikanischen Rechtsordnungen ausreichend vertraut sind. BEKKER (1989: 40) meint, diese Bestimmung sei insoferne unbefriedigend und bedenklich, weil die Streitparteien keine Rechtsanwälte beiziehen dürfen, die ihnen beim Beweis einer gewohnheitsrechtlichen Norm helfen könnten.

Die Small Claims Courts waren so erfolgreich, daß sie in Südafrika mittlerweile fast landesweit (bis Februar 1996 in 198 von 269 Distrikten, vgl. SOUTH AFRICAN COMMUNICATION SERVICE 1996: 262) eingerichtet und sogar von anderen Staaten des südlichen Afrika übernommen wurden.

Die Reform von 1986

Durch den Special Courts for Blacks Abolition Act 34 of 1986 wurde auf Empfehlung der Hoexter-Kommission[88] eine weitgehend einheitliche Gerichtsorganisation geschaffen. Lediglich die Chief's und Headmen's Courts blieben - trotz manch kritischer Stimmen - in ihrer bisherigen Form bestehen. Die Commissioner's Courts und die Appeal Courts wurden dagegen abgeschafft und damit einer jahrelangen Forderung vieler Praktiker und Wissenschaftler Rechnung getragen. Die Hauptkritikpunkte an diesen separaten Gerichten für Schwarze waren stets die hohen Gerichtsgebühren gewesen, der Mangel and adäquat im afrikanischen Gewohnheitsrecht ausgebildeten Commissioners, sowie die Tatsache, daß das Verfahren zu kompliziert war und stark jenem vor den Magistrate's Courts ähnelte (CASSIM 1981: 134).

Dadurch wurde auch eine Änderung der Aufgabe der Magistrate's Courts erforderlich: Sie fungieren nunmehr nicht nur wie früher als erstinstanzliches Gericht für alle Common Law-Rechtsfälle, sondern auch als Berufungsgericht gegen Urteile der Chiefs bzw. Headmen. Da die Chiefs und Headmen nach wie vor nicht verpflichtet sind, schriftliche Aufzeichnungen über den Prozeßverlauf zu führen, muß der Magistrate's Court - ebenso wie früher der Commissioner's Court - den gesamten Prozeß, einschließlich der Prüfung aller Beweismittel, wiederholen.

Die Konsequenz der Reform ist, daß Afrikaner heute - mit Ausnahme der erstinstanzlichen Chief's und Headmen's Courts sowie der Black Divorce Courts - vor denselben Gerichten prozessieren wie Weiße (vgl. DU PLESSIS/KOK 1990: 160). Das Ende der Apartheid brachte noch weitere Neuerungen in der Gerichtsorganisation. So wurden mit dem Magistrate's Act 90 of 1993 alle "Magistrates" aus dem öffentlichen Dienst ausgegliedert - eine Maßnahme, die das Ziel verfolgte, die Unabhängigkeit der Gerichtsbarkeit zu stärken. Den gleichen Status wie der Supreme Court wird der in der neuen südafrikanischen Verfassung

[88] SA Government Commission of Enquiry into the Structure and Functioning of the Courts, Fifth Report, 1984, paras 4.6 ff.

vorgesehene Land Claims Court haben, der sich ausschließlich mit Forderungen auf Rückgabe von Land, welches nach 1913 als Folge der diskriminierenden Landgesetzgebung enteignet worden war (vgl. SOUTH AFRICAN COMMUNICATION SERVICE 1996: 261).

Die heutige Gerichtsorganisation Südafrikas läßt sich graphisch wie folgt darstellen (Entwurf des Verfassers):

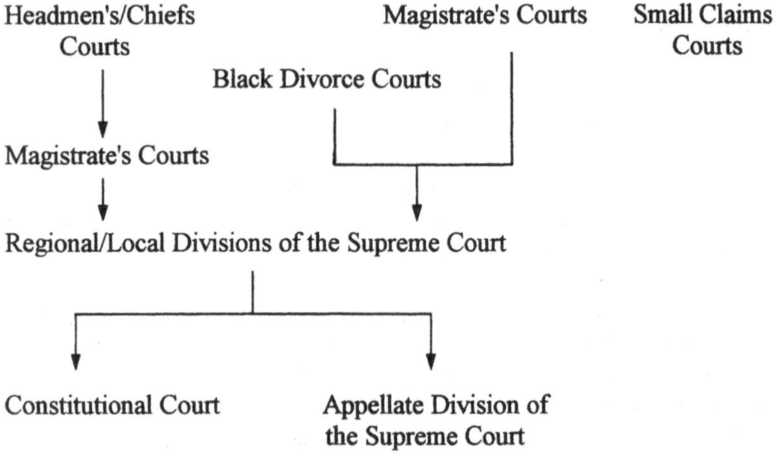

3.4.2.3 Die Gerichtsorganisation in den ehemaligen britischen Protektoraten

Botswana hat an einem weitgehend dualen System der Gerichte festgehalten. Es existiert ein eigener Instanzenzug der traditionellen Gerichtsbarkeit (vgl. SANDERS 1986a: 147 ff). Die gesamte Hierarchie der "Customary Courts", in denen über 75% aller Zivil- und Strafverfahren abgehandelt werden, ist jedoch den staatlichen Gerichten untergeordnet, das heißt, selbst gegen Urteile des Paramount Chief ist die Berufung an den (staatlichen) High Court und in weiterer Folge unter Umständen sogar noch an das Oberstgericht, den Appeal Court, möglich:

> Decisions made at the highest level within the customary system are subject to review by an array of officials with varying degrees of authority within the common law system. These include personnel such as District Commissioners, Magistrates and High Court Judges all of whom are set above those in the customary system (GRIFFITHS 1989: 76).

Außerdem unterliegen die traditionellen Gerichte der Aufsicht eines Traditional Court Commissioners, der Urteile nicht nur revidieren, sondern auch "im Interesse der Gerechtigkeit" einen Fall von einem traditionellen Gericht an ein anderes, oder sogar an einen staatlichen Magistrate's Court übertragen kann (vgl. Botswana Customary Courts Act 1969).

Der Traditional Courts Commissioner hat seinen Sitz in Gaborone, er überwacht die Provincial Commissioners, welche die District Commissioners kontrollieren. Diese wiederum kontrollieren die Gerichtsinspektoren, welche monatliche Berichte über die Qualität der Urteile, die von den traditionellen Gerichten kommen, verfassen.

> Ein Assistent des Staatskommissars, der im Local Government Ministry sitzt, überprüft die Entscheidungen der traditionellen Gerichte des gesamten Landes. Es gibt über 375 traditionelle Gerichte mit mehr als 1.300 Angestellten (Laienrichter, Gerichtspersonal, wie Boten und Schreibkräfte). Er bekommt nur dann die Möglichkeit, traditionelles Recht zu prüfen und abzuändern, wenn sich eine der Parteien bei ihm beschwert. Wenn die Angelegenheit mehr als nur Routine ist, erbittet er Rat vom höchsten Regierungsanwalt, dem in Großbritannien ausgebildeten Attorney General, der das letzte Wort hat (JONES 1996: 362).

Das Verfahren vor den staatlichen Magistrate's Courts ist schon aus sprachlichen Gründen - es ist nur die englische Sprache zugelassen - für die effektive Beilegung von Streitigkeiten zwischen Afrikanern völlig ungeeignet. MOLOKOMME (1994: 297 ff) zitiert Protokolle von Gerichtsverfahren, die in geradezu erschütternder Weise vor Augen führen, wie wenig dieses Verfahren den Bedürfnissen der traditionell lebenden Menschen gerecht wird. So fragt der Richter in dem beschriebenen Fall die Klägerin, die den Vater ihres unehelichen Kindes auf Unterhaltszahlung geklagt hat, ständig nach Kalenderdaten und Uhrzeiten. Da die Frau, die weder lesen noch schreiben kann und auch keine Uhr besitzt, auf diese Fragen keine befriedigende Antwort geben kann, wird ihre Klage schließlich abgewiesen.

Auch Swaziland und Lesotho haben bis heute eine duale Gerichtsorganisation in weitgehend reiner Form beibehalten (vgl. dazu u.a. SANDERS 1986b: 121; NHLAPO 1989: 47 ff; MAMASHELA 1989: 61; PALMER/POULTER 1972: 443 ff). In allen drei Staaten kann der Gesetzgeber den traditionellen Gerichten in bestimmten Fällen die Anwendung staatlicher Gesetze übertragen und umgekehrt staatlichen Gerichten auftragen, bestimmte Streitigkeiten nach Gewohnheitsrecht zu beurteilen. Außerdem sind bestimmte Angelegenheiten der gewohnheitsrechtlichen Gerichtsbarkeit überhaupt entzogen. Der Instanzenzug ist unverhältnismäßig lange. Er sieht im Extremfall sechs (!) Instanzen (exklusive Privy Council) vor. Als Beispiel seien Strafrechtsangelegenheiten in Swaziland genannt. Nach drei gewohnheitsrechtlichen Instanzen (Swazi National Courts, Swazi Courts of Appeal, Higher Swazi Court of Appeal) folgen drei staatliche Instanzen (Judicial Commissioner's Court, High Court, Appeal Court). Obwohl dieser lange Instanzenzug selten voll ausgenutzt wird, nimmt er dem Gewohnheitsrecht die Möglichkeit, Konflikte rasch und unbürokratisch beizulegen.[89]

Daher werden überall in zunehmendem Maße Stimmen laut, welche die duale durch eine einheitliche Gerichtsorganisation ersetzen wollen (vgl. SANDERS 1986a: 148; SANDERS 1986b: 127 f).

3.4.3 Die Bedeutung der traditionellen Gerichtsbarkeit in der Gegenwart

Heute gibt es in Südafrika durch staatlichen Eingriff zwei Kategorien von Chiefs und Headmen. Solche, denen der zuständige Minister gemäß Section 12(1) des Blacks Administration Act 38 of 1927 die Befugnis zur Rechtsprechung in ihrem Gebiet übertragen hat und solche, bei denen das nicht der Fall ist. Die Verleihung der Rechtsprechungsbefugnis bzw. ihre Verweigerung stellt m.E. einen nicht zu rechtfertigenden Eingriff in die traditionellen afrikanischen Strukturen dar. Auch in den anderen Staaten des südlichen Afrika bedürfen Chiefs und Headmen in der einen oder anderen Form einer staatlichen Anerkennung, um ihre Gerichtsbarkeit ausüben zu dürfen. Als 1938 das System der staatlichen Konzession in Lesotho (aufgrund sich häufender Beschwerden gegen Häuptlingsgerichte) erstmals eingeführt wurde,[90] erhielten nur etwa die Hälfte der rund 2.700 Basotho-Chiefs und Headmen die Jurisdiktionsbefugnis, und nach mehreren Reformen hatte sich ihre Zahl bis 1975 auf ganze 48 (!) reduziert. Auch hat man diesen Basotho-Gerichten der unteren Ebene (jetzt als Local Courts bzw. Central Courts bezeichnet) die Befugnis zur Einhebung von Gerichtsgebühren entzogen und schließlich sogar eigene Gerichtspräsidenten anstatt der Chiefs ernannt (vgl. POULTER 1976: 42).

---

[89] Ein gewisses Korrektiv bildet die faktische Möglichkeit, sich mit so gut wie jedem Anliegen, egal ob es vor einem staatlichen oder einem traditionellen Gericht abgehandelt wurde, an den Swazi-König zu wenden, von dem die meisten eine gerechte Entscheidung erhoffen (vgl. ADINKRAH 1991: 227 ff).

[90] Native Courts Proclamation of 1938.

Urteile von autorisierten Chiefs bzw. Headmen sind in der Republik Südafrika innerhalb von zwei Monaten beim Magistrate's Court bei sonstiger Nichtigkeit zu registrieren. Gegen das Urteil eines autorisierten Chiefs oder Headman ist die Berufung an den zuständigen Magistrate's Court möglich, welcher dann ebenfalls afrikanisches Gewohnheitsrecht anzuwenden hat. Sämtliche traditionellen Gerichte wenden das traditionelle Prozeßrecht an, haben jedoch heute auch bestimmte staatliche Verfahrens- und Formvorschriften zu beachten.

Jene Chiefs und Headmen, die keine Jurisdiktionsbefugnis erhalten haben, sind heute lediglich eine inoffizielle Streitbeilegungsinstanz ohne jegliche staatlich delegierte Autorität, sie besitzen somit formell nur mehr beratende bzw. vermittelnde Funktion. Trotzdem haben auch diese Chiefs und Headmen noch großen Einfluß auf die Mitglieder ihrer Gruppe. In der Mehrzahl der auftauchenden Streitfälle wenden sich nämlich die Parteien (nach der erfolglosen Einberufung eines Familienrates) zunächst an den Chief oder Headman, ungeachtet seiner mangelnden Jurisdiktionsbefugnis. Diese Vorgangsweise hat ihre Wurzeln im oben beschriebenen vorkolonialen Gewohnheitsrecht und in der starken moralischen Autorität, welche viele Chiefs und Headmen nach wie vor genießen. Ein Chief oder Headman ohne Ermächtigung zur Jurisdiktion kann seine Entscheidung freilich nicht durchsetzen, jede der Parteien kann seinen Schiedsspruch nach Belieben akzeptieren oder ablehnen. Ist eine Partei nicht zufrieden, so muß sie sich an das zuständige staatliche Gericht, also in der Regel den Magistrate's Court, wenden. Die Entscheidung eines nicht autorisierten Chiefs oder Headman wird von staatlichen Gerichten ähnlich wie eine Naturalobligation behandelt, das heißt, es werden ihr nur sehr beschränkte rechtliche Wirkungen zuerkannt: Wenn ein Beklagter das Urteil akzeptiert und seine Schuld beglichen hat, so kann er das Geleistete nicht zurückfordern, andererseits kann der Kläger seine Forderung nicht nochmal bei einem staatlichen Gericht einklagen (vgl. BEKKER 1989: 27).

3.5 EHE- UND FAMILIENRECHT

Das europäische Rechtsverständnis von Ehe wurde durch den Einfluß des römischen und des kanonischen Rechts geformt, und auch das staatliche Eherecht im südlichen Afrika basiert auf diesen Quellen. Da die römische Familienstruktur starke Ähnlichkeiten mit der traditionellen afrikanischen Familie aufwies - zur sozialen Struktur der Gesellschaften des südlichen Afrika vgl. Kap. 3.2. -, bezogen sich die Vorbehalte der frühen weißen Siedler vor allem auf jene Charakteristika des traditionellen Eherechts, die sich von der römischen Tradition deutlich unterschieden. Das waren insbesondere die Möglichkeit der Polygamie und die Praxis des Brautpreiszahlung, welche für die Weißen in diametralem

Gegensatz zum ihnen vertrauten Phänomen der Mitgift[91] stand (vgl. OLMESDAHL 1987: 293). Die Weißen sahen in der afrikanischen Tradition ein "licensed system of unbridled lust" (SIMONS 1968: 15) und betrachteten die Abschaffung des Brautpreises als unabdingbar, um den christlichen Moralvorstellungen zum Durchbruch zu verhelfen. So berichteten Missionare vor einer 1872 eingerichteten Kommission der Regierung der Kapkolonie über die Bräuche der Basotho:

> Cattle marriages mean polygamy, they mean systematic sensualism and immorality. Take them away, and the whole fabric is often broken in pieces, the native heathen customs become meaningless, polygamy becomes impossible, woman is emancipated, virtue truth and honour cease to be empty names. ... If we wish to reconstitute the family in the Christian mode ... there must be no compromise with this embodyment of evil, this traffic in souls, this chain of bondage ... (zitiert in POULTER 1976: 65).

Aufgrund der genannten und einiger anderer, weiter unten erläuterter, Unterschiede zwischen den staatlichen und den traditionellen Rechtssystemen ist es von erheblicher Bedeutung, nach welchem Recht eine Ehe (samt allen möglicherweise daraus resultierenden Probleme) beurteilt wird. Diese Frage ist heute so aktuell wie eh und je: Schon sehr früh machten Kolonialverwaltungen bzw. Missionare das Rechtsinstitut der Zivilehe bzw. der christlichen Ehe auch der autochthonen Bevölkerung zugänglich, weil sie diese als Mittel zu deren "Zivilisierung" betrachteten. Heute heiratet schon die Mehrheit der Afrikaner zumindest auch nach staatlichem oder - und das besonders häufig - nach christlichem Ritus, was eine Fülle rechtlicher und faktischer Probleme aufwirft.

Vor allem erhebt sich die Frage, ob bzw. in welchem Ausmaß die Form der Eheschließung die Rechte und Pflichten der Ehepartner gegenüber einander, gegenüber ihren Kindern und gegenüber ihren Familien bestimmen soll. Die Antwort der weißen Politiker und Juristen war lange Zeit einfach: Die staatlichen Rechtsordnungen gingen in der Regel davon aus, daß die Ehepartner mit der Wahl einer staatlichen bzw. christlichen Form der Eheschließung konkludent ihre Absicht kundgetan hätten, alle Rechtsfolgen ihrer Ehe ausschließlich dem staatlichem Recht zu unterwerfen. Diese Auslegung bedeutet etwa, daß, sobald ein Mann nach kirchlichem Ritus heiratet, sein Vermögen automatisch nach der Erbfolge des staatlichen und nicht jener des traditionellen Rechts vererbt wird (vgl. dazu auch Kap.3.6.3.). Die Annahme einer konkludenten Willensäußerung ist jedoch insbesondere im Fall der Eheschließung nach christlichem Ritus völlig

[91] Die Mitgift, auch Heiratsgut genannt, ist ein Vermögen, das dem Manne von der Frau oder von einem Dritten (für die Frau) zur Erleichterung des Eheaufwandes überlassen wird (KOZIOL/WELSER 1979: 181).

unbegründet, da die meisten Afrikaner diese Form der Eheschließung primär aus religiöser Tradition eingehen und sich über die damit verbundenen Rechtsfolgen überhaupt nicht im klaren sind. Mit der Zeit hat sich die Rechtsprechung fast überall zu der Ansicht durchgerungen, daß die Auswahl einer bestimmten Form der Eheschließung nicht automatisch die Entscheidung für das damit verbundene Rechtssystem bedeutet (vgl. BENNETT 1985: 139). Damit sind aber in jedem Einzelfall höchst komplizierte Kompetenzkonflikte zwischen den beiden Rechtssystemen zu entscheiden. Andererseits darf aber auch nicht übersehen werden, daß es gerade im Bereich des Ehe- und Familienrechts auch zu einem Ineinandergreifen von staatlichen und traditionellen Rechtsnormen kommt.

3.5.1 Die Voraussetzungen der Eheschliessung

Um eine gültige Ehe eingehen zu können, ist zunächst ein gewisses Mindestalter erforderlich. Das staatliche (bzw. das kanonische) Recht legt eine Altersuntergrenze fest, welche die Beteiligten überschritten haben müssen, um rechtswirksam heiraten zu können (in Südafrika zum Beispiel beträgt diese Altersgrenze derzeit 18 Jahre für Männer und 15 Jahre für Frauen). Im traditionellen Recht gibt es kein fixes Mindestalter, es herrscht aber in der Literatur Übereinstimmung darüber, daß eine Heirat nicht vor der Geschlechtsreife, also erst nach der Initiation, erfolgen kann (vgl. z.B. SCHAPERA 1955: 127; BERGER 1981: 105).

Im staatlichen Recht ist die entscheidende Voraussetzung für die Eheschließung die freiwillige Zustimmung beider Ehepartner. Zum gültigen Abschluß einer gewohnheitsrechtlichen Ehe (im Falle des Mannes zumindest bei der ersten Eheschließung) bedarf es in der Regel folgender konstitutiver Elemente (vgl. ADEI 1981: 41):

a) einer Einigung der Brautleute
b) der Zustimmung ihrer Familienoberhäupter
c) der Übergabe des Brautpreises oder zumindest eines Teiles davon und
d) der Übergabe der Braut an den Mann bzw. dessen Familie.

ad a) Diese ist heute unabdingbar. In einigen Gruppen war die Zustimmung der Braut noch vor einigen Jahrzehnten nicht unbedingt erforderlich, z.B. bei den Sotho-Tswana (vgl. SCHAPERA 1955: 128 f).

ad b) In der gewohnheitsrechtlichen Ehe überwiegt der kollektive gegenüber dem individuellen Aspekt: Die afrikanische Ehe wird viel mehr als eine Verbindung zwischen zwei Verwandtschaftsgruppen denn als Vertrag zweier Individuen betrachtet. So muß der Vater des Bräutigams mit dem Vater der Braut in

Verbindung treten und die Einzelheiten der Eheschließung, insbesondere den Brautpreis, aushandeln. Obgleich der Einfluß der Familie bei der Eheschließung in Schwarzafrika ungleich größer ist als im europäischen Bereich, tritt m.E. in der heutigen Zeit der individuelle Aspekt auch dort immer stärker in den Vordergrund.

ad c) Die gewohnheitsrechtliche Ehe verpflichtet die Familie des Mannes zur Zahlung des Brautpreises an die Familie der Frau. Dieser Brautpreis wird im südlichen Afrika insbesondere als "Lobolo" (Xhosa, Zulu), "Bohali" (Sotho) oder "Bogadi" (Tswana), aber auch als "Ikhazi" (Xhosa) "Ndzovolo" (Tsonga), "Thakha" (Venda) bezeichnet. Er besteht traditionell aus Vieh. Durch den Brautpreis soll die Familie der Frau für den Verlust ihrer Arbeits- und Reproduktivkraft entschädigt werden. Weiters soll eine starke Bindung zwischen den beiden Familien hergestellt und ein stabilisierender Faktor in die Ehe hineingetragen werden.[92] Die Einigung über den Brautpreis ist eine unabdingbare Voraussetzung für jede gewohnheitsrechtliche Ehe. Die Höhe des Brautpreises variiert von Ethnie zu Ethnie und hängt natürlich vom sozialen Status der Frau ab. Oft ist der geforderte Brautpreis so hoch, daß ihn die Familie des Mannes nur unter großen Opfern aufbringen kann. Daher sind Streitigkeiten über den Brautpreis, insbesondere im Falle der Scheidung der Ehe, sehr häufig. Bei einigen Ethnien wird nur ein Teil des Brautpreis bei der Hochzeit entrichtet. Der genaue Zeitpunkt der Übergabe des Restes ist dann unterschiedlich geregelt: Bei den Xhosa etwa ist die Zahlung des Brautpreises überhaupt nicht zeitlich determiniert, d.h. wenn sich die wirtschaftlichen Verhältnisse der jungen Familie verbessern, kann der Brautvater von Zeit zu Zeit weitere Brautpreiszahlungen von seinem Schwiegersohn fordern (vgl. DU PLESSIS/KOK 1990: 163).

Von weißen Juristen ist das Rechtsinstitut des Brautpreises oft mißverstanden worden, z.B. als Brautkauf (vgl. dazu RADCLIFFE-BROWN 1950: 46 f; DU PLESSIS/KOK 1990: 163). In der Frühphase der Kolonialzeit haben staatliche Gerichte häufig unter Berufung auf den "Repugnance Clause" (dazu in Kap. 2.9.1.2.) festgestellt, daß die Vereinbarung eines Brautpreises rechtlich nicht gültig wäre. Erst mit dem Blacks Administration Act 38 of 1927, section 11(1)[93] wurde in der Republik Südafrika endlich erstmals festgelegt, daß kein Gericht die

[92] Zur wissenschaftlichen Erklärung des Phänomens des Brautpreises gibt es verschiedene Theorien, auf die an dieser Stelle nicht näher eingegangen werden kann. Zu Transaktions-, Integrations-, Stabilisierungs- und Kompensationshypothese vgl. BERGER 1981: 194 ff.

[93] Diese Bestimmung galt lediglich für das Verfahren vor den Commissioner's Courts und trat mit deren Abschaffung durch den Special Courts for Blacks Abolition Act 34 of 1986 außer Kraft. Sie wurde jedoch in andere Gesetze übernommen, nämlich den Magistrates' Courts Act 32 of 1944, section 54A(1) sowie den Law of Evidence Amendment Act 45 of 1988, section 1(1).

Anwendung des traditionellen Eherechts mit der Begründung ablehnen darf, die Entrichtung eines Brautpreises widerspräche den Prinzipien von "public policy and natural justice" (vgl. BEKKER 1989: 41 f; BENNETT 1989: 33).

Seit einiger Zeit unterliegt das Rechtsinstitut des Brautpreises einem Transformationsprozeß: Immer öfter erfolgt die Zahlung nicht in Vieh, sondern in Geld (rechtlich ist es in Lesotho sogar zulässig, einen ursprünglich in Rindern vereinbarten Brautpreis vor Gericht in Geld einzufordern; zu den dabei auftretenden Schwierigkeiten der monetären Bewertung vgl. POULTER 1976: 146 ff). Immer öfter beruht die Zahlung nicht mehr auf einer Vereinbarung zwischen den Familien der Brautleute, weil der zukünftige Ehemann ökonomisch so unabhängig ist, daß er den Brautpreis selbst aufbringen kann (vgl. BENNETT 1989: 37). Das traditionelle Gewohnheitsrechts der Zulu erfuhr in Natal und KwaZulu durch die dortigen Kodifikationen (Natal Code und KwaZulu Code of Zulu Law) tiefgreifende Veränderungen. Dort wird die Entrichtung des Brautpreises nicht mehr als unabdingbare Voraussetzung für den gültigen Abschluß einer gewohnheitsrechtlichen Ehe genannt.[94]

ad d) Die Übergabe der Braut erfolgt meist im Rahmen einer Heiratszeremonie. Die Details variieren jedoch bei den einzelnen Ethnien des südlichen Afrika (dazu unten in Kap. 3.5.2.)

3.5.2 Formerfordernisse der Heirat

In den meisten europäischen Staaten bedarf es zu einer gültigen Eheschließung eines Formalaktes vor einem staatlich oder kirchlich autorisierten Organ (Standesbeamter, Priester). Ähnlich ist die Regelung in den Staaten des südlichen Afrika, wo eine Common-Law-Ehe nach Zivilrecht ("Civil Rites") vor einem staatlichen "Marriage Officer" oder eine christliche Ehe nach kirchlichem Ritus ("Christian Rites") vor einem Priester geschlossen werden muß. Die beim Abschluß von Zivilehen zu beachtenden Formalitäten sind in den jeweiligen nationalen Gesetzen ("Marriage Acts")[95] festgelegt. Daneben haben sich rechtlich nicht verbindliche Bräuche herausgebildet (z.B. das Tauschen von Ringen).

---

94 Section 38(1) des Code of Zulu Law.

95 z.B.: South African Marriage Act 25 of 1961 in Verbindung mit den Bestimmungen des Blacks Administration Act 38 of 1927; Lesotho Marriage Act 10 of 1974; Swaziland Marriage Act 47 of 1964; Botswana Marriage Act 15 of 1980 (welcher sich weitgehend an die südafrikanische Rechtslage anlehnt); Transkei Marriage Act 21 of 1978 (welcher dem Vorbild des revolutionierenden Tanzania Law of Marriage Act 1971 nachgebildet war).

Zum Abschluß einer traditionellen Ehe bedarf es dagegen nicht der Intervention eines von außen kommenden Organs, sondern lediglich der Zustimmung beider Partner und ihrer Familien sowie der zumindest teilweisen Bezahlung des Brautpreises. Die Zeremonie, mit der die Familien die Ehe besiegeln, wird von den Gerichten heute nicht als konstitutives Element der Ehe angesehen (vgl. BEKKER 1989: 95).[96] Die von der Kodifikation des Zulu-Rechts geforderte Anwesenheit von Amtszeugen stellt eine koloniale Abänderung des traditionellen Rechts dar (dazu unten).

Die erwähnte Heiratszeremonie läuft bei jeder Ethnie etwas anders ab: Meist begibt sich die Familie der Braut zum Familiensitz des Mannes, wo der Vater der Braut nach der Übergabe des Brautpreises einen Ochsen schlachtet. Danach beginnen die Festlichkeiten, die zumeist drei, im Falle der Verheiratung eines Chiefs sogar bis zu zehn Tage andauern. Am Ende der Feierlichkeiten läßt die Familie der Braut diese in ihrem neuen Heim zurück, wo die Brautleute in eine eigens für sie errichtete Hütte einziehen (vgl. BEKKER 1989: 113). Natürlich variiert die Heiratszeremonie bei den einzelnen Ethnien. Bei vielen Sotho-Tswana-Gruppen findet die Feier bei der Familie der Braut statt. Zuvor treiben die jungen Männer aus der Familie des Bräutigams die als Brautpreis vereinbarten Rinder in den Kraal der Familie der Braut, was die dortigen Frauen zunächst zu verhindern versuchen (vgl. RADCLIFFE-BROWN 1950: 50). Die frischgebackene Ehefrau verläßt die Feier im Regelfall nicht mit der Familie ihres Mannes, sondern zieht erst später nach. Sobald sie dann endgültig bei der Familie des Mannes eintrifft, wird erneut zeremoniell ein Rind geschlachtet (vgl. POULTER 1976: 118 ff).

Bei einigen Untergruppen der Tswana, aber auch der Süd-Sotho ist vor der permanenten patrilokalen eine vorübergehende uxorilokale Residenz üblich (vgl. MURDOCK 1981: 106), was bedeutet, daß der Bräutigam vor der Bezahlung des Brautpreises in einer Lebensgemeinschaft mit der Braut bei ihrer Familie wohnt, und zwar normalerweise bis zur Geburt des ersten Kindes. Erst danach wird - meist auf Betreiben der Familie des Mannes - der Brautpreis in einer Zeremonie übergeben. Bis dahin gilt die Ehe als unvollständig, und die Kinder gehören noch immer zur Familie der Frau (vgl. SCHAPERA 1955: 134 ff). OLMESDAHL (1987: 292) und BENNETT (1985: 137; 1989: 37) weisen in diesem Zusammenhang darauf hin, daß die afrikanische Heirat sehr oft als Prozeß gesehen wird, in dem die Frau erst nach der Geburt ihres ersten Kindes voll in die Familie des Mannes aufgenommen wird. Die daraus resultierende "Unsicherheit" ist für europäisch geschulte Juristen allerdings nur schwer verständlich.

[96] Manche Anthropologen haben versucht, das Zustandekommen der Ehe an einen bestimmten Akt der Zeremonie zu knüpfen, sind dabei jedoch zu keinen kohärenten Ergebnissen gekommen. Deshalb soll auf diese Frage hier nicht eingegangen werden.

In der Regel wird zur Heiratszeremonie der jeweilige Headman oder der Chief eingeladen, der dann für gewöhnlich zumindest einen Vertreter schickt. Er kann danach eine Heiratsurkunde ausstellen, was die spätere Beweisbarkeit der Eheschließung auch im Ausland - wichtig für Wanderarbeiter in Südafrika! - erleichtert. Das kodifizierte Recht der Zulu geht noch wesentlich weiter: Demnach ist die Anwesenheit eines vom Chief oder Headman ernannten Amtszeugen bei der Feierlichkeit sogar Voraussetzung für eine gültige Eheschließung. Dieser muß unter anderem die Braut befragen, ob sie der Heirat aus freiem Willen zustimmt, und innerhalb eines Monats hat er gemeinsam mit allen Beteiligten im Büro der Lokalverwaltung zu erscheinen, um die Ehe registrieren zu lassen (vgl. Sections 1(1), 40, 41, 43, 44, 45, 65(3) des Code of Zulu Law).

3.5.3 Die Auswahl der Ehepartner

Während früher von den Familien arrangierte Heiraten die Regel waren, wählt ein Afrikaner heute seine Ehefrau häufig selbst aus. Insbesondere in Bezug auf seine erste Frau wird er jedoch gut beraten sein, die Zustimmung seines Vaters einzuholen, der ja in der Regel den Brautpreis zur Verfügung stellen muß. Die einzelnen Ethnien des südlichen Afrika kennen verschiedene Regeln bezüglich der Bevorzugung oder des Ausschlusses bestimmter Ehepartner. Zu nahe Verwandtschaft ist stets ein Ehehindernis (POULTER 1976: 74). Manche Gruppen (z.B. Tswana, Sotho, Venda) betrachten eine matrilaterale Kreuzkousinenheirat als erstrebenswert, das heißt die bevorzugte Ehefrau ist die Tochter des Mutterbruders (vgl. LINDIG 1981: 275, 342, 373), während andere Gruppen (z.B. Swazi) eine solche Heirat nicht forcieren oder sogar (wie etwa die Tsonga) verbieten. Die Thembu, Xhosa, Zulu und Pondo sind clanexogam (BEKKER 1989: 123 f). Alle Ethnien erlauben die Heirat eines Mannes mit der Schwester seiner Frau auch zu deren Lebzeiten (vgl. ASHTON 1967: 19; BEKKER 1989: 125). Oft galten für Häuptlingsehen besondere Bestimmungen (vgl. z.B. BERGER 1981: 94 f).

Nach staatlichem Recht gibt es natürlich keine bevorzugten Ehepartner. Ein zu enger Verwandtschaftsgrad ist jedoch ein Ehehindernis: Die Ehe zwischen zwei Personen, von denen einer nur einen Grad von einem gemeinsamen Vorfahren entfernt ist, ist verboten, es darf also z.B. eine Nichte nicht ihren Onkel heiraten (DU PLESSIS/KOK 1990: 75). In der Republik Südafrika waren in der Apartheid-Ära zudem Mischehen zwischen Weißen und "Nichtweißen" verboten. Dieses Verbot ist mit der Aufhebung des "Prohibition of Mixed Marriages Act" im Jahre 1985 gefallen (OLMESDAHL 1987: 306, Fußn. 195), doch ist nach meinen Beobachtungen auch danach die soziale Akzeptanz solcher Verbindungen gering geblieben.

3.5.4 Die Rechtswirkungen der Heirat

Betrachtet man die rechtlichen Konsequenzen der beiden Arten der Eheschließung näher, so stellt sich heraus, daß eine ganze Reihe von Fragen in den afrikanischen Gewohnheitsrechten und im römisch-holländischen Recht sehr ähnlich geregelt sind oder zumindest bis zu den rezenten gesetzlichen Neuerungen (z.B. der südafrikanische Matrimonial Property Act 88 of 1984) waren. Dies ist darauf zurückzuführen, daß gerade im Bereich des staatlichen Ehe- und Familienrechts der Einfluß des römischen Rechtes mit seinen ausgeprägt patriarchalischen Strukturen noch besonders deutlich erkennbar ist (bzw. bis vor kurzem war). Andererseits bestehen doch in einigen Bereichen deutliche Unterschiede zwischen den beiden Rechtssystemen. Ein weitverbreitetes Problem ist, daß sich die Ehepartner (oder zumindest einer von ihnen) nicht über die Rechtsfolgen der Eheschließung nach traditionellem Recht einerseits und nach staatlichem bzw. kirchlichem Ritus andererseits im klaren sind, was insbesondere im Falle der Scheidung oder des Todes eines der Partner zu unliebsamen Überraschungen führen kann. Deshalb geht die Tendenz in Gesetzgebung und Rechtsprechung dahin, kein automatisches Junktim zwischen der Art der Heirat und dem anwendbaren Recht mehr herzustellen (vgl. dazu Kap. 3.5.).

Die Rechte von Mann und Frau sind in den einzelnen Gewohnheitsrechten mit geringfügigen Variationen folgendermaßen geregelt:

- Die Frau schuldet dem Mann Respekt und Gehorsam, sie hat ihre häuslichen Pflichten wahrzunehmen und das ihrem Haus zugeteilte Land zu bearbeiten;
- der Mann muß Frau(en) und Kinder erhalten, das heißt, ihnen Unterkunft, Nahrung und Kleidung zur Verfügung stellen;
- der Ehemann ist verpflichtet, seine Frauen rücksichtsvoll zu behandeln. Er darf nicht eine Frau gegenüber den anderen bevorzugen;
- sollte die Frau ihre Pflichten verletzen, so steht dem Mann ein Züchtigungsrecht gegenüber der Frau zu (vgl. ASHTON 1967: 85; MACLEAN 1906: 121), allerdings nur, wenn er den Brautpreis bezahlt hat (vgl. MOLOKOMME 1986: 122);
- der Mann verwaltet das gemeinsame eheliche Vermögen, die Frau hat dabei bestenfalls ein informelles Mitspracherecht;
- nur der Mann kann Verträge abschließen und Ansprüche vor Gericht bringen;
- der Mann kann in gewissen Fällen für unerlaubte Handlungen der Frau haftbar gemacht werden (vgl. auch ADEI 1981: 41).

Die Rechtswirkungen der Heirat lassen sich grob in personenrechtliche und vermögensrechtliche Konsequenzen unterteilen. Diese werden im folgenden näher erläutert.

3.5.4.1 Personenrechtliche Konsequenzen

Durch die gewohnheitsrechtliche Heirat kommt es zu einer Veränderung im Status beider Partner: Der Bräutigam erlangt seine Volljährigkeit, die Braut wechselt ihre Verwandtschaftsgruppe. Neue soziale Beziehungen entstehen, und zwar nicht nur zwischen den Eheleuten, sondern auch zwischen deren Familien. Die afrikanische Eheschließung bewirkt also eine "Neuordnung der sozialen Struktur" (RADCLIFFE-BROWN 1950: 43). Was die Rolle der Geschlechter betrifft, so verlangt das traditionelle Gewohnheitsrecht eine Unterwerfung der Frau unter die häusliche Gewalt des Mannes. In der Praxis wurde die untergeordnete und unsichere Stellung der Frau freilich durch verschiedene Regeln (wie etwa das Levirat) gemildert, die aber bei den Kodifikationen des Gewohnheitsrechts (insbesondere im Natal Code of Zulu Law) weitgehend unberücksichtigt geblieben sind.

Eine gewohnheitsrechtliche Ehefrau wird wie eine Minderjährige behandelt, insbesondere darf sie nicht alleine vor einem (traditionellen) Gericht auftreten. Um Ansprüche gerichtlich geltend zu machen, braucht sie ihren Mann oder in dessen Abwesenheit seinen nächsten männlichen Verwandten. Nur wenn sie die Scheidung begehrt, genügt die Klage durch das Oberhaupt ihrer eigenen Familie. In allen anderen Fällen muß sie in Südafrika (außer in Natal und Kwa Zulu) bei Gericht um Beistellung eines Kurators (Curator ad litem) ansuchen (vgl. Blacks Administration Act 38 of 1927, section 11(3)), in Natal und Kwa Zulu wurde das Gewohnheitsrecht der Zulu durch die Kodifikationen dahingehend abgeändert, daß eine Frau auch ohne Kurator gegen ihren Mann klagen kann. Eine ähnliche Regelung galt in der Transkei (vgl. Transkei Marriage Act 21 of 1978, section 47).

In der Praxis bedeutet die traditionelle Regelung, daß die Frau sich gegen eine schlechte Behandlung durch den Ehemann kaum wehren kann. Sie kann sich nur an die Familie ihres Mannes oder an ihre eigene wenden, was jedoch ein gutes Verhältnis zu diesen Verwandten voraussetzt. Wenn Unstimmigkeiten zwischen der Frau und ihren Verwandten oder denen ihres Mannes bestehen, werden ihre Erfolgsaussichten in der Praxis gering sein (vgl. MAMASHELA 1986: 129). Außerdem schwindet im Zuge der Modernisierung aller Lebensbereiche der Einfluß der erweiterten Familie, insbesondere natürlich im städtischen Milieu.

3.5.4.2 Vermögensrechtliche Konsequenzen

Staatliche Normen

Nach reinem Common Law herrscht in einer Ehe Gütergemeinschaft, wenn diese nicht durch einen Ehepakt - das ist ein vorehelicher Vertrag - ausgeschlossen wurde und die Frau unterliegt der ehelichen Gewalt ("Marital Power") des Mannes. Dies bedeutet, daß der Mann das gemeinsame Vermögen nach seinem Gutdünken verwaltet und die Frau (mit kleinen Ausnahmen, wie etwa dem Ankauf von Haushaltsgegenständen) weder selbst Verträge schließen, noch vor Gericht gehen kann. Im Falle der Trennung steht der Frau die Hälfte des gemeinsamen Ehevermögens zu. Diese Common Law-Regelungen galten in allen Staaten des südlichen Afrika, konnten jedoch durch einen zwischen den Ehepartnern abgeschlossenen Vertrag abbedungen werden (vgl. DU PLESSIS/KOK 1990: 76; MAMASHELA 1989: 66).

Nun wurde es vor allem in begüterten Kreisen bald zur Regel, das Common Law durch Abschluß einen solchen Ehepaktes vertraglich dahingehend abzuändern, daß die Ehe weder der Gütergemeinschaft noch der ehelichen Gewalt unterliegen sollte. Eine so vereinbarte Gütertrennung bewirkte, daß jeder Ehepartner Eigentümer der von ihm in die Ehe eingebrachten Sachen und Werte blieb. Im Falle der Scheidung bekam jeder Partner auch jenen Teil des Vermögenszuwachses während der aufrechten Ehe, der von ihm erwirtschaftet wurde. Da der Mann in der Regel berufstätig ist und über ein Einkommen verfügt, bekam er zusätzlich zu dem von ihm in die Ehe mitgebrachten Vermögen praktisch den gesamten Zugewinn, während die im Haushalt tätige Partnerin leer ausging (vgl. u.a. MAMASHELA 1986: 131). Die theoretische Lösung dieses auch in den europäischen Staaten auftretenden Problems bildet die rechtliche Konstruktion der sogenannten "Zugewinngemeinschaft" (Community of Surplus): Diese bewirkt, daß jedem Ehepartner im Falle der Scheidung neben dem von ihm in die Ehe eingebrachten Vermögen auch die Hälfte des Vermögenszuwachs zusteht.

Eine radikale Änderung der Rechtslage in der Republik Südafrika brachte schließlich der Matrimonial Property Act 88 of 1984. Damit wurden einige der zentralen eherechtlichen Bestimmungen des Common Law (Gütergemeinschaft, eheliche Gewalt) für ab November 1984 geschlossene Ehen zugunsten einer weitgehenden Gleichberechtigung der Geschlechter außer Kraft gesetzt. Die eheliche Gewalt wurde überhaupt abgeschafft, die Beschränkung der Geschäftsfähigkeit der Ehefrau aufgehoben. Besondere Veräußerungen (z.B. von Grund und Boden) bedurften ab diesem Zeitpunkt der Zustimmung beider Ehepartner (vgl. DU PLESSIS/KOK 1990: 76 f). Wo durch Ehepakt eine Ehe in Gütertrennung vereinbart wurde, gilt nach dem Matrimonial Property Act 88 of 1984 (sofern das nicht im Ehepakt ausdrücklich ausgeschlossen wurde) automatisch die Zugewinngemeinschaft. In jedem Falle hat jeder Ehepartner die Pflicht, entsprechend seinen/ihren finanziellen Möglichkeiten den anderen Partner und die Kinder zu erhalten.

Alle bisher behandelten Regelungen galten bis 1988 in Südafrika nicht für Afrikaner, denn für diese gab es Sonderregelungen im Artikel 22 des Blacks Administration Act 38 of 1927, demzufolge grundsätzlich in Zivilehen zwischen Schwarzen Gütertrennung (und nicht wie bei Weißen Gütergemeinschaft) herrschte. Die eheliche Gewalt des Mannes über die Frau wurde dagegen anerkannt.[97] Auch die Reformen des Matrimonial Property Act 88 of 1984 fanden bis 1988 auf Ehen zwischen Schwarzen keine Anwendung. Eine tiefgreifende Reform dieser Ungleichbehandlung brachte schließlich der Marriage and Matrimonial Property Amendment Act 3 of 1988, der die im Blacks Administration Act 38 of 1927 enthaltenen Sonderbestimmungen für Schwarze aufhob und Zivilehen zwischen Schwarzen die gleichen Rechtswirkungen wie jenen zwischen Weißen einräumte. Das bedeutet zum Beispiel, daß seither (sofern kein anderslautender Ehepakt vorliegt) alle Zivilehen der Gütergemeinschaft unterliegen (vgl. DU PLESSIS/KOK 1990: 162).

Traditionelle Normen

Ein Familienoberhaupt nach dem Gewohnheitsrecht kann auf folgende Art und Weise Eigentum erwerben:

a) durch eigene Arbeit
b) durch die Arbeit seiner Frau(en) und seiner Kinder
c) durch Entschädigungen für Verführung seiner Tochter
d) durch den Brautpreis, den er für seine Tochter erhält
e) durch Entschädigungen für Ehebruch seiner Frau
f) durch die Erträge von Land, das ihm gehört
g) durch Erbschaft.

In jenen Ethnien, in denen jede Ehefrau ein eigenes Haus gründet, gehört das aus den unter b), c) und d) genannten Gründen erworbene Vermögen dem betreffenden Haus, alles andere wird Familieneigentum, das vom Mann allein verwaltet wird.[98]

Die Stellung der Frau in einer traditionellen Ehe ist die einer Minderjährigen unter der Vormundschaft ihres Mannes. Das eheliche Vermögen wird vom Mann

---

[97] Blacks Administration Act 38 of 1927, section 22(6).

[98] Eine Ausnahme bilden nur die Venda, wo auch gemäß lit. c) und d) erworbene Güter als Familieneigentum angesehen werden.

verwaltet, der jedoch nach traditionellem Recht stets nur nach Absprache mit der Ehefrau darüber verfügen soll (vgl. MAMASHELA 1986: 129). Dabei ist zu berücksichtigen, daß der europäische Brauch der Mitgift[99] den Afrikanern fremd ist. Das bedeutet, daß eine gewohnheitsrechtliche Ehefrau normalerweise kaum Vermögen in die Ehe mitbringt[100] - im Gegenteil: Der Ehemann bzw. seine Familie müssen einen hohen Brautpreis an die Familie der Braut bezahlen. Bei den meisten Ethnien (sämtliche Nguni, Sotho, Pedi) kann die Frau (mit geringfügigen Ausnahmen) kein Eigentum erwerben. Allerdings wurde das traditionelle Recht der Zulu durch die Kodifikationen des Code of Zulu Law für Natal und KwaZulu dahingehend abgeändert, daß sie nunmehr sowohl bewegliches als auch unbewegliches Eigentum erwerben kann (Code of Zulu Law, section 13). Bei den Tswana und Venda hingegen konnte die Frau schon immer Eigentum erwerben an jenem Vermögen, das von ihrer Seite in die Ehe eingebracht wurde oder das sie während der Ehe durch eigene Arbeit, Handel oder Tausch erworben hat (vgl. SCHAPERA 1955: 153). Wenn der Mann mehrere Frauen hat, von denen jede einen eigenes "Haus" begründet,[101] so gibt es verschiedene Arten von Eigentum: Jenes, das der Familie als Gesamtheit gehört, und jenes, das einem Haus zugeordnet ist (vgl. dazu Kap. 3.5.4.3.).

3.5.4.3 Arten und Bedeutung der Polygynie

Die traditionellen Gewohnheitsrechte im südlichen Afrika lassen im Gegensatz zu den staatlichen Rechten Polygamie in Form der Polygynie zu. Das Ansehen eines Mannes hängt traditionell von der Anzahl seiner Frauen ab. Rein rechtlich ist die Anzahl der Ehefrauen meist nicht begrenzt, sie hängt vielmehr davon ab, ob der Mann es sich leisten kann, den Brautpreis zu bezahlen und für die Frauen zu sorgen. Eine Frau hat wenig mitzureden bei der Entscheidung ihres Mannes, eine oder gar mehrere weitere Frau zu ehelichen, und ein wenig begüterter Mann kann dadurch, daß er zu viele Frauen heiratet, seine ganze Familie in wirtschaftliche Schwierigkeiten bringen (vgl. MOLOKOMME 1986: 121). Das polygyne Ehesystem führte seit jeher häufig zu Spannungen zwischen den verschiedenen

---

[99] Vgl. Fußn. 91.

[100] Es ist jedoch üblich, daß ein Vater seiner Tochter anläßlich der Eheschließung eine Heiratssaustattung mitgibt, die normalerweise aus Schmuck, Kleidung und Haushaltsutensilien besteht. Allerdings besteht darauf kein Rechtsanspruch. Die Heiratssaustattung gehört dem Mann, er muß sie jedoch bei Auflösung der Ehe aus seinem Verschulden an die Familie der Frau zurückstellen. Bei Auflösung der Ehe aus Verschulden der Frau darf er sie dagegen behalten (BEKKER 1989: 147).

[101] Das ist die Regel. Nur bei jenem Teil der Tsonga, der nicht von den Zulu akkulturiert wurde, begründet nicht jede Frau einen eigenes Haus.

Ehefrauen eines Mannes. Eifersüchteleien waren gelegentlich die Ursache für heftige Fehden innerhalb der Familie, die sich vor allem bei Stammesoberhäuptern verhängnisvoll auswirkten. Die Spannung nahm oftmals von der auffallenden Bevorzugung einer Nebenfrau durch den Chief ihren Ausgang (vgl. BERGER 1981: 242). Andere Quellen berichten aber auch, daß es den Frauen sehr willkommen war, wenn der Mann noch weitere Ehefrauen besaß, weil dann die Hausarbeiten auf mehrere Frauen verteilt werden konnten (vgl. VALLENTIN 1902: 177).

Heute entspricht die Polygynie speziell im städtischen Bereich nicht mehr den sozialen und ökomomischen Notwendigkeiten und nimmt stetig ab (vgl. ANDREWS 1994: 267; POULTER 1976: 69 ff). Untersuchungen beweisen, daß etwa in Südafrika im Durschnitt nicht viel mehr als 10% der Ehen polygyn sind (vgl. OLMESDAHL 1987: 294), für Botswana schätzte man schon in den 1950er Jahren den Anteil der Männer mit mehr als einer Ehefrau auf maximal 5%, die Anzahl der Männer mit drei oder mehr Frauen war überhaupt verschwindend gering (vgl. SCHAPERA 1955: 14). Dagegen wird heutzutage, bedingt durch die weitverbreitete Wanderarbeit, oft eine neue "Abart" der Polygynie praktiziert, bei der ein Mann eine Frau in seinem Heimatdorf und eine andere Frau an seinem Arbeitsplatz in der Stadt hat (vgl. WATNEY 1992: 381).

Grundsätzlich sind zwei Arten der Polygynie zu unterscheiden, welche in der wissenschaftlichen Literatur als das einfache System und das komplexes System bezeichnet werden (vgl. BEKKER 1989: 126 ff). Im einfachen System der Polygynie hat der Mann nur eine Hauptfrau, und das ist jene, die er als erste heiratet. Alle nachfolgenden Frauen sind dieser untergeordnet. Dem Familienoberhaupt obliegt die Verwaltung des gesamten Vermögens. Nach seinem Tod erbt der älteste Sohn seiner Hauptfrau, die Söhne der anderen Frauen haben keinen Erbanspruch. Dieses System wird im südlichen Afrika nur von jenem Teil der Tsonga, die ihre ursprünglichen Rechtsvorstellungen beibehalten haben (also nicht von den Zulu akkulturiert wurden), praktiziert (vgl. BEKKER 1989: 126).

Die polygynen Ehen in den anderen Ethnien des südlichen Afrika folgen hingegen dem komplexen System der Polygamie, in welcher jede Ehefrau ein eigenes "Haus" bildet. Unter "Haus" versteht man die Summe aller Rechtspositionen einer Ehefrau und ihrer Nachkommen. Eine weithin anerkannte Definition lautet:

> House means the family and property rights and status, which commence with, attach to and arise out of the customary union of any woman or the marriage of any woman (RAMOLEFE 1969: 203).

Eine beinahe gleichlautende Definition findet sich auch in Artikel 35 des südafrikanischen Blacks Administration Act 38 of 1927. Die Einteilung in Häuser hat, wie noch zu zeigen sein wird, Auswirkungen auf vermögensrechtliche und erbrechtliche Belange. Alle Häuser zusammen bilden die Familie. Im allgemeinen gibt es eine strikte Rangordnung innerhalb der einzelnen Häuser. Den höchsten Rang nimmt die Hauptfrau ("Great Wife") ein, und das ist bei vielen Ethnien automatisch jene Frau, die der Mann als erstes geheiratet hat. In einigen Ethnien (insbesondere bei den Sotho-Tswana, aber auch bei den Venda und Pedi) dürfte traditionell zumindest bei Ehen von Chiefs die nach dem präferentiellen Heiratssystem dieser Ethnien bevorzugte Frau (dazu in Kap. 3.5.3.) - unabhängig vom Zeitpunkt der Heirat - zur Hauptfrau gemacht worden sein (vgl. BERGER 1981: 236; BEKKER 1989: 278). Lediglich im ursprünglichen Gewohnheitsrecht der Zulu scheint es dem Mann möglich gewesen zu sein, den Status seiner Frauen frei festzulegen, allerdings mit der Einschränkung, daß er den einmal festgelegten Status einer Frau nicht nachträglich zum schlechteren ändern konnte (vgl. KRIGE 1965: 39 ff). Bei den Kap-Nguni hat das Familienoberhaupt traditionell zwei oder sogar drei Hauptfrauen (die höchstrangige ist die sogenannte "Great Wife", dann folgen - nach der Position ihrer Hütte bezeichnet - die Frau der Rechten Hand (Right Hand Wife) und allenfalls eine Frau der Linken Hand (Left Hand Wife). Alle weiteren Frauen werden einem dieser Häuser nachgeordnet, was vor allem für das Erbrecht von Bedeutung ist, weil Kinder aus diesen "Stützhäusern" fehlende Kinder in Haupthäusern ersetzen (vgl. RAUM 1980: 204).

Aus der Existenz verschiedener Häuser folgt, daß ein Familienoberhaupt über zwei verschiedene Arten von Eigentum verfügt: Einerseits "Familieneigentum" (in der Literatur auch "General Estate" oder "Kraaleigentum" genannt), das keinem Haus zugeordnet ist und andererseits "Hauseigentum", das einem der Häuser gehört. Auch hier gibt es bei den einzelnen Ethnien unterschiedliche Regelungen: Während das Familieneigentum bei den Sotho-Tswana und bei den Zulu individuelles Eigentum des Familienoberhauptes bleibt, wird es bei den Kap-Nguni automatisch dem Großen Haus zugerechnet (vgl. BEKKER 1989: 134f).

Das Hauseigentum besteht aus den Gütern, die vom Familienoberhaupt einem Haus zugeordnet wurden, aus dem Brautpreis für die Töchter eines Hauses und den allenfalls (z.B. für deren Verführung) erhaltenen Entschädigungen sowie dem, was die Frau beziehungsweise ihre minderjährigen Kinder erwirtschaften (vgl. ASHTON 1967: 179 f; SCHAPERA 1955: 218, 232).

Eines der fundamentalen Prinzipien der traditionellen afrikanischen Gewohnheitsrechte ist es, daß ein Familienoberhaupt das Vermögen der einzelnen Häuser seiner Familie strikt zu trennen hat, also nicht Vermögen von einem Haus zu einem anderen umschichten darf.[102] Wenn eine solche Vermögensverschiebung ausnahmsweise unvermeidlich ist, so entsteht eine schuldrechtliche Verpflichtung zwischen den beiden Häusern zur Rückzahlung. Eine Situation, die einen Vermögenstransfers rechtfertigt, wäre etwa gegeben, wenn das Familienober-

[102] Bei manchen Ethnien schlägt sich dieser Grundsatz in der Redewendung "Die Häuser fressen einander nicht auf" nieder (vgl. MURDOCK 1959: 388).

haupt eine weitere Frau heiraten will und den Brautpreises für sie aufbringen muß (vgl. KRIGE 1965: 179).[103] Dadurch entsteht eine Schuld des Hauses der neuen Ehefrau gegenüber jenem Haus, aus dessen Vermögen der Brautpreis bezahlt wurde. Sehr oft wird diese Schuld aus dem Brautpreis für die älteste Tochter des Schuldnerhauses beglichen (vgl. BEKKER 1989: 138). Ähnlich stellt sich die Situation dar, wenn das Familienoberhaupt den Sohn eines Hauses mit dem Brautpreis ausstattet und die Mittel dafür dem Vermögen eines anderen Hauses entnimmt. Auch ist jedes Familienoberhaupt verpflichtet, einem neuen Haus die Mittel zur Selbsterhaltung zur Verfügung zu stellen, und wenn nicht genug Familienvermögen dafür vorhanden ist, kann er diese zunächst aus dem Vermögen eines anderen Hauses nehmen. Wann immer ein Familienoberhaupt Vermögen von einem Haus auf ein anderes übertragen will, soll er jedenfalls zuvor die Frauen (beider Häuser) und deren älteste Söhne konsultieren (vgl. BEKKER 1989: 140).

3.5.4.4 Die Rechtsstellung der Kinder

Staatliche Normen

Anders als im römischen Recht, in dem Sklaven rechtlich noch als Dinge angesehen wurden, gelten in den heutigen staatlichen Rechtsordnungen alle menschlichen Lebewesen als Personen und sind damit grundsätzlich befähigt, Träger von Rechten und Pflichten zu sein. Allerdings wird zu ihrem eigenen Schutz nicht alle Personen gleichermaßen die volle Geschäfts-, Delikts- und Prozeßfähigkeit zuerkannt.[104] Die wichtigste dieser besonders geschützten Personenkategorien bilden Kinder und Minderjährige. An dieser Stelle seien als typisches Beispiel die Regelungen in der Republik Südafrika skizziert. Als Minderjährige gelten dort Personen, die das 21. Lebensjahr noch nicht vollendet haben. Ihre Geschäfts- und Deliktsfähigkeit ist begrenzt (und zwar abgestuft nach Altersgruppen - bis 7 Jahre, 7-14 Jahre, über 14 Jahre -, doch kann an dieser Stelle nicht auf Einzelheiten eingegangen werden). Wesentlich ist, daß Minderjährige, um gültig Verträge abschließen oder vor Gericht auftreten zu können,

---

[103] Dies wird allerdings der Ausnahmefall sein, denn für gewöhnlich wird der Brautpreis aus dem Familieneigentum berappt.

[104] Unter Geschäftsfähigkeit versteht man die Fähigkeit, im eigenen Namen Rechtsgeschäfte abzuschließen. Deliktsfähigkeit bedeutet, selbst für eigene Verfehlungen belangt werden können. Prozeßfähigkeit wiederum ist die Fähigkeit, vor Gericht zu klagen und geklagt zu werden.

eines Vormundes[105] bedürfen. Vormund ist in der Regel der Vater, nach dem Tode des Vaters die Mutter. Für Waisen muß das Gericht einen Vormund bestellen. Die Minderjährigkeit endet, wenn die Person das 21. Lebensjahr vollendet hat (und zwar unabhängig von ihrem Geschlecht!), ausnahmsweise durch Eheschließung, welche (mit Zustimmung des Vormundes) für Mädchen ab dem 15., für Burschen ab dem 18. Lebensjahr möglich ist. Wird eine verheiratete Person unter 21 geschieden oder stirbt der Partner, so bleibt sie dennoch von Gesetzes wegen volljährig (vgl. DU PLESSIS/KOK 1990: 72 ff).

Traditionelle Normen

Kinder werden gewohnheitsrechtlich als Minderjährige angesehen, die unter der Obhut (d.h. Vormundschaft) des Familienoberhauptes (also des Vaters beziehungsweise dessen Erben) stehen. Sie sind weder geschäfts- noch deliktsfähig und können auch nicht vor Gericht auftreten. Für ihre Handlungen haftet das Familienoberhaupt. In den Laws of Lerotholi (vgl. dazu Kap. 2.10.) ist dies folgendermaßen formuliert:

> No African shall be liable for a wrongful act or debt of his adult relative or friend, but the head of a family may be held liable for a wrongful act or debt of his minor children (i.e. unmarried children living in his house and under his control) (Laws of Lerotholi: part I, section 6).[106]

Auch Einkünfte eines Minderjährigen (z.B. aus Wanderarbeit) stehen rein rechtlich dem Familienoberhaupt zu (vgl. POULTER 1976: 135). Ein Sohn erlangte seine Volljährigkeit durch Heirat oder durch öffentliche Verstoßung durch den Vater. Eine Tochter dagegen wird nach traditionellem Recht nie volljährig. Das bedeutet, sie steht immer unter der Vormundschaft eines Mannes, nämlich vor ihrer Ehe jener ihres Vaters oder dessen Erben, danach jener ihres Ehemannes oder dessen Erben. Wurde die Ehe aufgelöst, so kam sie wiederum unter die Obhut des Vaters (beziehungsweise eines männlichen Verwandten).

Aus dem Blickwinkel der Frau heißt das, daß unabhängig von ihren Familienverhältnissen alle ihre Kinder einem Mann 'gehören', also unter dessen Obhut und Vormundschaft stehen. Im einzelnen bedeutet das (vgl. BEKKER 1989: 230ff):

1) Die Kinder einer unverheirateten Frau gehören ihrem Vater oder dessen Erben. Hier tut sich eine Diskrepanz zum staatlichen Recht auf, denn dieses sieht in der Regel vor, daß eine Frau mit 21 Jahren volljährig wird und daher die

---

105 Vgl. Fußn. 56.

106 Die Laws of Lerotholi sind u.a. abgedruckt in: African Studies, Vol. 11, No. 4, 145-164, Johannesburg, December 1952.

Vormundschaft über ihre Kinder beantragen kann. Wenn der leibliche Vater die Kindesmutter nachträglich heiratet, so werden die Kinder dadurch legitimiert und gehören ihm, auch wenn er für die voreheliche Verführung der Frau keine Entschädigung an deren Familie gezahlt hat (vgl. dazu Kap. 3.8.2.).

2) Die Kinder, die eine verheiratete Frau während der Dauer ihrer Ehe geboren hat, gehören ihrem Ehemann, auch wenn dieser nicht der leibliche Vater ist. Im traditionellen afrikanischen Recht gibt es, anders als im staatlichen Recht, keine strikte Unterscheidung zwischen legitimen und illegitimen Kindern. In der Regel werden alle Kinder eines Familienoberhauptes weitestgehend gleich behandelt, sowohl was ihren Unterhaltsanspruch betrifft, als auch was die Aufbringung des Brautpreises für die erste Frau der Söhne sowie ihre erbrechtlichen Ansprüche betrifft (völlige Gleichstellung gibt es etwa bei den Thembu, den Xhosa und vielen Sotho-Tswana Gruppen).

3) Die Kinder einer Witwe können wiederum in mehrere Kategorien geteilt werden:

- Kinder, die aus einer Leviratsbeziehung mit einem männlichen Verwandten ihres verstorbenen Mannes stammen. Sie sind legitim und gehören dem Erben des Ehemannes;
- Kinder einer Witwe, die von einem anderen Mann stammen, gehören, solange die Frau der Familie des verstorbenen Ehemannes angehört, dessen Erben. Sobald die Witwe wieder zu ihrer eigenen Familie zurückkehrt, stehen ihre Kinder unter der Obhut ihres Vaters beziehungsweise dessen Erben.

In den ursprünglichen afrikanischen Gewohnheitsrechten war das Sorgerecht des Vaters für seine Kinder ein absolutes, daß heißt, es konnte ihm nicht entzogen werden (vgl. MACLEAN 1906: 74). Zunehmend sind die traditionellen Gerichte jedoch auch bereit, das Sorgerecht jemand anderem zuzusprechen, wenn das Kindeswohl es erfordert, und das ist heute (im Widerspruch zum traditionellen Recht) oft die Mutter. Doch selbst wenn einem Vater das Sorgerecht entzogen wurde, behält er alle anderen Rechte gegenüber seinen Kindern, so zum Beispiel den Anspruch auf den Brautpreis für seine Töchter. Wird die Ehe geschieden, so verliert die Frau nach traditionellem Recht alle Rechte auf die gemeinsamen Kinder. Allerdings entscheiden die traditionellen Gerichte heute auch in diesem Punkt etwas differenzierter und berücksichtigen die Verschuldensfrage sowie Alter und Geschlecht der Kinder (vgl. MOLOKOMME 1987: 123).

Schließlich ist noch auf eine besondere gewohnheitsrechtliche Rechtsfigur hinzuweisen: Wenn ein Familienoberhaupt, aus welchen Gründen auch immer, ein fremdes Kind aufgezogen hat, so hat er, sobald der Vormund des Kindes dieses zurückfordert, Anspruch auf ein Stück Vieh als Entschädigung für den geleisteten Unterhalt, und zwar unabhängig von der Dauer der Obsorge. Diese Zahlung (in Xhosa und Zulu als "Isondlo" bezeichnet) stellt eine Belohnung für das erfolgreiche Aufziehen eines Kindes dar. "Isondlo" weist wesentliche Unterschiede gegenüber dem Rechtsanspruch auf Unterhalt nach Common Law auf: Erstens lautet letzterer stets auf einen Geldbetrag, nicht auf Vieh. Zweitens wird "Isondlo" erst am Ende der Pflegeperiode fällig, während der staatliche Unterhalt auf eine ständig wiederkehrende Geldleistung für die Zukunft lautet. Dennoch versuchte 1972 der Black Appeals Court in Natal eine derartige Interpretation,[107] und zwar mit der Begründung, daß sich das Gewohnheitsrecht eben in den vergangenen Jahren gewandelt hätte. Die Geltendmachung staatlicher Unterhaltsansprüche (wie z.B. gemäß dem südafrikanischen Maintenance Act 23 of 1963) wird durch eine Isondlo-Zahlung nicht präkludiert (vgl. BEKKER 1989: 243).

3.5.4.5 Eingriffsrechte des Staates in die patriarchale Familie

Wo staatliche Sozialfürsorgeeinrichtungen Mißstände in einer Familie orten, sind sie berechtigt oder sogar verpflichtet, einzugreifen. Sie tun dies jedoch bei traditionellen Ehen zwischen Afrikanern seltener als bei anderen Ehen. Das bedeutet, daß z.B. Gewalt gegen Frauen, wie übrigens auch Gewalt gegen bzw. Vernachlässigung von Kindern, im häuslichen Bereich häufig toleriert wird (vgl. SCHULER 1986: 18 f). Diese Gewalt geht in der Regel bei unverheirateten Frauen vom Vater bzw. Vormund, bei verheirateten Frauen vom Ehemann aus.

Das hängt u.a. ursächlich damit zusammen, daß es viel zu wenige ausgebildete SozialarbeiterInnen gibt. In der Republik Südafrika war dieser Mangel an SozialarbeiterInnen eine direkte Folge der Apartheidpolitik: Denn infolge dieser Politik wurden alle Aufgaben der Wohlfahrt nach Rassen getrennt, d.h. FürsorgerInnen durften nur Angehörige ihrer eigenen Bevölkerungsgruppe betreuen. Nun gab und gibt es aber als Folge der bildungsmäßigen Benachteiligung der schwarzen Bevölkerungsmehrheit unvergleichlich weniger schwarze SozialarbeiterInnen als weiße. Dieser chronische Mangel an ausgebildeten schwarzen FürsorgerInnen hat schließlich dazu geführt, daß staatliche Stellen bei Problemen in schwarzen Familien so gut wie nie eingreifen (vgl. OLMESDAHL 1987: 293 f). Das traditionelle afrikanische Gewohnheitsrecht bietet auch keine wirksame Handhabe, denn es schützt generell die patriarchale Familie vor einem Eingriff von außen. Ursprünglich gab es dabei freilich, wie zuvor erwähnt, das Regulativ der Familie, welches jedoch heute oft aufgrund der geänderten sozialen Verhältnisse seine Wirksamkeit verloren hat.

---

[107] Vgl. die Entscheidung *Hlengwa v. Maphumulo* 1972 BAC (N-E) 58.

3.5.5 Zum Phänomen der "Dual Marriage"

3.5.5.1 Begriffsdefinition

In den meisten afrikanischen Ländern existieren beide Formen der Eheschließung - christliche bzw. Zivilehe einerseits und gewohnheitsrechtliche Ehe andererseits - nebeneinander und werden als gültige Eheschließungen anerkannt[108] (die Ausnahme bildete bis vor kurzem die Republik Südafrika, wo die gewohnheitsrechtliche Ehe als "Customary Union" abqualifiziert wurde, dazu in Kap. 3.5.5.6.).

Unter einer "Dual Marriage" oder "Double Marriage" versteht man eine Ehe, die sowohl nach staatlichem Recht als auch nach traditionellem afrikanischen Gewohnheitsrecht geschlossen wurde. Dabei können sich eine Reihe von Problemen ergeben.

3.5.5.2 Die Ursachen für eine zweifache Eheschliessung

Warum die "Dual Marriage" so weit verbreit ist, läßt sich anhand der Geschichte Lesothos gut erklären: Bald nach Ankunft der ersten weißen Missionare im Jahre 1833 wurden die meisten Basotho zwangsweise zum Christentum bekehrt. In der Folge verweigerte die Kirche den gewohnheitsrechtlich geschlossenen Ehen die Anerkennung. Die Basotho waren also gezwungen, auch christlich zu heiraten, wobei diese Eheschließung sozusagen als zusätzliche "Absegnung" der bereits bestehenden gewohnheitsrechtlichen Ehe angesehen wurde. Diese Sicht ist auch heute noch in weiten Kreisen der älteren Bevölkerung stark verbreitet.

Daneben gibt es heute aber auch noch einen rein praktischen Grund, eine kirchliche bzw. Zivilehe zu schließen: Gewohnheitsrechtliche Eheschließungen werden nirgendwo registriert, es gibt daher auch keine Heiratsurkunde. Eine solche wird aber beispielsweise von der Lesotho-Bank verlangt, wenn eine Frau vom Lohnkonto ihres in Südafrika arbeitenden Mannes Geld abheben will. In diesem Zusammenhang muß man sich neuerlich vergegenwärtigen, daß etwa 60% der erwachsenen männlichen Bevölkerung Lesothos in den Minen- und Industriebetrieben Südafrikas beschäftigt sind und ihre Familien nur im Urlaub besuchen können (vgl. MAMASHELA 1986: 129 f; 1989: 65).

---

[108] z.B. im Lesotho Marriage Act 10 of 1974.

3.5.5.3 Das Zustandekommen einer "Dual Marriage"

Im wesentlichen gibt es drei typische Konstellationen für das Zustandekommen einer "Dual Marriage" (vgl. MAMASHELA 1989: 62 ff):

1) Die kirchliche Eheschließung erfolgt einige Tage nach der gewohnheitsrechtlichen Zeremonie. Dies ist die häufigste Konstellation. Insbesondere für junge Paare ist die kirchliche Trauung heutzutage das entscheidende Ereignis, die gewohnheitsrechtlichen Abläufe werden lediglich als Vorbereitungshandlungen angesehen.

2) Die kirchliche Hochzeit findet lange Zeit (mehrere Jahre) nach der gewohnheitsrechtlichen Eheschließung statt.

3) Die Zivilehe wird zuerst geschlossen. Dies wird häufig dann der Fall sein, wenn die Brautleute ohne Zustimmung ihrer Familien heiraten (was nach Gewohnheitsrecht nicht möglich ist) und ihre Väter erst später Verhandlungen über die Zahlung des Brautpreises aufnehmen.

3.5.5.4 Die Rechtsnatur der "Dual Marriage"

In wissenschaftlicher Hinsicht ist die Frage nach der Rechtsnatur der "Dual Marriage" noch nicht restlos geklärt. Es gibt darüber mehrere Theorien:

1) Eine Theorie besagt, daß eine Ziviltrauung automatisch jede frühere, nach Gewohnheitsrecht geschlossene Ehe aufhebt. Diese (zweifellos höchst unbefriedigende) Lösung wurde in der Republik Südafrika praktiziert (dazu siehe unter 3.5.5.6.).

2) Eine andere Theorie nimmt an, daß eine nachfolgende Ziviltrauung keinerlei Auswirkungen auf die Rechtsnatur einer früher geschlossenen gewohnheitsrechtlichen Ehe haben soll. Dabei wird jedoch übersehen, daß die gewohnheitsrechtliche Ehe Rechte und Pflichten der Parteien in einer Weise festlegt, daß sie in manchen Bereichen mit dem Common Law nicht vereinbar sind (dazu in Kap. 3.5.4.).

3) Eine dritte, vom Lesotho-Experten Prof. POULTER (1969: 127 ff) entwickelte Theorie versucht eine fruchtbare Verschmelzung beider Rechtskulturen. Die Befürworter dieser Theorie gehen davon aus, daß sich die Parteien durch ihre zweifache Eheschließung bewußt beiden Rechtssystemen unterwerfen wollten und nehmen daher an, daß beide Ehen nebeneinender existieren. Zur Beurteilung auftretender Probleme sollte je nach Lage des einzelnen Falles eine Regelung aus dem einen oder dem anderen Rechtskreis herangezogen werden. Dabei soll eine zwingende Norm des einen Rechtskreises (etwa Monogamie der Zivilehe, Zahlung des Brautpreises bei gewohnheitsrechtlichen Ehen) einer bloß fakultativen Vorschrift des anderen Rechtskreises vorgehen. Auf diese Weise könnte

den wesentlichsten Charakteristika beider Eheschließungen Rechnung getragen werden.

Die Hauptkritikpunkte an diesem, auf den ersten Blick recht vielversprechend erscheinenden, Ansatz werden von MAMASHELA (1989: 68) treffend wie folgt zusammengefaßt:

a) Diese Methode kann - wie selbst von ihren Verfechtern zugegeben wird - nur auf sehr wenige Fragen (hauptsächlich solche, die mit dem eigentlichen Abschluß des Ehevertrages zusammenhängen, wie etwa Formalerfordernisse) befriedigende Antworten geben.

b) Die Annahme, daß die Ehepartner sich durch eine "Dual Marriage" bewußt beiden Rechtssystemen unterwerfen wollten, ist verfehlt. Vielmehr ist den meisten Paaren die unterschiedliche rechtliche Natur der beiden Eheschließungen gar nicht bekannt. Während die ältere Generation in der kirchlichen Eheschließung meist eine bloße Absegnung der gewohnheitsrechtlichen Heirat sieht, hält die jüngere Generation die gewohnheitsrechtliche Heirat lediglich für eine Art von Vorbereitung auf die "echte" (also die kirchliche bzw. staatliche) Hochzeit.

c) Die Prüfung der Frage, welches Recht für das konkrete Problem jedes Einzelfalles anzuwenden ist, würde nicht nur zu einer völligen Überlastung der Gerichte, sondern auch zu einer erheblichen Rechtsunsicherheit führen.

4) Eine weitere, für die heutige Zeit wohl ebenso unbefriedigende Lösung findet sich im Swaziland Marriage Act 47 of 1964: Hier werden die traditionellen Regeln bezüglich der personen- und vermögensrechtlichen Konsequenzen der Eheschließung automatisch auch auf Zivilehen zwischen afrikanischen Partnern angewendet, wenn diese nicht in einem vorehelichen Vertrag vor dem Standesbeamten die Anwendung des Common Law ausdrücklich vereinbaren. Dies hat dazu geführt, daß tausende Paare nach Jahren entdecken mußten, daß trotz ihrer zivilrechtlichen Trauung die wichtigsten Rechtsfolgen ihrer Ehe von traditionellem Gewohnheitsrecht bestimmt sind. Auch entzündeten sich nach dem Tod eines Mannes regelmäßig heftige Streitigkeiten zwischen seiner Familie, die nach Gewohnheitsrecht erbberechtigt ist, und der Witwe, welche nach Common Law einen Teil erbt. Daher hat der Master of the High Court einseitig und ohne gesetzliche Grundlage entschieden, eine Zivilehe auch dann nach dem Common Law zu beurteilen, wenn kein vorehelicher Vertrag vorliegt (vgl. NHLAPO 1989: 51 und 56).

Aussichtsreicher erscheint der Ansatz, der in Botswana gewählt wurde: Dort kann, wie in allen anderen Staaten auch, eine Zivilehe nur durch das Urteil eines staatlichen Gerichtes aufgelöst werden. Der Gesetzgeber hat jedoch im Married Persons Property Act (sections 7,8) die Möglichkeit geschaffen, daß ein staatliches Gericht das eheliche Vermögen nach gewohnheitsrechtlichen Grundsätzen aufteilen kann (GRIFFITH 1989: 77 ff).

3.5.5.5 Zum Problem der Doppelehe

Alle bisherigen Ausführungen beschäftigten sich mit dem Fall, daß die gleichen Partner sowohl nach Zivilrecht als auch nach Gewohnheitsrecht heiraten. Eine völlig andere Konstellation ergibt sich, wenn jemand, der bereits gewohnheitsrechtlich verheiratet ist, einen **anderen** Partner staatlich heiratet. Während nach südafrikanischer Rechtslage bis 1988 durch eine nachfolgend geschlossene staatliche Ehe die zuvor mit einem anderen Partner bestehende gewohnheitsrechtliche Ehe automatisch aufgelöst wurde (dazu unten in Kap. 3.5.5.6.), ist z.B. die Rechtsprechung in den anderen Staaten des südlichen Afrika dazu übergegangen, ein solches Verhalten des gewohnheitsrechtlichen Ehepartners als verbotene Bigamie zu qualifizieren (für Swaziland vgl. CHURCH 1978: 80 f, sowie SANDERS 1986b: 117; für Lesotho vgl. MAQUTU 1983: 374, 382; für Botswana vgl. SANDERS 1986a: 144).

Auch der umgekehrte Fall ist möglich: Wenn ein bereits nach Zivilrecht verheirateter Mann eine andere Frau nach traditionellem Ritus heiratet, so ist die zweite Ehe von Anfang an nichtig. Lediglich das Eherecht der Transkei sah eine derartige Eheschließung als gültig an (Transkei Marriage Act 21 of 1978, section 3(1); vgl. dazu auch BEKKER 1989: 324).

3.5.5.6 Der Sonderfall Südafrika

Wie bereits erwähnt, war die rechtliche Situation in der Republik Südafrika bis 1988 in jeder Hinsicht eine besondere. Das vom Blacks Administration Act 38 of 1927 bestimmte staatliche Recht lehnte es nämlich ab, eine nach traditionellem Gewohnheitsrecht geschlossene Ehe als voll rechtsgültige Heirat zu betrachten. Eine solche Verbindung wurde auch ausdrücklich nicht als "marriage", sondern als "customary union" bezeichnet[109]. Daher stellte sich den staatlichen Juristen das Problem der "Dual Marriage" überhaupt nicht.

Diese Regelung, welche die soziale Realität einfach ignorierte, führte oft zu inakzeptablen Lösungen, von denen hier nur einige Beispiele genannt werden sollen:

a) Die staatlichen Gerichte Südafrikas sprachen Zulu-Frauen, die Schadenersatz dafür forderten, daß ihr gewohnheitsrechtlicher Ehemann (der allein den Lebensunterhalt der Familie bestritten hatte), von einem Nicht-Schwarzen getötet wurde, die Klagslegitimation ab (vgl. OLMESDAHL 1987: 293).

---

[109] vgl. Blacks Administration Act 38 of 1927, section 35.

b) Jemand, der (auch) nach staatlichem Recht verheiratet war, war an das Gebot der Monogamie gebunden. Das bedeutete, daß er keine gültige zweite (gewohnheitsrechtliche) Ehe eingehen konnte.

c) Hingegen wurde eine gewohnheitsrechtliche Ehe automatisch aufgelöst, wenn einer der Partner eine Ehe nach Zivilrecht mit einer anderen Person schloß. Dies konnte zu überaus negativen Konsequenzen führen, insbesondere dann, wenn es der Mann war, der solcherart eine neue Verbindung einging (vgl. BENNETT 1985: 175 ff). So konnte sich etwa ein Ehebrecher der Verpflichtung zum Schadenersatz an die Familie des betrogenen Ehemannes dadurch entziehen, daß er dessen Frau nach zivilrechtlichem oder christlichem Modus heiratete (vgl. MQEKE 1989: 21).

d) Generell nahm die Rechtslage in Südafrika viel zu wenig Rücksicht auf die geänderten sozialen Verhältnisse wie Arbeitsmigration und Urbanisierung und den damit verbundenen Verfall der traditionellen Sozialstruktur und lediglich im letzten Jahrzehnt zeichneten sich hier - im Zuge des politischen Wandels im Lande - Veränderungen ab.

Eine gewohnheitsrechtliche Ehefrau konnte ihren Anspruch, mit dem Mann zusammenzuleben, angesichts der rassistischen südafrikanischen Niederlassungsbestimmungen bei den städtischen Verwaltungsbehörden nur sehr schwer durchsetzen. Im Falle der Scheidung verlor die Frau meist überhaupt das Recht, im städtischen Gebiet zu wohnen (vgl. OLMESDAHL 1987: 294 f). Nach traditionellem afrikanischem Recht ist der Empfänger des Brautpreises dazu verpflichtet, die Frau im Falle ihrer Scheidung bei sich aufzunehmen. Unter diesen Niederlassungsbestimmungen war dem Vormund dies in der Regel aber nicht möglich.

e) Selbst in anderen Rechtsbereichen wirkte sich die Nichtanerkennung von gewohnheitsrechtlich geschlossenen Ehen negativ aus: So hatte etwa eine zivilrechtliche Ehefrau, die in einem Strafverfahren vor staatlichen Gerichten gegen ihren Mann aussagen sollte, ein Entschlagungsrecht, während der gewohnheitsrechtlichen Ehefrau dies nicht zugestanden wurde (vgl. OLMESDAHL 1987: 295).

Eine radikale Änderung der Rechtslage brachte schließlich der Marriage and Matrimonial Property Amendment Act 3 of 1988.[110] Damit wurden Zivilehen zwischen Schwarzen die gleichen Rechtswirkungen wie jenen zwischen Weißen eingeräumt, was zum Beispiel bedeutet, daß jetzt in allen Zivilehen Gütergemeinschaft herrscht. Insbesondere wurde aber endlich die gewohnheitsrechtliche Ehe als echte Ehe anerkannt. Ein Mann darf nunmehr bei aufrechter gewohnheits-

---

110 Damit wurden die Bestimmungen des Blacks Administration Act 38 of 1927, section 22 abgeändert.

rechtlicher Ehe keine andere Frau nach staatlichem oder kirchlichem Ritus heiraten. Damit wurde einer der virulentesten Konflikte zwischen staatlichem und traditionellem Recht entschärft (vgl. BEKKER 1989: 252 f).

3.5.6 Die Beendigung der Ehe

Eine Zivilehe wird entweder durch den Tod eines der Partner oder durch das Urteil eines zuständigen Gerichts beendet. Auch eine gewohnheitsrechtliche Ehe kann durch Scheidung beendet werden, doch bedeutet der Tod eines Partners nicht automatisch das Ende der Ehe (vgl. BEKKER 1989: 175 ff).

3.5.6.1 Die Beendigung durch Scheidung

Staatliche Normen

Nach ursprünglichem Common Law war eine Scheidung nur möglich, wenn ein Verschulden eines der Ehepartner vorlag, welches in zwei Fällen angenommen wurde: Ehebruch (ein einmaliger Fehltritt genügte) und absichtliches Imstichlassen des Partners.[111] Erst in der zweiten Hälfte unseres Jahrhunderts setzte sich in den westlichen Rechtssystemen der Gedanke durch, daß bei einer Scheidung nicht immer einer der Partner die Schuld tragen muß, sondern daß sich die Eheleute oft auseinandergelebt haben, ohne daß dafür das vorwerfbare Fehlverhalten eines Partners allein verantwortlich gemacht werden kann. Daher führte man verschuldensunabhängige Scheidungsgründe ein, wie Geisteskrankheit eines Partners und vor allem die unheilbare Zerrüttung der Ehe (irretrievable breakdown of the marriage) ein.

Dieser Umdenkprozeß fand auch in den staatlichen Rechten des südlichen Afrika seinen Niederschlag: Das Common Law-Prinzip der Scheidung aus Verschulden wurde schrittweise durch gesetzliche Regelungen aufgeweicht: So ermöglichte etwa in der Republik Südafrika der Divorce Act 70 of 1979 die Auflösung der Ehe wegen (verschuldensunabhängiger) unheilbarer Zerrüttung, und diese ist seiher der häufigste Scheidungsgrund (MELLETT/SCOTT 1982: 138; DU PLESSIS/KOK 1990: 79). Nach kanonischem Recht geschlossene Ehen können dagegen überhaupt nicht formell geschieden werden, es besteht nur die Möglichkeit der faktischen Trennung. Gemäß den staatlichen Rechtsordnungen

---

[111] Dazu kam in Südafrika durch eine gesetzliche Regelung ab 1935 noch die wiederholte Straffälligkeit eine Ehepartners.

muß eine Scheidung durch ein Gericht (in Südafrika ausschließlich durch den Supreme Court oder einen Black Divorce Court) ausgesprochen werden.

Erst seit relativ kurzer Zeit erkennen auch südafrikanische Rechtsgelehrte die Bedeutung der Mediation (juristischer Terminus für Vermittlung) bei der Streitbeilegung im allgemeinen und im staatlichen Scheidungsverfahren (und hier vor allem im multikulturellen Kontext) im besonderen (vgl. dazu MOODLEY 1994: 44 ff).

Traditionelle Normen

Auch die traditionellen afrikanischen Gewohnheitsrechte kennen die Scheidung. Allerdings gibt es Hinweise darauf, daß diese früher äußerst selten war, und es gibt sogar Stimmen, die behaupten, daß das Phänomen der Scheidung erst mit der Einführung des Common Law in Afrika Fuß gefaßt hätte. Eine starke Zunahme an Scheidungen war eindeutig Mitte des vergangenen Jahrhunderts als Folge der Christianisierung zu verzeichnen. Die evangelischen Missionare (z.B. die Paris Evangelical Missionary Society in Lesotho) bestanden darauf, daß sich jeder Polygamist bei seiner Bekehrung von allen seinen Frauen außer einer trennen mußte (vgl. POULTER 1976: 66 f, 201).

In den traditionellen afrikanischen Gewohnheitsrechten gibt es anders als im staatlichen Recht keinen abgeschlossenen Katalog von Scheidungsgründen (vgl. ADEI 1989: 42). Entscheidend ist meist, daß die Ehe von den Familien der Partner als unheilbar zerrüttet angesehen wird (vgl. MAMASHELA 1989: 67). Weiters ist in den meisten afrikanischen Gewohnheitsrechten die Scheidung einer Ehe nicht an ein bestimmtes Verfahren gebunden (vgl. BERGER 1981: 264 f). Jede gewohnheitsrechtliche Ehe kann theoretisch aufgelöst werden, wenn beide Familien, also zumindest der Ehemann, die Frau und deren Vormund, dem zustimmen, was jedoch laut BEKKER (1989: 176) in der Praxis so gut wie nie vorkommt. Die Einschaltung eines (traditionellen) Gerichts ist nicht erforderlich, aber doch die Regel (POULTER 1976: 206).

Wenn keine Einigung der beiden Familien zustande kommt, ist zu unterscheiden, ob die Ehe

a) auf Betreiben des Ehemannes oder
b) auf Betreiben der Frau und ihres Vormundes

aufgelöst werden soll.

ad a) Generell hat jeder Mann das Recht, eine nach traditionellem Recht eingegangene Ehe durch einseitigen Akt aufzulösen, wobei er allerdings auf den von seiner Familie geleisteten Brautpreis verzichten muß. Es gibt jedoch bestimmte Gründe, die einen Mann berechtigen, die Ehe aufzulösen und trotzdem die Rückstellung des Brautpreises zu verlangen. Dazu zählen unter anderem: Wiederholter Ehebruch durch die Frau; Ehebruch, der eine Schwangerschaft zur

Folge hat, wenn sich die Frau weigert, den Vater des Kindes namhaft zu machen (und damit Schadenersatzforderungen vereitelt, vgl. Kap. 3.8.2.); absichtliches Imstichlassen des Partners; ständige Verweigerung der ehelichen Pflichten. Der Mann, der die Auflösung der Ehe anstrebt, muß sich mit dem Vormund der Frau in Verbindung setzen, ihm seine Absicht mitteilen und den Brautpreis zurückfordern. Wenn der Ehemann kein wirklich stichhaltiges Fehlverhalten der Frau geltend machen kann, so kommt es in der Praxis nicht selten vor, daß er die Frau verstößt[112] und danach versucht, ihr die Schuld an der Trennung in die Schuhe zu schieben (vgl. BEKKER 1989: 180).

ad b) Im Gegensatz zum Mann hat die Frau kein Recht, eine gewohnheitsrechtliche Ehe einseitig aufzulösen. Sie muß sich zu diesem Zweck an die Familie des Mannes oder an ihren Vormund (d.h. das Oberhaupt ihrer eigenen Familie) wenden, der dann die notwendigen Schritte einleiten kann. Der Vormund wird aber meist gegen eine Trennung sein, weil er befürchtet, den Brautpreis zurückgeben zu müssen. Er wird daher oft versuchen, die Frau zur Rückkehr zu ihrem Mann zu überreden. Wenn der Vormund der Frau mit der Scheidung und der Rückgabe des Lobolo einverstanden ist, so begibt er sich samt den Rindern, die er als Brautpreis erhalten hat, zum Haus des Ehemannes und stellt diese an ihn zurück. Damit ist die gewohnheitsrechtliche Ehe geschieden, und zwar unabhängig davon, ob der Ehemann die Rückgabe akzeptiert oder nicht (vgl. BEKKER 1989: 187).

Es gibt aber auch Fälle, in denen der Vormund der Frau die Auflösung der Ehe verlangen kann, ohne den Brautpreis zurückgeben zu müssen. Das ist zum Beispiel der Fall, wenn der Ehemann seine Frau so schwer mißhandelt hat, daß ein Zusammenleben nicht mehr möglich erschein (vgl. MACLEAN 1906: 55 f, 72). Ein anderer Grund, der die Frau bzw. ihren Vormund zur Auflösung der Ehe ohne Rückstellung des Brautpreises berechtigt, ist, wenn der Mann seine Frau der Hexerei beschuldigt (einer der schwersten Vorwürfe überhaupt!). Dagegen stellt selbst ein wiederholter Ehebruch durch den Mann normalerweise keinen Scheidungsgrund dar. Auch Impotenz wird nur bei wenigen Ethnien als Scheidungsgrund anerkannt, und auch dort nur unter der Voraussetzung, daß die Frau davon bei der Eheschließung nichts wußte (in diesen Fällen wird der Großteil des Brautpreises an den Mann retourniert). Zumeist gibt es eine andere Möglichkeit: Wenn ein Mann aufgrund von Impotenz oder Sterilität nicht imstande ist, Kinder zu zeugen, so ist es allgemein gebilligt, daß dies von einem anderen Mann, vorzugsweise einem Bruder des Ehemannes, besorgt wird. Um

[112] Diese Verstoßung kann ausdrücklich ausgesprochen werden oder konkludent erfolgen, und zwar indem der Mann die Frau schlecht behandelt, also etwa ihr Land nicht pflügt, ihr keine Kleidung kauft, nicht in ihrem Haus ißt und nicht mit ihr schläft (vgl. SCHAPERA 1955: 159).

den Ehemann nicht zu desavouieren, geschieht das freilich immer im Geheimen (vgl. ADEI 1981: 56).

Versöhnungsversuche im traditionellen Recht

In den traditionellen afrikanischen Gewohnheitsrechtsordnungen wird immer wieder und viel nachhaltiger als durch staatliche Institutionen versucht, Meinungsverschiedenheiten zwischen den Ehepartnern beizulegen und so die Ehe zu retten. GRIFFITHS (1989: 77 ff) beschreibt anschaulich das Funktionieren der gewohnheitsrechtlichen Mechanismen zur Streitbeilegung bei den Kwana, einer Tswana-Gruppe im Westen Botswanas: Die Streitparteien stellen sich einem "Hearing" durch den "Headman" am zentralen Versammlungsplatz ("Kgotla") des Dorfes. Wenn der Versöhnungsversuch nicht erfolgreich ist, kann der Disput vor die Kgotlas der Sub-chiefs und schließlich vor den Kgotla des Chiefs gebracht werden. Dieser Prozeß kann mehrere Jahre dauern. Wichtig ist, daß sich diese traditionellen Streitbeilegungsinstitutionen in der Praxis auch mit Konflikten in ausschließlich nach Common Law geschlossenen Ehen befassen. Es zeigt sich also auch hier deutlich, daß die Vorkehrungen des Gewohnheitsrechts sehr flexibel sind, weil es darum geht, abseits jedes juristischen Formalismus das weitere harmonische Zusammenleben der Gruppenmitglieder zu ermöglichen. GRIFFITHS (a.a.O.) folgert, daß die bisher gängige Auffassung einer strengen Trennung von "europäischem Recht" und "afrikanischem Gewohnheitsrecht" nicht aufrechtzuerhalten sei. Die Normen beider Spären wirkten nicht unabhängig voneinander, vielmehr gäbe es gerade in Teilen des Ehe- und Familienrechtes zunehmend ein fruchtbares Ineinandergreifen beider Rechtssysteme. Von den staatlichen Stellen wird die Bedeutung von Vermittlungsbemühungen (Mediation) erst allmählich erkannt.

Die Rechtsfolgen der Scheidung

Mit einer Scheidung sind stets personenrechtliche ebenso wie vermögensrechtliche Konsequenzen verbunden, die aber im traditionellen Recht anders geregelt sind als im Common Law. Daher treten üblicherweise dort Probleme auf, wenn die Ehe auf beide möglichen Arten geschlossen wurde. Der Hauptgrund für Konflikte ist, daß sich die Ehepartner nicht darüber im klaren sind, welche Rechtsfolgen mit ihrer "Dual Marriage" verbunden sind.

Nach traditionellem afrikanischem Recht tritt die Frau mit der Heirat in die Familie des Mannes ein, und ihr Mann übernimmt die Vormundschaft über sie. Falls ihr Gatte stirbt, so übernimmt ihr Schwiegervater die Rolle des Vormundes. Wenn die Ehe durch Scheidung beendet wird, so kehrt die Frau normalerweise unter die Vormundschaft ihres Vaters beziehungsweise seines Erben zurück. Nach dem alten traditionellem Recht verliert die Frau bei der Scheidung alle Rechte auf die Kinder, heute werden von den autochthonen Gerichten jedoch auch die Verschuldensfrage sowie Alter und Geschlecht der Kinder mitberücksichtigt (vgl. MOLOKOMME 1986: 123). Staatliche Gerichte sprechen dagegen die Kinder so gut wie immer der Mutter zu.

In vermögensrechtlicher Hinsicht ergeben sich folgende Konsequenzen aus einer Scheidung: Nach dem Common Law, das freilich in der Republik Südafrika durch gesetzliche Regelungen geändert wurde (dazu oben), besteht in der Zivilehe Gütergemeinschaft, soferne von den Partnern nicht in einem Ehepakt eine abweichende Vereinbarung getroffen wurde. Die Frau hat daher im Falle der Scheidung (zumindest in der Theorie) Anspruch auf die Hälfte des gemeinsamen Vermögens. Dagegen muß sie sich nach dem Gewohnheitsrecht mit jenen Sachen, die ihrem persönlichen Gebrauch dienen, bescheiden, während das gesamte sonstige Vermögen, also insbesondere Haus und Vieh, beim Gatten verbleibt. Diese Diskrepanz führt in der Praxis sehr oft zu langwierigen Streitigkeiten zwischen den geschiedenen Partnern beziehungsweise deren Familien. Wurde ein gewohnheitsrechtlicher Brautpreis entrichtet, so muß dieser zurückerstattet werden, wenn die Scheidung auf ein Fehlverhalten der Frau zurückgeht (dazu oben).

3.5.6.2 Die Auswirkungen des Todes eines Ehepartners

Im Unterschied zu den staatlichen Regelungen beendet der Tod (zumindest des Mannes) nach Gewohnheitsrecht nicht automatisch die Ehe. Die Frau bleibt weiterhin Mitglied der Familie des Verstorbenen und somit unter der Vormundschaft eines männlichen Mitgliedes dieser Familie. Wenn sie Kinder bekommt, werden diese als ehelich angesehen (vgl. MAMASHELA 1989: 67). Viele traditionelle afrikanische Rechtsordnungen sehen die Praxis des Levirats und des Sororats vor: Bei Tod der Frau wird also dem Mann oft deren nächste unverheiratete Schwester als Ersatz gegeben. Bei Ableben des Ehemannes wird der Frau die Möglichkeit eingeräumt, den Rechtsnachfolger des Mannes zu ehelichen (sog. "Ukungena"-Beziehung). Nur wenn sie ablehnt, wird die Heirat formell beendet. In der Gegenwart werden Levirat und Sororat aber kaum noch praktiziert. Eine junge Witwe kehrt heute in der Regel zu ihrer eigenen Familien zurück, allerdings unter Zurücklassung der Kinder und des gemeinsamen Vermögens (vgl. MOLOKOMME 1986: 123).

3.6 ERBRECHT

Unter Erbrecht versteht man jenen Rechtszweig, der festlegt, wer in die Rechte und Verpflichtungen eines Verstorbenen nachfolgen soll. Nach europäischem Verständnis handelt es sich primär um sachenrechtliche[113] Regelungen, also um die Weitergabe des Vermögens des Verstorbenen, nach afrikanischer Auffassung beinhaltet das Erbrecht aber auch und vor allem familienrechtliche Normen, es regelt also z.B. die Nachfolge in Rang und Status des Familienoberhauptes, des Chiefs usw. (vgl. u.a. MACLEAN 1906:73 ff). Treffend formuliert MYBURGH (1980: 313):

> The law of succession comprises such provisions of a legal system as are concerned with deceased estates. For the South African Bantu this has limited meaning. Their estates vest in agnatic groups who are not, in principle, subject to decease and therefore exclude the notion of inheritance except in the sense that members' shares in the patrimonial rights of their group increase when their number decreases through death. Succession merely means succession to the position of the deceased head of an agnatic group in accordance with well-established rules.

Die europäischen Rechtsordnungen kennen grundsätzlich zwei Möglichkeiten, festzulegen, wer in die vermögensrechtlichen Rechte und Pflichten eines Verstorbenen eintreten soll: Das Gestaltungsprinzip der Familienerbfolge möchte den Nachlaß den Verwandten des Erblassers zufallen lassen. Diese Auffassung führt zu einer Bindung des Erblassers gegenüber der Familie; er darf von Todes wegen nicht über sein Eigentum verfügen. Das alte deutsche Recht,[114] aber auch die traditionellen afrikanischen Rechte hängen diesem Prinzip an.

Demgegenüber steht das Gestaltungsprinzip der Testierfreiheit, das dem Erblasser auch von Todes wegen die Verfügungsfreiheit über sein Vermögen belassen will. Ein Testament ist eine einseitige Verfügung auf den Todesfall. Das Testamentsrecht beruht auf dem Gedanken der Privatautonomie und stammt aus dem römischen Recht. Auch ein solches System muß allerdings für den Fall Vorsorge treffen, daß der Verstorbene nichts verfügt hat und somit eine "Intestatserbfolge" anordnen (vgl. KOZIOL/WELSER 1979: 238 f).

---

113 Das Sachenrecht behandelt die Frage, wem die Sachgüter zugehören, wer sie beherrschen und darüber verfügen darf (KOZIOL/WELSER 1979: 1).

114 Das alte deutsche Recht hat diesen Gedanken in die Form der ihm eigentümlichen Rechtssprichwörter gegossen: "Wer will wohl und selig sterben, laß sein Gut den rechten Erben".

3.6.1 Grundzüge des traditionellen afrikanischen Erbrechts

Das afrikanische Erbrecht ist eine höchst komplexe Materie mit unzähligen Spezialproblemen und großen Unterschieden zwischen den einzelnen Ethnien. Es kann daher im folgenden nur ein grober und notwendigerweise stark generalisierender Überblick über die grundlegenden Fragen gegeben werden. Der Zweck des afrikanischen Erbrechts ist es, das Fortbestehen der Familie zu sichern und das Vermögen des Verstorbenen unter den Überlebenden zu verteilen. Es muß deshalb unterschieden werden zwischen der Nachfolge in Status und Rang und der Übertragung von Eigentum, wobei ersteres nicht immer automatisch mit letzterem verbunden ist (vgl. BEKKER/DE KOCK 1992: 367). Demgegenüber regelt das staatliche Recht nur die Nachfolge in das Vermögen.

3.6.1.1 Gewillkürte Erbfolge

Staatliche Normen

Die Rechte der anglophonen Staaten Afrikas basieren auf dem englischen Wills Act of 1837 und kennen somit die Testierfreiheit (vgl. ADEI 1981: 45). Das heißt, daß der Erblasser (mit gewissen Einschränkungen) frei bestimmen kann, wem sein privates Vermögen oder bestimmte Gegenstände daraus nach seinem Tod zufallen sollen. Auch einer volljährigen verheirateten Frau, egal, ob sie nun nach Zivilrecht oder nach traditionellem afrikanischem Recht geheiratet hat, ist es nach staatlichem Recht möglich, ein gültiges Testament machen (vgl. BEKKER 1989: 307).

Die Testierfreiheit des Erblassers wird allerdings im Common Law noch durch das sogenannte Pflichtteilsrecht eingeschränkt: Kinder, Eltern und Geschwister des Verstorbenen haben auch bei Vorhandensein eines sie nicht bedenkenden Testaments ein Anrecht auf einen bestimmten Teil dessen, was sie als Intestatserben bekommen hätten. Das Pflichtteilsrecht stellt sozusagen einen Ausgleich zwischen den gegenläufigen Positionen der Testierfreiheit und der Familienerbfolge dar (vgl. KOZIOL/WELSER 1979: 239). In den Gebieten der heutigen Republik Südafrika wurde bereits im vorigen Jahrhundert dieser römisch-holländische Rechtsgrundsatz per Gesetz abgeschafft und damit die unbeschränkte Testierfreiheit ermöglicht (dazu ausführlich vgl. MELLET/SCOTT 1982: 140).

Traditionelle Normen

Im Testamentsrecht wird die völlig andere Konzeption von Eigentum des traditionellen afrikanischen und des staatlichen Erbrechts deutlich: Während alle westlichen Rechtsordnungen die Testierfreiheit als einen Ausfluß des Rechtes auf Privateigentum kennen, welches als ein, einem Individuum zustehendes, Vollrecht angesehenen wird, über das dieses Individuum völlig frei verfügen kann, ist in den traditionellen afrikanischen Rechten das Eigentum immer gesellschaftlich gebunden, das heißt, es steht (mit wenigen Ausnahmen) einer Gruppe, nicht einem Einzelnen zu. Folglich kennen die afrikanischen Gewohnheitsrechte das Rechtsinstitut das Testaments im europäischen Verständnis nicht. Letztwillige Verfügungen sind nur in sehr engen Grenzen möglich: Aus schwerwiegenden Gründen mag der Erblasser seinen designierten Nachfolger - das ist in der Regel sein ältester Sohn - enterben. In den meisten afrikanischen Gewohnheitsrechten kann der Erblasser erklären, daß er bestimmte Gegenstände (zumeist Vieh) einem bestimmten Familienmitglied vermachen will, vorausgesetzt, daß die gewohnheitsrechtliche Erbfolge nicht grundlegend geändert und der Anteil des Haupterben nicht drastisch verrringert wird. Um eine solchen Erklärung rechtsgültig abzugeben, ist es unerläßlich, daß der Erblasser eine Versammlung der Männer seiner Familie einberuft, vor der er die Gründe für seine Verfügung zu erklären hat (vgl. POULTER 1976: 41, 315 ff). Daher wird ein Mann, der seinen jüngeren Kindern Teile seines Vermögens zukommen lassen will, dies meist bereits zu seinen Lebzeiten tun. Es handelt sich dann um eine Schenkung unter Lebenden, wie sie auch die staatlichen Rechtsordnungen kennen.

3.6.1.2 Intestatserbfolge

Staatliche Normen

Wenn bzw. insoweit kein Testament vorhanden ist, tritt die sogenannte Intestatserbfolge in Kraft. Die staatliche Intestatserbfolge bestimmt sich laut Common Law nach dem (altrömischen) Parentelensystem. Eine Parentel wird jeweils von einem Stammhaupt und seinen Nachkommen oder einem Stammelternpaar und seinen Nachkommen gebildet (KOZIOL/WELSER 1979: 250). Die Parentelen kommen nacheinander zum Zug, sodaß die zweite Parentel nur erben kann, wenn die erste nicht zur Erbschaft gelangt usw. Die erste Parentel wird von den Deszendenten des Erblassers gebildet, also von seinen Kindern und Kindeskindern. Leben noch alle Kinder (Söhne und Töchter), so wird die Erbschaft unter ihnen nach Köpfen aufgeteilt. Ist eines der Kinder vorverstorben, so wird sein Anteil auf seine Nachkommen aufgeteilt (sog. Repräsentationsrecht). Die zweite

Parentel besteht aus den Eltern des Erblassers und ihren Nachkommen. Sie gelangt nur dann zum Zuge, wenn es aus der ersten Parentel keine Überlebenden gibt. Ist auch die zweite Parentel erschöpft, so wird die dritte Parentel berufen, die aus den zwei Großelternpaaren und ihren Nachkommen besteht. In allen Parentelen gilt das Repräsentationsrecht.

Der Ehepartner - Zivilehen sind per definitionem monogam - erbt nach ursprünglichem Common Law nicht. Dies ist vor dem Hintergrund zu sehen, daß im 18. Jahrhundert die überwiegende Mehrzahl der Ehen in Gütergemeinschaft abgeschlossen wurde, und daher die Hälfte des gemeinsamen Vermögens ohnehin dem überlebenden Ehepartner zustand. Erst die wachsende Anzahl von Eheverträgen, mit denen die Gütergemeinschaft ausgeschlossen wurde, machte eine gesetzliche Regelung notwendig. So wurde z.B. in Südafrika erst mit dem Succession Act 13 of 1934 erstmals ein Intestatserbrecht für den Ehepartner eingeführt, das mit dem Matrimonial Property Act 88 of 1984 noch ausgeweitet wurde. Im großen und ganzen beinhalten diese Regelungen, daß der/die Ehepartner(in) neben Deszendenten des Erblassers einen gleich großen Teil erbt wie jedes Kind, neben den Eltern und Geschwistern des Verstorbenen den halben, und ansonsten den gesamten Nachlaß erhält (vgl. ISAKOW 1985: 372f).

Zusammenfassend kann gesagt werden, daß sich die staatlichen Rechtsordnungen hauptsächlich in folgenden Punkten von den traditionellen Erbrechten der durchwegs patriarchal organisierten Ethnien des südlichen Afrika unterscheiden:

- Männer und Frauen werden gleich behandelt;
- das Vermögen wird auf alle Kinder gleich aufgeteilt;
- es herrscht Testierfreiheit.

Traditionelle Normen

Da die gewillkürte Erbfolge im afrikanischen Gewohnheitsrecht wie erwähnt nur eine marginale Rolle spielt, kommen für gewöhnlich die traditionellen ("Intestats-")Erbregeln zum tragen. Diese sind im Falle der Ethnien des südlichen Afrika seit jeher vom Prinzip der patrilinearen Primogenitur bestimmt. Im Einzelnen sieht die Nachfolgeregelung so aus: Erbe des Familienoberhauptes ist sein ältester Sohn. Wenn dieser nicht mehr lebt, tritt der zweite Sohn an seine Stelle, danach der dritte usw. Falls ein vorverstorbener Sohn jedoch einen männlichen Nachkommen hinterläßt, so wird dieser allen anderen Männern der Gruppe vorgezogen. Leben keine Söhne oder deren männliche Nachkommen mehr, so kommt der Vater des Verstorbenen zum Zuge, ist auch dieser verstorben, sein ältester Bruder bzw. dessen Nachkomme usw. Sind überhaupt keine männlichen Verwandten mehr vorhanden, so tritt der Paramount Chief des

Stammes des verstorbenen Familienoberhauptes seine Erbschaft an (vgl. BEKKER 1989: 274 f).

Der älteste Sohn ist Universalsukzessor, das bedeutet, er tritt in alle Rechte und Pflichten des Vaters ein. Er erbt das gesamte Familienvermögen des Vaters (einschließlich allfälliger Schulden), sowie das Eigentum des Hauses seiner Mutter. Das gilt in monogamen Ehen ebenso wie für jene Ethnien, welche das einfache System der Polygynie praktizieren. In polygynen Ehen, in denen jede Frau ein eigenes "Haus" bildet, erbt hingegen der älteste Sohn des "Großen Hauses" das Familienvermögen, während dem jeweils ältesten Sohn jedes Hauses das Vermögen des betreffenden Hauses zufällt (vgl. BEKKER 1989: 275 ff). Wenn in einem der Häuser des Familienoberhauptes kein Sohn vorhanden ist, so erbt der nächste männliche Verwandte gemäß der im vorigen Absatz beschriebenen Rangfolge. Ein weiterer Grundsatz ist in allen traditionellen Erbrechten des südlichen Afrika von Bedeutung, nämlich jener, daß "das Vieh, nicht der Mann die Kinder zeugt" (vgl. u.a. POULTER 1976: 181 f): Dadurch wird ausgedrückt, daß alle Kinder einer Frau automatisch jenem Mann zugerechnet werden, der für sie den Brautpreis (in Form von Vieh) bezahlt hat, und zwar in der Regel auch dann, wenn er nicht der leibliche Vater ist (vgl. auch Kap. 3.5.). Generell gilt also die Regel, daß ein afrikanischer Mann zu jener Familie gehört, der seine Mutter zur Zeit seiner Geburt angehörte (vgl. BEKKER 1989: 230 ff).

Unter keinen Umständen kann nach traditionellem afrikanischem Recht eine Frau die volle Rechtsnachfolge eines Familienoberhauptes antreten (vgl. BEKKER 1989: 273). Sie tritt also weder nach dem Tod ihres Vaters, noch nach dem Tod ihres Mannes in dessen Rang und Status ein, kann aber in bestimmten Fällen Teile des Vermögens erhalten. Andererseits wird die Frau in gewisser Weise selbst als Teil der Erbschaft betrachtet: Nach dem Ableben ihres Mannes unterliegt sie der Vormundschaft seines Erben und es wird traditionell oft von ihr erwartet, daß sie die Regeln des Levirats befolgt. Sollte sie jedoch die Familie des Mannes verlassen wollen, so steht ihr kein Recht auf Unterhalt zu, und die Kinder bleiben bei der Familie des Vaters (vgl. MOLOKOMME 1986: 123). Diese Regelungen des traditionellen Erbrechts erscheinen den heutigen Lebensumständen nicht mehr adäquat und widersprechen überdies den Bestimmungen der internationalen Menschenrechtsinstrumente, insbesondere jenen, die in der 1979 beschlossenen und 1981 in Kraft getretenen UNO-Konvention gegen die Diskriminierung der Frau enthalten sind. Dort wird Diskriminierung der Frau definiert als:

> Jede aufgrund des Geschlechts vorgenommene Unterscheidung, Ausschließung oder Beschränkung, die zum Ziel oder zur Folge hat, daß die von der Grundlage der Gleichberechtigung von Mann und Frau ausgehende Anerkennung, Inanspruchnahme oder Ausübung der Menschenrechte und Grundfreiheiten der Frau - gleich welchen Familienstands - auf politischem, wirtschaftlichem,

sozialem, kulturellem, staatsbürgerlichem oder anderem Gebiet beeinträchtigt oder vereitelt wird (Artikel 1).

Stirbt eine Frau, ohne ein Testament zu hinterlassen, so gilt im staatlichen Recht so wie bei der Hinterlassenschaft nach Männern das Parentelensystem, das heißt, es erben in erster Linie ihre Kinder und der Ehegatte. Nach traditionellem Recht ist zwischen verheirateten und unverheirateten Frauen zu unterscheiden: Unverheiratete Frauen vererben nicht an ihre Kinder, sondern an ihren Vater bzw. ihren Vormund. Eine Ausnahme bilden hier die Tswana, bei denen die Kinder beiderlei Geschlechts gegenüber ihrer unverheirateten Mutter erbberechtigt sind (vgl. SCHAPERA 1955: 236). Bezüglich verheirateten Frauen bestehen in den einzelnen Ethnien unterschiedliche Regelungen. In den Ethnien, in denen die Frau kein Recht auf Eigentum hat, fällt alles, was sie besessen hat, naturgemäß an ihren Mann. Bei jenen Ethnien, in denen der Frau zumindest begrenzt die Möglichkeit eingeräumt wird, Eigentum an bestimmten Gegenständen (wie Hausrat, Kleidung etc.) zu erwerben, fallen diese Gegenstände zumeist ihren Töchtern, ihren Schwestern oder ihrer Mutter zu (vgl. BEKKER 1989: 309f).

In den vergangenen Jahren scheinen sich die traditionellen Regeln der Primogenitur unter dem Druck der sozioökonomischen Wandlungsprozesse vielfach geändert zu haben. Verschiedene Studien belegen, daß bei manchen Ethnien (z.B. Pedi, Nord-Sotho) der jüngste Sohn heute eine größere Rolle spielt, also z.B. den Hausrat und das bebaubare Land seines Hauses unter der Bedingung erbt, daß er für die Witwe des Verstorbenen sorgt (vgl. z.B. BEKKER/DE KOCK 1992: 369; WATNEY 1992: 380). Den Grund für diese Veränderungen sieht BENNETT (1991: 400) in der Tatsache, daß der jüngste Sohn heutzutage der letzte ist, der das elterliche Haus verläßt (seine Brüder sind meist schon vor ihm auf der Suche nach Arbeit in die Städte gezogen). Daher soll nach dem Willen der Eltern dieser Sohn im Dorf bleiben und für sie sorgen, wofür ihm jedoch ein materieller Anreiz geboten werden muß.

Die traditionellen Intestatserbregeln wurden in allen Staaten durch Gesetze, aber auch durch Gerichtsurteile modifiziert, in Südafrika z.B. durch Artikel 23 des Blacks Administration Act 38 of 1927. Dieser sieht u.a. vor, daß der Staatspräsident Erbtafeln (tables of succession) für die gewohnheitsrechtliche Erbfolge aufstellen kann. Schließlich haben auch die Kodifikationen das traditionelle Erbrecht abgeändert: In den Kodifikationen des Zulu-Rechts etwa wurde die Haftung des Erben auf die übernommenen Aktiva beschränkt.[115] Diese Reform war umstritten und würde z.B. von den traditionell lebenden Nord-Sotho abgelehnt (WATNEY 1992: 380).

---

115 Section 81(1) des Natal Code bzw. des KwaZulu Code of Zulu Law.

3.6.2 Die Abwicklung der Erbschaft

Gemäß staatlichem Recht wird der Nachlaß von einem staatlichen Organ - im südlichen Afrika sind das in der Regel die "Magistrates" - verwaltet, der ihn dann dem beziehungsweise den rechtmäßigen Erben übergibt. Das traditionelle Recht kennt derartige Formalitäten nicht: Der Erbe übernimmt nach dem Tod des Erblassers informell die Verwaltung des Nachlasses, und nach Verstreichen einer Trauerperiode wird ihm der Nachlaß durch die Ältesten der Gruppe formell übergeben. Der Erbe kommt dann allfälligen letztwilligen Verfügungen des Erblassers nach.

3.6.3 Kompetenzkonflikte zwischen dem staatlichen und dem traditionellen Erbrecht

Probleme ergeben sich aus der Tatsache, daß heutzutage ein Afrikaner teilweise in der traditionellen Familien- und Stammesstruktur verhaftet sein, andererseits aber ein durchaus "modernes", das heißt individuumzentriertes Leben (vor allem natürlich in den städtischen Ballungszentren) führen kann. Dies wird insbesondere bei Wanderarbeitern der Fall sein, die in ihrer Arbeitsumgebung zumindest prima facie weitgehend "detribalisiert" erscheinen, sobald sie jedoch wieder in ihre ländliche Heimat zurückkehren oder auch nur auf Besuch fahren, sofort wieder die traditionelle Lebensweise annehmen. Somit ist es schwierig, festzustellen, welches Erbrecht im Einzelfall am geeignetsten ist. Daher müssen Kriterien festgelegt werden, wie das anwendbare Erbrecht zu bestimmen ist. Durch die nicht eindeutige Trennung von "traditioneller" und "moderner" Sphäre kommt es häufig zu Überlappungen, zum Beispiel wenn ein Afrikaner Common Law-Eigentümer eines Hauses ist, dieses jedoch gemäß den traditionellen Erbregeln vererben will (vgl. BEKKER/DE KOCK 1992: 371).

An dieser Stelle sei eine m.E. sehr aufschlußreiche empirische Untersuchung erwähnt, welche vor einigen Jahren den Bekanntheitsgrad der verschiedenen Erbrechtsregeln in ländlichen und städtischen Gebieten erforschte. Dabei wurden einerseits Angehörige der Pedi (Nord-Sotho) befragt, die in der ländlich-traditionellen Umgebung Lebowas leben, andererseits Angehörige dieser Ethnie, die in Vosloorus, einem städtischen Gebiet am East Rand wohnen. Die Studie brachte kurz gesagt folgende Ergebnisse: Die Landbewohner wissen über die traditionellen Erbregeln der Pedi sehr gut Bescheid, haben aber wenig Ahnung vom staatlichen Erbrecht Südafrikas. Kein einziger Informant wußte etwa, welche Rechtswirkungen eine Zivilehe nach sich zieht oder was ein Testament ist. Die Stadtbewohner - die im Zuge der Studie interviewten Personen hatten im Durchschnitt bereits 20 Jahre im städtischen Milieu verbracht - kennen dagegen die Regeln beider Rechtssysteme und wissen auch genau, wo die Unterschiede zwischen ihnen liegen (WATNEY 1992: 379 ff).

Wie in den beiden vorangegangenen Unterkapiteln gezeigt wurde, sind staatliches und traditionelles Erbrecht in weiten Bereichen unvereinbar. Wie zahlreiche empirische Untersuchungen belegen, bevorzugen Frauen im allgemeinen das für sie günstigere staatliche Erbrecht, während Männer lieber gemäß den traditionellen Regeln erben. Für die Beantwortung der Frage, welches Erbrecht im Einzelfall die gerechteste Lösung bietet, gibt es keine Patentlösungen. Die Gesetze und Gerichte der einzelnen Staaten können nur versuchen, im Einzelfall möglichst gerechte Lösungen zu finden. Dazu sind wiederum zwei Bereiche getrennt zu betrachten, nämlich

1) die gewillkürte Erbfolge und
2) die Intestatserbfolge.

ad 1) Die bereits angesprochenen fundamentalen Unterschiede in der Konzeption des Eigentums werfen die Frage auf, inwieweit das staatliche Recht dem/der einzelnen AfrikanerIn die Möglichkeit eröffnen soll, über sein/ihr Vermögen per Testament zu bestimmen und damit die traditionelle Erbfolge umzustoßen. Die einzelnen Staaten des südlichen Afrika haben diese Frage im Wege ihrer nationalen Gesetzgebungen unterschiedlich gelöst:

In der Republik Südafrika werden Schwarze und Weiße in punkto Testierfreiheit weitgehend gleich behandelt: Der Blacks Administration Act 38 of 1927 bestimmt, daß jeder Afrikaner und jede Afrikanerin ein gültiges Testament verfassen und damit die traditionelle Erbfolge außer Kraft setzen kann. Allerdings bleibt die Testierfreiheit eines dem traditionellen Gewohnheitsrecht unterliegenden Afrikaners auf jene Gegenstände beschränkt, an denen er ein Vollrecht nach europäischem Verständnis besitzt. Der ausschlaggebende Passus des Blacks Administration Act 38 of 1927 lautet:

> (1) All movable property belonging to a Black and allotted to him or accruing under Black law or custom to any woman with whom he lived in a customary union, or to any house, shall upon his death devolve and be administered under Black law and custom.
> (2) All land in a location held in individual tenure upon quitrent conditions by a Black shall devolve upon his death upon one male person, to be determined in accordance with tables of succession to be prescribed under sub-section (10)[116].
> (3) All other property of whatsoever kind belonging to a Black shall be capable of being devised by will (Blacks Administration Act 38 of 1927, section 23).

[116] Dieser sah vor, daß der Generalgouverneur die Erbfolge (tables of succession) für Schwarze festlegen sollte.

Über das Eigentum der Häuser einer polygynen Ehe sowie über Landbesitz kann das Familienoberhaupt also nicht testamentarisch verfügen. Somit bleibt das persönliche Eigentum des Familienoberhaupts sowie das Familieneigentum (Kraaleigentum).[117] Die Dichotomie zwischen Eigentum eines Hauses und Familieneigentum erscheint allerdings aus heutiger Sicht nicht mehr adäquat, weil es nur die Gegebenheiten in polygynen Familien widerspiegelt, welche aber immer seltener werden (vgl. BENNETT 1985: 221). Ist ein Testament vorhanden, das nur einen Teil des Vermögens abdeckt, so unterliegt auch der Rest des (nicht unter Artikel 23(1) und (2) fallenden) Vermögens nicht der traditionellen Erbfolge, sondern jener des staatlichen Rechts (vgl. BEKKER 1989: 316 f).

In den anderen Ländern des südlichen Afrika gibt es keine derart detaillierten Regelungen darüber, über welchen Teil des Vermögens ein(e) AfrikanerIn testamentarisch verfügen kann. In Bophutatswana wurde mit dem Succession Act of 1982 auch die testamentarische Verfügung über Hauseigentum ermöglicht (vgl. BENNETT 1985: 220). Auch in Botswana (vgl. SANDERS 1986a: 146) und Swaziland (vgl. SANDERS 1986b: 118) können alle Afrikaner ohne Beschränkung gültig testieren. In Lesotho dagegen kann ein Erblasser nur dann gültig testieren, wenn er "die tribalen Bräuche aufgegeben und eine europäische Lebensweise angenommen hat" (Administration of Estates Proclamation 19 of 1935, section 3(b)).

Bei der Beurteilung der Bedeutung all dieser Grundsätze in der Praxis muß man freilich einen Blick auf das Verfahrensrecht werfen: Während alle die genannten Regeln nur im Verfahren vor staatlichen Gerichten zum Tragen kommen, wo ein staatlicher Nachlaßverwalter bestimmt werden muß, ist in der gewohnheitsrechtlichen Praxis die Verteilung des Vermögens des Verstorbenen ausschließlich Sache der Familie. In der Praxis ist es daher nicht unwahrscheinlich, daß die Erbschaft ungeachtet aller staatlichen Normen auf jeden Fall nach Gewohnheitsrecht abgewickelt wird (vgl. BENNETT 1985: 227). Andererseits wird auch kein Problem auftreten, wenn die Familie gewillt ist, einer testamentarischen Verfügung des Erblassers Rechnung zu tragen, obwohl diese nach traditionellem Recht ungültig und gerichtlich nicht durchsetzbar wäre (vgl. ADEI 1981: 57).

ad 2) Auch für die Bestimmung des anwendbaren Erbrechts im Falle der Intestatserbfolge bestehen in den einzelnen Staaten unterschiedliche Regelungen: In Lesotho wird bei der Entscheidung, welches Intestatserbrecht zur Anwendung kommen soll, die Lebensweise und die Art der Eheschließung des Verstorbenen

---

[117] Familieneigentum wird im Natal Code of Zulu Law folgendermaßen definiert: "...all the property in a kraal other than (i) property vesting in or pertaining specially to any particular house of that kraal and (ii) the personal property of any major inmate or any inmate not related to or belonging to the famliy of the kraal head" (section 1).

als Kriterium herangezogen. Mit der Administration of Estates Proclamation 19 of 1935, wurden grundsätzlich die englischen Prinzipien der Abwicklung eines Erbfalles übernommen, allerdings unter der Voraussetzung, daß dem High Court bewiesen werden kann, daß der Erblasser die afrikanische Lebensweise aufgegeben hat: Die entsprechende Gesetzesstelle lautet:

> ...abandoned tribal custom and adopted a European mode of life and who, if married have married under European law (Administration of Estates Proclamation 19 of 1935, section 3(b)).

Die Hinterlassenschaften aller anderen Afrikaner sollten gemäß traditionellem Erbrecht abgewickelt werden. Freilich ist es - insbesondere im Hinblick auf die Wanderarbeit - nur selten möglich, die Lebensweise eines Menschen eindeutig als westlich oder afrikanisch zu klassifizieren. In der Praxis haben Gerichte bei dieser Entscheidung unter anderem folgende Kriterien herangezogen: Tragen europäischer Kleidung, Besitz eines Autos, Zugehörigkeit zu einer christlichen Glaubensgemeinschaft, Heirat nach Zivilrecht, Schlafen in einem Bett, Beiziehen eines Rechtsanwaltes, Beschäftigung im modernen Sektor, Leben im städtischen Milieu (vgl. MAMASHELA 1989: 69). Alle diese Kriterien vermögen nicht zu überzeugen, und eine Heirat nach staatlichem beziehungsweise kirchlichem Ritus hat, wie zahlreiche empirische Studien belegen, wenig Aussagekraft dafür, welche Erbrechtsregelungen im Einzelfall als angemessen zu betrachten wären (vgl. Kap. 3.5.5.).

In Swaziland wird die Frage, ob der Erblasser eine Zivilehe eingegangen hat oder nicht, überhaupt als einziges Kriterium herangezogen. Hat er eine Zivilehe (oder christliche Ehe) geschlossen, so ist das "moderne" Erbrecht anzuwenden, andernfalls das traditionelle. BENNETT (1985: 226 f) kritisiert dieses ausschließliche Abstellen auf die Form der Eheschließung und meint, man müsse auch die Lebensweise des Verstorbenen mitberücksichtigen.

Die in der Republik Südafrika geltenden Regeln, nach denen das Vermögen des Verstorbenen zu verteilen ist, sind höchst unübersichtlich, kasuistisch und in verschiedenen Gesetzen[118] verstreut, weshalb an dieser Stelle nicht näher darauf eingegangen werden soll (dazu ausführlich vgl. u.a. BEKKER 1989: 317 ff). Interessant erscheint die Tatsache, daß Bophutatswana 1982 die traditionelle Erbfolge überhaupt per Gesetz[119] abgeschafft hatte, was bedeutet, daß bei Fehlen eines Testaments alle Kinder (beiderlei Geschlechts) und der bzw. die Ehepartner

---

[118] Vgl. z.B. Blacks Administration Act 39 of 1927, section 23; Regulation 2 of the Regulations for the Administration and Distribution of the Estates of Deceased Blacks, 1987.

[119] Bophuthatswana Succession Act 23 of 1982 und Bophuthatswana Intestate Succession Restatement Act 3 of 1990.

des Verstorbenen erbten (vgl. BENNETT 1989: 32; BEKKER 1989: 330 f). Allerdings hatte diese Reform nur begrenzte Auswirkungen auf die Praxis.

3.7 VERTRAGSRECHT

Unter einem Vertrag versteht man die Begründung eines Schuldverhältnisses durch Willenseinigung der Vertragsparteien. Im staatlichen Recht herrscht Gestaltungsfreiheit, was bedeutet, daß die Parteien nicht an bestimmte Vertragstypen gebunden sind, sondern den Inhalt des Vertrages (innerhalb gewisser Grenzen) frei bestimmen können. Grundsätzlich lassen sich verschiedene Gruppen von Verträgen unterscheiden, wie Veräußerungsverträge (z.B. Kauf, Tausch, Schenkung), Gebrauchsüberlassungsverträge (z.B. Miete, Pacht, Leihe), Arbeitsverträge etc. Außer in Sonderfällen verlangt das staatliche Recht keine Schriftlichkeit, es genügt also eine verbale, ja sogar eine bloß konkludente Einigung (vgl. DU PLESSIS/KOK 1990: 81).

Die afrikanischen Gewohnheitsrechte zeichnen sich dadurch aus, daß ihnen ein differenziertes Vertragsrecht im westlichen Sinn fehlt (vgl. BOZEMAN 1976: 242 f). Das erklärt sich aus dem Umstand, daß die zwischenmenschlichen Beziehungen in Afrika traditionell vom Status dominiert sind und nicht von synallagmatischen Verträgen (vgl. ABEL 1984: 11; CHANOCK 1985: 224). Die traditionellen Rechtsordnungen zielen wesentlich mehr auf die Beilegung interpersoneller Konflikte innerhalb einer ethnisch und sprachlich weitgehend homogenen Gemeinschaft ab, als auf die Regelung vermögensrechtlich relevanter Rechtsgeschäfte zwischen einander fremden Einzelpersonen. Dem Gewohnheitsrecht ist es wichtiger, den sozialen Frieden zu erhalten als vertragliche Vereinbarungen zwangsweise durchzusetzen. So kommt es im traditionellen Kontext sehr häufig zum Bruch vertraglicher Vereinbarungen (vgl. GLUCKMAN 1969a: 76). In der gedanklichen Konzeption der Bantu des südlichen Afrika entstehen die vollen wechselseitigen Rechte und Pflichten in der Regel nicht schon mit der bloßen Willenseinigung der Parteien, vielmehr muß dazu noch die zumindest teilweise Vertragserfüllung kommen (vgl. MYBURGH 1980: 311). Im übrigen handelt es sich bei traditionellen Verträgen häufiger um eine Vereinbarung zwischen Gruppen als um eine Vereinbarung zwischen Individuen.

Inhaltlich gibt es im Bereich des Vertragsrechts (insbesondere bei den gängigen Vertragstypen wie Kauf, Tausch, Darlehen) keine großen Widersprüche zwischen den Normen der afrikanischen Gewohnheitsrechte und den (allerdings wesentlich detaillierteren) Regelungen des staatlichen Rechts (vgl. PALMER/POULTER 1972: 189 f). Die zwei wichtigsten Unterschiede betreffen die Verjährung und die Verzinsung: Während das staatliche Recht das Rechtsinstitut der Verjährung[120] kennt, können Ansprüche nach Gewohnheitsrecht ohne zeitliche Begrenzung geltend gemacht werden. Auch fallen nach staatlichem Recht bei Zahlungsverzug automatisch Zinsen an, dem Gewohnheitsrecht sind solche Verzugszinsen dagegen fremd. In Fällen, bei denen möglicherweise Verjährung oder Verzinsung eine Rolle spielen, muß daher vom zuständigen Gericht vorab geklärt werden, nach welcher Rechtsordnung der Vertrag beurteilt werden soll (vgl. BEKKER 1989: 332).

Während in der Kolonialzeit das staatliche Recht die Gültigkeit mancher gewohnheitsrechtlicher Verträge in Frage stellte (z.B. wurde die Vereinbarung eines Brautpreises als sittenwidrig und daher ungültig angesehen), ist dies heute nicht mehr der Fall. Umgekehrt könnten Konflikte auftreten, wenn Verträge nach staatlichem Recht über Sachen geschlossen werden, die nach traditionellem Recht dem freien Verkehr entzogen sind (z.B. Land), oder wenn Verträge mit Personen geschlossen werden, die nach traditionellem Recht als Minderjährige gelten und daher keine Verträge schließen können (vgl. dazu Kap. 3.5.4.).

Das traditionelle Recht kennt einige ganz spezifische Vertragstypen, die überwiegend mit dem Aushandeln, der Aufbringung und der allfälligen Rückerstattung des Brautpreises zu tun haben. Sie sollen im folgenden kurz dargestellt werden:

Das Pfandrecht

Ein Schuldner kann seinem Gläubiger zur Sicherstellung einer Forderung nicht nur eine Sache verpfänden, die sich gegenwärtig in seinem Eigentum befindet, sondern auch jene Wertgegenstände, die er als Brautpreis für seine Tochter (oder eine andere in seiner Familie lebende unverheiratete Frau) zukünftig erwartet. Normalerweise verbleibt die Frau in der Familie des Schuldners, und dieser ist, sobald den Brautpreis erhält, verpflichtet, daraus seine Schuld zu begleichen. Es besteht aber nach traditionellem Recht auch die Möglichkeit, die junge Frau als "Sicherstellung" an den Gläubiger zu übergeben. In diesem Fall erhält der Gläubiger den gesamten Brautpreis zur Befriedigung seiner Forderung. Letztere Praxis ist natürlich aus menschenrechtlicher Sicht bedenklich und widerspricht dem europäischen Rechtsempfinden. Gerichte könnten daher die Anerkennung einer derartigen Vereinbarung mit dem Hinweis ablehnen, sie wiederspräche den guten Sitten (vgl. BEKKER 1989: 333 f)

---

[120] Verjährung bedeutet, daß ein Anspruch nach Verstreichen einer gewissen Zeit nicht mehr geltend gemacht werden kann.

Ethula

Mit diesem Zulu-Wort wird die Verpflichtung des Sohnes bezeichnet, seinem Vater den Brautpreis, den dieser für seine Frau bezahlt hat, zurückzuerstatten. Ein Familienoberhaupt ist traditionell verpflichtet, den Brautpreis für die erste Frau jedes seiner Söhne zu bezahlen. Daneben besteht aber eine sekundäre Haftung des Sohnes, die, abhängig von den konkreten Umständen des Einzelfalles verschiedene Formen annehmen kann (vgl. POULTER 1976: 135 f). Bei den Nguni-Ethnien muß der Sohn seinen Vater mit dem Brautpreis entschädigen, den er für die erstgeborene Tochter aus dieser Ehe erhält. Geht aus der Ehe keine Tochter hervor, so haftet der Sohn beziehungsweise sogar sein Erbe weiter, bis die Schuld bezahlt ist (vgl. BEKKER 1989: 334 f).

Ukwenzelela

Eine ähnliche Regelung gilt auch, wenn Verwandte des Bräutigamvaters einen Teil des Brautpreises zur Verfügung stellen, entweder aus freiem Antrieb oder weil sie darum ersucht werden. In diesem Fall gilt die Vermutung, daß es sich dabei nicht um ein Geschenk, sondern um ein Darlehen (Xhosa: Ukwenzelela) handelt, das vom Bräutigam mit dem Brautpreis für die erste aus seiner Ehe hervorgegangene Tochter zurückgezahlt werden muß. Die besagte Regelung gilt jedoch nicht in alle Ethnien: Insbesondere in der Sotho-Tswana-Gruppe werden solche Beiträge zum Brautpreis grundsätzlich als Geschenk betrachtet (vgl. SCHAPERA 1955: 145).

Ukufakwa

Eine als Ukufakwa (ein Wort aus der Xhosa-Sprache) bezeichnete Vereinbarung betrifft Ausgaben, die ein patrilinearer Verwandter eines Mädchens für dieses tätigt, welche aber normalerweise durch den Vater zu tragen wären (zum Beispiel Aufwendungen für ihre Initiationsfeier). Der Verwandte erhält automatisch ein Anrecht auf den Brautpreis des Mädchens in der Höhe der von ihm getätigten Ausgaben (vgl. BEKKER 1989: 337).

Stellvertretung

Bei gewohnheitsrechtlichen Verhandlungen, insbesondere beim Aushandeln des Brautpreises, bei der Forderung nach Rückgabe des Brautpreises oder nach Entschädigung für Ehebruch etc. bestimmen die Parteien in der Regel Stellvertreter, welche für sie die Verhandlungen führen. Solcherart von Stellvertretern ausgehandelte Abkommen binden deren Auftraggeber. Ein erfolgreicher Stellvertreter hat auch ohne gesonderte Vereinbarung das Recht auf eine angemessene Entlohnung durch seinen Auftraggeber (in der Regel zumindest ein Stück Vieh) (vgl. BEKKER 1989: 337).

Ukunquoma

Unter Ukunquoma (ein Xhosa-Wort; in Zulu auch Ukusisa, in Sotho Mafisa genannt) versteht man ein Fruchtgenußrecht an Vieh. Der Eigentümer stellt einem Fruchtnießer eine bestimmte Anzahl Vieh zur Verfügung, wobei letzterer die Früchte, also insbesondere Milch, für sich behalten darf, allerdings allfällige neugeborene Tiere dem Eigentümer gehören. Solcher Verträge dauern oft mehrere Jahre. Normalerweise inspiziert der Eigentümer sein Vieh regelmäßig. Wenn der Eigentümer darauf besteht, muß der Fruchtnießer die Herde an den Eigentümer zurückgeben (d.h. sie zu seinem Haus bringen) und ihm Rechenschaft ablegen (vgl. SCHAPERA 1955: 247).

3.8 STRAFRECHT UND SCHADENERSATZRECHT

Grundsätzlich kennen die traditionellen afrikanischen Rechtsordnungen eine Unterscheidung zwischen Strafrecht und Schadenersatzrecht, doch ist diese nicht so strikt wie in den europäischen Rechtsordnungen (vgl. LABUSCHAGNE/VAN DEN HEEVER: 1995: 422). Anthropologen sprechen diese Unterscheidung an, wenn sie versuchen, zwischen "Delicts" und "Penal Offences" (SCHAPERA 1943: 30 ff) oder zwischen "Private Delicts" und "Public Delicts" (RADCLIFFE-BROWN 1933: 202 f) zu differenzieren, müssen jedoch selbst eingestehen, daß es in manchen Fällen keine klare Trennlinie gibt (dazu in Kap. 3.8.1.). Tendenziell tritt das Strafrecht gegenüber dem Schadenersatzrecht umso mehr in den Vordergrund, je zentralisierter und stratifizierter das Gemeinwesen ist (vgl. KUPER 1969: 45).

3.8.1 Strafrecht

Grundsätzlich ist das Strafrecht ein Rechtsbereich, in dem die materiellrechtlichen Unterschiede zwischen dem staatlichen Recht und dem traditionellen afrikanischen Recht verhältnismäßig gering sind (vgl. SANDERS 1986a: 157, 1986b: 119). Schon in der Kolonialzeit wurde jedoch den traditionellen Gerichten die strafrechtliche Kompetenz für Verbrechen weitestgehend entzogen. In einigen Staaten und den meisten Homelands innerhalb der Republik Südafrika übertrug man den Chiefs die dagegen Kompetenz, unter bestimmten Bedingungen relativ leichte Verstöße gegen das staatliche Strafrecht abzuurteilen (für Details vgl. BEKKER 1989: 20 ff). Die subjektive Tatseite wurde von den meisten Gewohnheitsrechten wenig berücksichtigt, in vielen Fällen gingen traditionelle afrikanische Gerichte von einer (verschuldensunabhängigen) Erfolgshaftung aus (vgl. BENNETT/SCHOLTZ 1979: 293 f; ABEL 1984: 14; LABUSCHAGNE/VAN DEN HEEVER 1995: 422 ff). Lediglich Kinder und Geistesgestörte wurden generell als deliktsunfähig angesehen (vgl. MYBURGH 1980: 312).

Das staatliche Strafrecht besteht aus zwei Komponenten: Common Law und Gesetzesrecht (statutory law). Das Common Law kennt an die 40 Verbrechen. Darunter sind die in Südafrika am häufigsten auftretenden Delikte wie Mord, Totschlag, Körperverletzung, Vergewaltigung, Diebstahl oder Raub. Daneben gibt es mehrere hundert durch Gesetz festgelegte Straftatbestände (zum Beispiel Trunkenheit am Steuer oder Drogenbesitz). Viele der gesetzlichen Straftatbestände betreffen Bagatelldelikte wie etwa Falschparken oder Straßenverunreinigung (in Österreich würde man sie meistens als Verwaltungsübertretungen behandeln). Während der Apartheid-Ära in Südafrika gab es eine Reihe von Deliktstatbeständen, die per definitionem nur von Schwarzen begangen werden konnten (influx control measures, pass offences, curfew laws). So wurden ab Beginn dieses Jahrhunderts in Südafrika über 17 Millionen Schwarze wegen Verletzung der Paß- und Zuwanderungsbestimmungen festgenommen. Außerdem wurden viele Straftatbestände öfter gegen Afrikaner als gegen Weiße angewendet (OLMESDAHL 1987: 296) beziehungsweise erstere strenger bestraft (VAN NIEKERK 1979: 151 ff).

Die allgemeinen Prinzipien der strafrechtlichen Verantwortlichkeit in den Staaten des südlichen Afrika beruhen auf theoretischen Konzepten aus dem römisch-holländischen Recht. Daneben sind jedoch viele Regeln des englischen Common Law, so wie sie im "Indian Penal Code" kodifiziert und dann in den "Transkeian Penal Code of 1886" übernommen wurden, getreten.

Voraussetzung für eine Verurteilung nach staatlichem Recht ist, daß der Beschuldigte vorsätzlich gehandelt hat. In der ersten Hälfte dieses Jahrhunderts definierte man die Verantwortlichkeit des Täters über objektive Kriterien, der Richter beurteilte dessen Verhalten nach dem Maßstab einer fiktiven objektiven Maßfigur. Diese Maßfigur repräsentierte - wenig überraschend - zumeist die typische Denkweise eines weißen Stadtbewohners. Ab Mitte der 1950er Jahre stellten die Gerichte zunehmend auf subjektive Kriterien ab. Dem Beschuldigten wurde die Möglichkeit eröffnet, Gründe vorzubringen, die seine individuelle Verantwortlichkeit im Einzelfall ausschlossen, wie z.B. Unzurechnungsfähigkeit nach Alkoholgenuß, Rechtsirrtum, Notwehr, Notstand etc. Die meisten der anerkannten Einwendungen reflektieren jedoch das westliche Wertesystem. Die afrikanische Weltsicht und Wertordnung wird wenig berücksichtigt. So kann zum Beispiel jemand, der einen (vermeintlichen) Hexer getötet hat, weil dieser ihn mit dem Tod bedroht hatte, diese Tatsache nicht als Entschuldigungsgrund geltend machen. Der staatliche Richter muß sich zur Feststellung der subjektiven Verantwortlichkeit des Täters in dessen Haut versetzen - was einem weißen Richter, der über einen afrikanischen Slumbewohner urteilen soll, ziemlich schwer fallen dürfte (vgl. OLMESDAHL 1987: 295 f).

Nach europäischem Rechtsverständnis bilden Straf- und Schadenersatzrecht zwei völlig getrennte Rechtsbereiche. Das Strafrecht beruht auf dem Gedanken, daß durch ein Delikt die Interessen der Allgemeinheit verletzt wurden, und daher die Gemeinschaft (nach "modernem" Recht in Form des Staates, nach traditionellem Recht in Gestalt des Chief) mit einer Freiheits- oder Geldstrafe "entschädigt" werden muß. Das Schadenersatzrecht dagegen beruht darauf, daß jemandem aus der Tat ein unmittelbarer Schaden erwachsen ist, der ausgeglichen werden soll. In vielen afrikanischen Gewohnheitsrechten gibt es hingegen keine strikte Trennung von Straf- und Schadenersatzrecht. Vergleiche dazu insbesondere die Studie von LABUSCHAGNE/VAN DEN HEEVER (1995: 422 ff), die untersucht, wie in verschiedenen Ethnien Tötungsdelikte geahndet werden. Außerdem treten heute zivilrechtliche Ansprüche aus Gesetz oder Common Law neben jene des traditionellen Rechts. Dies soll in der Folge am Beispiel des Mordes dargestellt werden:

Soweit dies aus den spärlichen ethnographischen Quellen heute noch rekonstruierbar ist, knüpften die einzelnen Gewohnheitsrechte der Ethnien des südlichen Afrika ursprünglich an Tötungsdelikte (wobei zwischen Mord, Totschlag und fahrlässiger Tötung nicht immer unterschieden wurde) sehr verschiedene rechtliche Konsequenzen: In vielen Ethnien (z.B. Nordsotho, manche Südsothogruppen) wurde für vorsätzlichen Mord die Todesstrafe verhängt, daneben mußte nach manchen, jedoch offenbar nicht nach allen Gewohnheitsrechten noch eine Entschädigungszahlung an die Familie des Getöteten geleistet werden. In anderen Ethnien war die Sanktion eine Strafzahlung (in der Regel in Form einer bestimmten Anzahl von Vieh) an den Chief, wobei oft vom Chief erwartet wurde, daß er die gesamte oder Teile der Strafzahlung an die Familie des Opfers weitergibt (dazu ausführlich LABUSCHAGNE/VAN DEN HEEVER 1995: 422 ff). Man sieht also, daß Straf- und Schadenersatzrecht sich in den traditionellen Rechtsvorstellungen überschneiden. Rein zivilrechtliche Schadenersatzansprüche der Hinterbliebenen dürfte es in den traditionellen Rechten nicht gegeben haben, sie werden jedoch durch Artikel 91 des Natal Code of Zulu Law zugelassen (BEKKER 1989: 342, 378).

Heute sind schwere Delikte wie Mord längst der traditionellen Strafrechtspflege entzogen und werden von den staatlichen Gerichten nach staatlichem

Strafrecht (Common Law oder Gesetzesrecht) abgehandelt.[121] Daneben stehen den Angehörigen des Getöteten Entschädigungsansprüche für entgangene Unterhaltsleistungen zu, wobei solche nach Common Law und solche auf gesetzlicher Grundlage zu unterscheiden sind. Im Apartheid-Südafrika war eine gewohnheitsrechtlich geschlossene Ehe nicht als rechtsgültig anerkannt (vgl. Kap. 3.5.5.6.), daher galten die Witwe bzw. die Witwen des Opfers nicht als unterhaltsberechtigt. Die Kinder dagegen konnten sich unabhängig von einer nach staatlichem Recht gültigen Eheschließung ihrer Eltern darauf berufen, daß sie ein Unterhaltsrecht gegenüber ihren beiden leiblichen Elternteilen haben. Somit konnten zwar die Kinder, nicht aber die gewohnheitsrechtliche Witwe(n) eine auf Common Law beruhende Klage gegen den Mörder eines Familienoberhauptes einbringen (vgl. OLMESDAHL 1987: 293).

Diese mehr als unbefriedigende Situation wurde teilweise durch den Black Laws Amendment Act 76 of 1963 gemildert. Dort wurde der Witwe aus einer gewohnheitsrechtlichen Ehe das Recht zugestanden, von der Person, die den Tod ihres Mannes verschuldet hat, Schadenersatz für entgangene Unterhaltsleistungen zu fordern. Voraussetzung ist jedoch, daß die Witwe ein von einer staatlichen Stelle ausgestelltes Zertifikat beibringen kann, das ihre gewohnheitsrechtliche Eheschließung mit dem Verstorbenen bestätigt. Wenn (als Folge einer polygynen Ehe) mehrere Witwen vorhanden sind, können - so sie die nötigen Heiratszertifikate besitzen - alle die entsprechende Klage einbringen. Das Gericht darf aber allen zusammen keine höhere Entschädigung zusprechen, als es einer einzelnen Klägerin zugesprochen hätte (Black Laws Amendment Act 76 of 1963, section 31).

3.8.2 Schadenersatzrecht

Nach den traditionellen afrikanischen Rechten steht für jedes Unrecht, das sich gegen eine andere Person und nicht gegen den Chief (als Repräsentanten des Gemeinwesens) richtet - ein solches unterläge dem Strafrecht -, und durch das ein materieller oder immaterieller Schaden eintritt, dem Geschädigten (bzw. seiner Familie) ein Schadenersatz zu. Freilich war nach traditionellem Recht das Familienoberhaupt für alle von den Familienangehörigen verursachten Schäden verantwortlich, andererseits stand ihm auch das alleinige Recht zu, Schadenersatz für erlittenes Unrecht einzufordern (vgl. OLMESDAHL 1987: 292). Als solche, Schadenersatzansprüche begründende Unrechtshandlungen gelten vor allem Ehebruch und voreheliche Verführung einer Jungfrau.

[121] Das schließt freilich nicht aus, daß nach bzw. parallel zu einem Strafprozeß informell auch der Chief angerufen wird.

Ehebruch

Ehebruch nach afrikanischem Gewohnheitsrecht ist der mindestens einmalige außereheliche Verkehr eines Mannes mit einer verheirateten Frau bei aufrechter gewohnheitsrechtlicher Ehe.

Dem Ehemann steht für Ehebruch seiner Frau ein Schadenersatzanspruch zu, der freilich auch einen Abschreckungseffekt für potentielle Ehebrecher haben soll. Andererseits wird berichtet, daß die traditionelle Gesellschaft außerehelichen Beischlaf im allgemeinen verschwiegen behandelte bzw. sogar tolerierte (vgl. BERGER 1981: 257, 283). Es ist daher anzunehmen, daß in der Praxis eine Klage wegen Ehebruchs vor allem dann erhoben wurde bzw. wird, wenn er wiederholt vorkommt.

Die Höhe des Schadenersatzanspruches variiert von Ethnie zu Ethnie, im allgemeinen sind es zwei bis zehn Rinder. Die höchsten Kompensationen werden bei den Tswana zugesprochen. Bei manchen Gruppen (z.B. bei den Pondo) erhöht sich die Entschädigung, wenn bei der Frau eine Schwangerschaft eintritt. Eine Sonderregelung gilt in manchen Ethnien, wenn es sich bei dem Ehebruch um Inzest[122] handelt, wenn also der Ehebrecher ein naher Verwandter der Frau ist. In diesem Fall muß der geständige Ehebrecher ein Stück Vieh zur Verfügung stellen, das geschlachtet und dann von (seinem und ihrem) ganzen Klan gemeinsam verspeist wird (vgl. BEKKER 1989: 367). Ob daneben dem Ehemann eine Entschädigung gewährt wird, ist ebenfalls gruppenabhängig.

Zur Geltendmachung seines Schadenersatzanspruches muß der Mann das traditionelle Verfahren einhalten, das heißt, er muß ihn zunächst beim Ehebrecher bzw. dessen Familienoberhaupt geltend machen. Wenn der Beschuldigte die Tat leugnet, muß der Ehemann beim zuständigen traditionellen Gericht klagen.

Wenn die Ehe nach Zivilrecht getraut wurde, steht dem betrogenen Ehemann (auch) die Klage nach staatlichem Recht zu. Dabei kann er seinen Anspruch freilich nicht wie gemäß dem traditionellen Recht in Vieh angeben, sondern muß ihn in Geld beziffern. Die Höhe der vom staatlichen Gericht dem betrogenen Ehemann zugesprochenen Entschädigung wird sich im allgemeinen daran orientieren, was ihm nach afrikanischem Gewohnheitsrecht zustünde.

Verführung eines unverheirateten Mädchens

Das traditionelle Recht der meisten Ethnien sieht ebenfalls eine Entschädigung für den Fall der Defloration eines Mädchens vor der Heirat vor. Die Höhe der zustehenden Entschädigung variiert wiederum von Ethnie zu Ethnie, z.B. sind bei

---

[122] Was genau als Inzest gilt, ist bei den einzelnen Ethnien unterschiedlich definiert. Vgl. dazu Kap. 3.5.3.

den Sotho fünf Rinder (plus eines als "Moqoba" für die erste Schwangerschaft, dazu unten) zu entrichten. In diesem Zusammenhang ist eine gewohnheitsrechtliche Regel zu nennen, die bei den Zulu und einigen anderen Nguni-Völkern Gültigkeit hat. Dort muß derjenige, der ein Mädchen entjungfert, ein Stück Vieh als Entschädigung an deren Mutter zahlen. Diese Zahlung wird von den Zulu als "Ngquthu" oder "Uhulangu", von den Xhosa als "Sidwangu" oder "Isihewula", von den Sotho als "Moqoba" bezeichnet. Nach der Rechtsprechung darf die Mutter des Mädchens - entgegen dem Wortlaut des Artikels 67(2) des Code of Zulu Law - über dieses Rind jedoch nur mit Zustimmung ihres Ehemannes bzw. ihres Vormundes verfügen (vgl. BEKKER 1989: 352).

Eine zusätzliche Entschädigung gebührt gemäß traditionellem afrikanischen Recht für den Fall, daß eine Frau von ihrem "Verführer" geschwängert wird. Dabei kann diese Entschädigung in manchen Ethnien nur für die erste, in anderen auch für die zweite und sogar die dritte Schwangerschaft einer Frau gefordert werden, wobei sich die Summe jedoch von Schwangerschaft zu Schwangerschaft vermindert.

Das Verfahren zur Geltendmachung des Schadenersatzanspruches wegen "Verführung" ist gleich wie jenes wegen Ehebruchs. Da eine Frau nach traditionellem Recht nicht geschäftsfähig ist und daher auch nicht vor Gericht erscheinen kann, besitzt sie auch selbst kein Klagerecht. Die entsprechende Klage muß vielmehr von ihrem Vormund eingebracht werden. Dies erscheint aus afrikanischer Sicht auch nur logisch, weil es ja ihr Vater bzw. dessen Erbe ist, der durch ihre Defloration geschädigt wird, weil sich der für sie erzielbare Brautpreis vermindert.

Das staatliche Recht Südafrikas legt den Begriff der "Verführung" (Seduction) enger aus als das traditionelle Recht: Es versteht darunter ausschließlich die Defloration einer Jungfrau, eine nachfolgende Schwangerschaft ist juristisch nicht von Bedeutung. Wenn die Defloration bewiesen ist, steht der Frau eine Entschädigung zu. Dazu kommt gegebenenfalls noch ein Kostenersatz für tatsächlich getätigte Aufwendungen bzw. erlittene Verluste, wie z.B. Entbindungskosten oder Verdienstentgang im Falle einer nachfolgenden Schwangerschaft. Einer unverheirateten afrikanischen Frau wird in Südafrika aber auch eine Klage gegen ihren "Verführer" nach staatlichem Recht eingeräumt, und zwar unabhängig davon, ob ihre Eltern nach traditionellem oder nach staatlichem Recht verheiratet sind. Diese Klage kann sie auch selber einbringen. Wenn die Eltern der Frau nach afrikanischem Gewohnheitsrecht verheiratet sind, so steht auch dem Vater zusätzlich das Recht zu, auf Schadenersatz zu klagen. Allerdings muß der "Verführer" insgesamt nur einmal zahlen. Oft sprechen staatliche Gerichte einen höheren Entschädigungsbetrag zu als es traditionelle Gerichte tun (vgl. BEKKER 1989: 386 f).

Verleumdung

Schließlich soll noch der Tatbestand der Verleumdung erwähnt werden (vgl. dazu BEKKER 1989: 378 ff). Verleumdung ist ein dem Strafrecht unterliegender Tatbestand. Im Regelfall gibt es keine schadenersatzrechtliche Entschädigung and den Verleumdeten. Die Spruchpraxis der gewohnheitsrechtlichen Gerichte macht jedoch eine Ausnahme in Fällen, wo jemand fälschlicherweise als Hexe(r) ("gqwirana") bezeichnet wurde, was als schwerste Anschuldigung überhaupt galt (zur Hexerei vgl. Kap. 3.8.3.).

3.8.3 Zum Phänomen der Hexerei

Gerade im afrikanischen Kontext kommt dem Komplex "Hexerei" ganz besondere Bedeutung zu. Sie ist traditionell das am strengsten geahndete Delikt überhaupt, für gewöhnlich stand darauf die Todesstrafe (oft nach grausamer Folter) und die Beschlagnahme des gesamten Vermögens (vgl. MACLEAN 1906: 30, 91 ff; VALLENTIN 1902: 184)). Die Literatur zum Thema Hexerei füllt mittlerweile ganze Bibliotheken, das anerkannteste Standardwerk stammt aber nach wie vor EVANS-PRITCHARD (1937). Hier soll nur auf jene Aspekte hingewiesen werden, die für die strafrechtliche bzw. schadenersatzrechtliche Beurteilung von Bedeutung sind, mithin also jene Bereiche, wo die Praxis der Hexerei in Konflikt mit dem staatlichen Recht kommen kann. Ich bin mir voll bewußt, daß Magie bzw. Hexerei ein sehr komplexes Phänomen darstellen (vgl. dazu auch MULTHAUPT 1990 oder den Sammelband von MARWICK 1970). Dennoch glaube ich, für unseren Zweck mit einer einfachen Unterscheidung in Anlehnung an VIVELO (1988: 263) auskommen zu können (um Verwirrungen um die einzelnen Begriffe zu vermeiden, werden jeweils die in der englischen Literatur verwendeten Termini in Klammer angegeben):

- Weiße Magie (white magic) ist wohlwollende Magie. Ein typisches Beispiel ist die Heilung von Kranken;

- Schwarze Magie (black magic) oder Zauberei (sorcery) einerseits und Hexerei (witchcraft) anderseits beinhalten dagegen beide Übeltun.[123]

---

[123] Der Unterschied zwischen den beiden Phänomenen besteht laut VIVELO (1988: 263) darin, daß der/die MagierIn sich seine esoterischen Kenntnisse durch irgendeine Form der Ausbildung aneignet, wohingegen Hexen angeborene Kräfte besitzen, vermittels derer sie mit einem Minimum an oder ganz ohne Paraphernalia Wirkungen hervorrufen können. Zu ähnlichen Erkenntnissen kommt auch EVANS-PRITCHARD bezüglich der Azande. Er schreibt: "Azande believe that some people are witches and can injure them in virtue of an inherent quality. A witch performs no rite, utters no spell, and possesses no medicines. The act of witchcraft is a psychic act. They believe also that sorcerers may do them ill by performing

Während "weiße" Magie kaum in Konflikt mit staatlichen Rechtsnormen treten wird (es sei denn mit Bestimmungen gegen Kurpfuscherei), ist der Konflikt im Bereich der schwarzen Magie bzw. Hexerei vorprogrammiert.

Zunächst aber einige grundsätzliche Bemerkungen: Hexerei wird von Afrikanern oft zur Erklärung von Dingen herangezogen, die von Europäern auf rein empirischem Wege beantwortet werden. Während der Europäer eher die Frage "wie ist das passiert?" stellt, fragt sich der Afrikaner vor allem "warum ist es passiert?" beziehungsweise "warum gerade mir?". Natürlich stellen sich auch Europäer manchmal - insbesondere in der Folge eines schweren Schicksalsschlages - letztere Frage, ihre Nichtbeantwortung ist für sie jedoch hinnehmbar. Ein Europäer würde also eine Mißernte mit mangelnden Niederschlägen oder unfruchtbarem Boden erklären und sich damit zufrieden geben. Für den Afrikaner lautet die zentrale Frage jedoch "warum", und die Antwort auf diese Frage kann eben sein, daß er Opfer einer Hexerei wurde.

In welchen Situationen tritt nun die Anschuldigung der Hexerei am häufigsten auf? Idealtypischerweise treffen folgende Umstände zusammen:

- Ein oder mehrere Gruppenmitglieder erleiden ein außergewöhnliches Unglück oder einen außergewöhnlichen Schicksalsschlag;[124]
- als unmittelbare Ursache für das Schadensereignis ist keine menschliche Handlung feststellbar;
- es gibt in der Gemeinschaft einen Außenseiter, der sich nicht an die sozialen Normen hält. Diese Nonkonformität kann verschiedene Gestalt annehmen, es genügt z.B. schon, daß jemand zurückgezogen lebt oder sich aggressiv, mürrisch, nicht gastfreundlich usw. verhält (vgl. auch GLUCKMAN 1965: 237). Der/die AußenseiterIn kann aber auch bloß physische Besonderheiten aufweisen;
- diese Person hat irgendwann einmal vor dem Unglück ihre Feindschaft dem Leidtragenden oder der ganzen Gemeinschaft gegenüber zum Ausdruck gebracht (vgl. GLUCKMAN 1971: 220).

Darüberhinaus gibt es zwei weitere Aspekte, die eine Erklärung für die Häufigkeit der Behauptung von Hexerei liefern können: Der eine beruht auf einem funktionalistischen Ansatz: Das immanente Risiko, der Hexerei beschuldigt zu

---

magic rites with bad medicines. Azande distinguish clearly between witches and sorcerers." (EVANS-PRITCHARD 1937: 21). Für die von mir angestellte rechtsanthropologische Analyse ist diese strikte Unterscheidung aber nicht entscheidend.

[124] In Ausnahmefällen kann aber auch jemand, der außergewöhnliches Glück gehabt hat (z.B. eine besonders gute Ernte eingebracht hat) der Hexerei verdächtigt werden. Das entscheidende Kriterium dürfte daher wohl sein, daß es sich bei dem Ereignis um eine Abweichung von der Norm der Gemeinschaft handelt (vgl. GLUCKMAN 1971: 226, EVANS-PRITCHARD 1937: 100 ff).

werden, übt bereits präventiv einen gewaltigen Druck auf die einzelnen Mitglieder der Gesellschaft aus, sich sozialkonform zu verhalten. Anderseits eröffnet die Anschuldigung der Hexerei, sofern darauf die Verbannung oder die Tötung der Hexe folgt, wie es in manchen afrikanischen Gesellschaften üblich war (vgl. dazu MARWICK 1970: 56), die Möglichkeit, ein die Gemeinschaft schädigendes Element loszuwerden. Hexerei (zumindest im traditionellen Kontext) ist also immer auch ein Mittel sozialer Kontrolle (dazu auch MALINOWSKI 1926: 85 ff). Der andere Aspekt ist eher individualpsychologischer Natur: Für einen Leidtragenden ist es sicher bequemer, sich als ein Opfer von Hexerei darzustellen, als seine eigene Mitschuld (z.B. durch Unachtsamkeit) am Unglück (z.B. Abbrennen seiner Hütte) zuzugeben (vgl. BENNETT/SCHOLTZ 1979: 291 f).

Entgegen den Erwartungen mancher Rechtsanthropologen ist das Phänomen Hexerei in Afrika mit der Christianisierung und "Modernisierung" nicht allmählich verschwunden. Im Gegenteil: Die Hexerei gewinnt - insbesondere auch im städtischen Bereich - wieder an Bedeutung, was umso verwunderlicher scheint, als die sozialen Beziehungen in der Stadt nicht mehr primär familiärer, sondern institutioneller Natur (Gewerkschaft, Fußballklub usw.) sind.[125] Allerdings fehlen gerade im städtischen Milieu die traditionellen Kontrollinstanzen, die versöhnend eingreifen könnten. Die Hexerei ist sozusagen degeneriert und wirkt sich schädlich auf die Sozialbeziehungen aus. Es ist anzunehmen, daß das Phänomen der Hexerei in Afrika noch lange von Bedeutung sein wird.

Wo liegen nun die Unvereinbarkeiten zwischen dem traditionellen Konzept der Hexerei und dem staatlichen Recht? Im Common Law (wie übrigens auch in den kontinentaleuropäischen Rechtsordnungen) sind für eine strafrechtliche Verurteilung eines Verdächtigen zwei Voraussetzungen erforderlich, nämlich:

1) Es muß ihm die Verursachung eines Schadens eindeutig nachgewiesen werden und

2) Er muß schuldhaft gehandelt gaben.

ad 1) Die Ursächlichkeit des Verhaltens des Verdächtigen für das eingetretene Ereignis wird mittels der sog. "conditio sine qua non" geprüft, das heißt, es wird untersucht, ob der Erfolg nicht auch ohne das Handeln des Verdächtigen eintreten hätte können. Voraussetzung ist also:

a) eine Handlung, die

b) durch den Verdächtigen gesetzt wurde und die

---

[125] An den im städtischen Bereich auftretenden Spannungen sind also Fremde beteiligt, denen gegenüber Feindschaft offen artikuliert werden kann. Man könnte daher annehmen, daß eigentlich keine Notwendigkeit bestünde, auf Hexereianschuldigungen zurückzugreifen.

c) in empirisch nachvollziehbarer Weise (d.h. naturgesetzlich beweisbar) in Zusammenhang mit dem eingetretenen Schaden steht.

Für einen Schwarzafrikaner ist eine solche naturgesetzliche Beweisbarkeit der Verursachung nicht erforderlich. Er begnügt sich mit dem Vorhandensein von Indizien, die für eine(n) HexerIn[126] charakteristisch sind (dazu oben). Treffen mehrere solcher Indizien zu, so kommt der Afrikaner zu dem für ihn absolut überzeugenden Ergebnis, daß es sich bei einer betreffenden Person um eine(n) Hexe(r) handelt. Diese Feststellung allein ersetzt für ihn alle drei oben genannten Kriterien der "conditio sine qua non". Der/die HexerIn muß also nicht einmal eine Handlung gesetzt haben, denn die ihm innewohnenden Kräfte können auch ohne sein Zutun, ja sogar ohne sein Wissen aktiv werden. Und wo es keine Handlung gibt, dort ist natürlich auch kein empirisch nachvollziehbarer Zusammenhang zu einem eingetretenen Erfolg feststellbar.

ad 2) Auch wenn eine Handlung von einem staatlichen Gericht als ursächlich erkannt wurde, wird sie nur dann zu einer Verurteilung führen, wenn auch ein Verschulden des Verdächtigen nachweisbar ist. Dieses Verschulden (Vorsatz in seinen verschiedenen Formen oder Fahrlässigkeit) muß, da man ja in einen Menschen nicht hineinschauen kann, immer durch Rückschlüsse von nach außen hin in Erscheinung tretenden Ereignissen oder Handlungen abgeleitet werden.

In vielen Fällen gehen traditionelle afrikanische Gerichte von einer (verschuldensunabhängigen) Erfolgshaftung aus (vgl. BENNETT/SCHOLTZ 1979: 293 f). Wenn man GLUCKMAN (1965: 238) folgt,[127] wird Verschulden immer dann relevant, wenn die Parteien eines Rechtsstreites in einem Verwandtschaftsverhältnis zueinander stehen, was im Falle der Hexerei (zumindest im traditionellen Kontext) ja meist der Fall ist. Aus der Perspektive des Afrikaners liegt die Schuldhaftigkeit zumeist bereits in der Tatsache, daß jemand ein Hexer ist. Mit anderen Worten, wenn jemand als Hexer erkannt ist, so bedarf es eigentlich keiner Prüfung von Verursachung und Verschulden mehr.

Für staatliche Gerichte ist der Glaube an Hexerei schlichtweg Unfug, ein primitiver Aberglaube, der eigentlich nicht mehr in unsere Zeit paßt[128]. Das bedeutet etwa, daß sich jemand, der behauptet, durch Hexerei geschädigt worden zu sein, nicht an staatliche Gerichte wenden kann.[129] Das heißt weiters, daß

---

[126] Hexen können männlichen oder weiblichen Geschlechts sein.

[127] GLUCKMANs diesbezügliche Untersuchungen bezogen sich auf die im heutigen Zambia lebenden Barotse.

[128] Vgl. z.B. das Urteil im Fall S v Mokonto 1971 2 SA 319 (A).

[129] Mit einem südafrikanischen Gesetz (Witchcraft Suppression Act of 1957) wurden zwei Tatbestände unter Strafe gestellt, nämlich:

1) Jemanden der Hexerei zu beschuldigen, und

2) Hexerei zu praktizieren; in diesem Fall kann aber natürlich nur die (relativ geringe) Bestrafung für die Ausübung der Hexerei erfolgen, nicht aber die Bestrafung für einen

Hexerei nicht als ein (zu Straffreiheit führender) Entschuldigungsgrund für ein Verbrechen[130] anerkannt wird. So wurde z.B. Elifasi Msomi in Natal im Februar 1956 wegen 15-fachen Mordes zum Tode verurteilt. Msomi leugnete nie die Morde, behauptete jedoch, diese wären auf Geheiß eines bösen Geistes ("tokoloshe"), der von ihm Besitz ergriffen hatte, begangen worden. Vor Gericht erklärte er:

> I don't complain abour your Lordship's verdict, but Europeans don't accept that a tokoloshe exists. It might have been better if my case had been tried by Zulus. Pagan Zulus don't acknowledge that God exists, but realise there is an Almighty Beeing because Europeans say so. But Europeans deny the existence of the tokoloshe. This case would have been better tried by Zulus (zitiert nach CASSIM 1981: 133).

Manche staatlichen Gerichte anerkennen Hexerei dagegen als bloßen Strafmilderungsgrund. So etwa die Praxis in einigen südafrikanischen Gerichten (vgl. VAN BLERK 1978: 330). Vor anderen Gerichten, z.B. in der Transkei[131], war eine solche Anerkennung als Milderungsgrund gesetzlich ausdrücklich ausgeschlossen (vgl. MQUEKE 1989: 18).

3.9 VERFASSUNGSRECHT

Die Verfassung eines Staates bestimmt seine wichtigsten Organe und legt deren Kompetenzen fest. Sie steht über allen anderen nationalen Normen. Grundsätzlich kann die Verfassung eines Staates monarchisch oder republikanisch, bundesstaatlich oder einheitsstaatlich sein, ein Einkammerparlament oder ein Zweikammerparlament vorsehen. Sie kann auch eine Mitgliedschaft im Commonwealth of Nations vorsehen und damit die formale Oberhoheit der britischen Krone anerkennen. Die Verfassungen der unabhängig gewordenen britischen Kolonien und Protektorate wurden entweder durch ein Gesetz des britischen Parliaments eingeführt (hier ist insbesondere der South Africa Act of 1909 zu erwähnen) oder durch eine "Order in Council" der Kolonialverwaltung, wie etwa die Konstitution

---

bestimmten, vom Opfer behaupteten Erfolg. Die (zum Scheitern verurteilte) Intention des Gesetzgebers dürfte gewesen sein, den weitverbreiteten Glauben an Hexerei zurückzudrängen.

Daneben haben staatliche Gerichte in einzelnen Fällen Schwarzen, die der Hexerei beschuldigt wurden, eine Entschädigung aus dem Tatbestand der Verleumdung zugestanden (vgl. BEKKER 1989: 384).

[130] Eine typische Situation ist jene, daß jemand, der sich durch Hexerei geschädigt oder bedroht fühlt, den verdächtigen Hexer ermordet (vgl. BENNETT/SCHOLTZ 1979: 299).

[131] Durch den Transkei Criminal Procedure Act 13 of 1983.

von Sierra Leone 1961. Es gibt aber auch Beispiele, wo die Verfassungen "bodenständig" entstanden, also nicht der Verfassung des Mutterlandes nachgebildet sind, wie z.B. jene Ghanas oder Tanganyikas (vgl. ADEI 1981: 11). Von den vier in dieser Arbeit behandelten Staaten des südlichen Afrika haben Südafrika und Botswana eine republikanische, Lesotho und Swaziland eine monarchische Verfassung. Alle Verfassungen sehen vor, daß das Parlament aus zwei Kammern besteht (wobei diese jedoch unterschiedlich ausgestaltet sind; dazu unten). Nach der Wiederaufnahme Südafrikas sind nun alle Staaten des südlichen Afrika Mitglieder des Commonwealth of Nations.

Die afrikanischen Gewohnheitsrechte haben auf verfassungsrechtlichem Gebiet naturgemäß keine ausgereiften, auf moderne Staatswesen anwendbaren Regeln.[132] Insbesondere ist ihnen das seit der französischen Revolution in Europa und Amerika dominierende Konzept der Gewaltenteilung fremd:

> [The system of government] confunds legislative, judicial and executive departments. The laws originate in the decisions of the chief and his council; but the same council forms the great law-court of the tribe, in which the chief sits as judge, and afterwards enforces the execution of his own sentences, or perhaps inflicts the awarded punishment with his own hand (MACLEAN 1906: 34).

Die Konzentration von Kompetenzen in den Händen der traditionellen Autoritäten ermöglicht diesen zwar große Flexibilität, birgt jedoch auch die Gefahr von Machtmißbrauch und Willkür. Die Macht der traditionellen Autoritäten war dennoch nie absolut, denn Chiefs (ebenso wie Headmen) konnten nie allein entscheiden, sondern mußten ihre Berater konsultieren, und diese übten speziell gegenüber jungen, unerfahrenen Chiefs großen Einfluß aus (die Individualisierung der Entscheidungsbefugnis wurde erst von den Briten forciert). Die vermutlich wichtigste Funktion der Chiefs war und ist die treuhänderische Verwaltung und Zuteilung von Land an die einzelnen Mitglieder der Gemeinschaft. Frauen spielen traditionell kaum eine Rolle im öffentlichen Leben.[133]

Heute kommt es darauf an, die traditionellen Werte und Autoritäten irgendwie in die Entscheidungsprozesse auf allen Ebenen (d.h. nationaler, lokaler, und - wo vorhanden - Provinzebene) einzubeziehen. Viele anglophone Staaten haben - sich am Vorbild des Mutterlandes orientierend - die Lösung auf nationaler Ebene in der Schaffung eines Zweikammerparlaments nach britischem Vorbild gesucht, wobei das Unterhaus aus gewählten Mandataren, das (wenig einflußreiche)

---

[132] VIVELO (1988: 193) spricht in diesem Zusammenhang von der "Multifunktionalität der Institutionen" in nichtindustriellen Gesellschaften.

[133] Eine Ausnahme bildet hier die Königsmutter bei den Basotho und den Swazi (übrigens mutterrechtliches Element, das für die in weiten Teilen Afrikas dominierende Herrschaftsform des sakralen Königtums charakteristisch ist).

Oberhaus aus den traditionellen Chiefs besteht. Im südlichen Afrika haben Botswana, Lesotho und Swaziland diesen Weg beschritten. In Botswana sieht die Verfassung ein (allerdings mit bloß beratender Kompetenz ausgestattetes) "House of Chiefs" vor, welches aus acht Ex-Officio-Mitgliedern (als Vertreter der acht großen Tswana-Stämme) und sieben (auf verschiedene Arten) gewählten Mitgliedern bestehen soll.[134] Auch in Lesotho und Swaziland existieren vergleichbare Institutionen, deren praktische Bedeutung jedoch gering ist. Auf lokaler Ebene haben die Chiefs in Botswana, Lesotho und Swaziland beachtlichen Einfluß in den örtlichen Räten bzw. Volksversammlungen, doch wurden ihre Rechte durch die Einrichtung staatlicher Verwaltungsorgane teilweise beschnitten.

Interessant ist die Entwicklung in Südafrika, wo die Übergangsverfassung von 1993 ein formales Mitspracherecht der traditionellen Autoritäten bei den Entscheidungsprozessen auf allen Ebenen vorsah. Auf lokaler Ebene waren der örtliche Chief kraft seines Amtes automatisch Mitglied des Gemeinderates. Auf Provinzebene war ein "House of Traditional Leaders" vorgesehen, auf nationaler Ebene ein "Council of Traditional Leaders", welcher aus einem Vorsitzenden und 19 Mitgliedern bestehen sollte, die von den Mitgliedern der Houses of Traditional Leaders zu wählen waren. Beide Institutionen besaßen vor allem beratende Kompetenz sowie ein aufschiebendes Veto für Gesetze, die Fragen der traditionellen Autoritäten oder des traditionellen Gewohnheitsrechtes betrafen.[135] Demgegenüber schränkt die endgültige, 1997 in Kraft getretene, Verfassung die Kompetenzen der traditionellen Führer wieder ein: Sie anerkennt zwar grundsätzlich Institution, Status und Rolle der traditionellen Autoritäten, sieht jedoch lediglich die Möglichkeit vor, in Zukunft per Gesetz eigene Institutionen auf lokaler, regionaler und nationaler Ebene einzurichten, in denen die traditionellen Autoritäten vertreten sind.[136] Ob beziehungsweise wie diese Regelung in die Praxis umgesetzt werden wird, bleibt abzuwarten.

Abschließend kann gesagt werden, daß die Möglichkeiten der Einbindung der traditionellen Autoritäten in die staatlichen Entscheidungsprozesse von Rechtsgelehrten und Politikern noch immer allgemein und sehr kontroversiell diskutiert werden.[137] Eine der Schlüsselfragen lautet etwa: Sollen die traditionellen Autoritäten etwa bloß die anderswo formulierte Politik und Pläne zur nationalen Entwicklung umsetzen, oder sollen sie aktiv an deren Erstellung mitwirken? Daß

---

[134] Botswana Independence Constitution Act of 1966, section 77.

[135] Act 200 of 1993, chapter 11, sections 181-184.

[136] Act 108 of 1996, chapter 12, section 212.

[137] International bekannte Foren sind etwa die International Union of Local Authorities (IULA) oder das Commonwealth Local Government Forum (CLGF).

bislang noch keine wirklich überzeugende Lösung gefunden wurde, liegt vor allem an zwei Problemen: Zum einen widerspricht die traditionelle Konzentration von Befugnissen legislativer, exekutiver und jurisdiktioneller Natur in den Händen der Chiefs den Prinzipien eines modernen Rechtsstaates. Zum anderen sind die Chiefs nicht demokratisch - also im westlichen Verständnis durch Wahlen - legitimiert, was zumindest vordergründig den Bestrebungen zur Demokratisierung der lokalen Verwaltungsstrukturen zuwiderläuft.

Es gibt sicherlich keine einfachen Patentrezepte zur Verbesserung der derzeitigen Situation. Die wahre Herausforderung besteht darin, die modernen und die traditionellen Institutionen so in ein Gesamtsystem zu integrieren, daß sowohl den Bedürfnissen der traditionellen afrikanischen Gesellschaften, als auch den Ansprüchen der Rechtsstaatlichkeit Rechnung getragen wird. Man sollte sich dabei m.E. von zwei Gedankengängen leiten lassen: Es wird auf die Dauer nicht genügen, den Chiefs (wenn auch wohldotierte) Repräsentationsaufgaben und Proforma-Kompetenzen ohne echte Einflußmöglichkeiten zuzuweisen. Anderseits sollte man daran denken, den Chiefs allmählich jenen Kompetenzen abzunehmen, die ihnen zum Teil noch von den Kolonialverwaltungen aufgebürdet wurden, und die nichts mit ihren traditionellen Befugnissen zu tun haben, wie z.B. die Eintreibung von Steuern oder die Ahndung von Verwaltungsübertretungen.

3.10 SCHLUSSFOLGERUNGEN UND AUSBLICK

Die Problematik des Antagonismus von traditionellem afrikanischem und westlich inspiriertem staatlichem Recht ist vielschichtig und komplex. Bedingt durch den vielerorts rasch voranschreitenden gesellschaftlichen und ökonomischen Wandel haben die verschiedenen Segmente der afrikanischen Bevölkerung auch unterschiedliche Ansprüche an die ihr Leben regulierende Rechtsordnung. Der Bogen spannt sich hier von der weitgehend traditionell lebenden Landbevölkerung, die nach wie vor ein großes Bedürfnis nach Anerkennung der ihnen vertrauten traditionellen Regeln des Zusammenlebens hat, bis zu der in den modernen Wirtschaftskreislauf eingebundenen europäisierten Elite, die mit den Regeln des staatlichen Rechts durchaus das Auslangen finden. Dazwischen stehen die in unterschiedlichem Ausmaß akkulturierten Teile der afrikanischen Bevölkerung.

Angesichts des gesellschaftlichen Wandels und der Tatsache, daß die Politik der Regierungen sämtlicher afrikanischer Staaten auf Industrialisierung und Anziehung ausländischer Investitionen gerichtet ist, erscheint es jedenfalls kaum möglich, das traditionelle afrikanische Recht in reiner Form (oder besser gesagt im 'status quo', denn wie an anderer Stelle gezeigt wurde, unterlag es ja in den vergangenen hundert Jahren massiven Verfälschungen) zu erhalten. Veränderungen und Adaptionen werden wohl unvermeidlich sein.

Vor einer besonderen Situation steht Südafrika: Nach dem Ende der Apartheid und der mit ihr verbundenen Betonung der ethnischen Differenzierung im Jahre 1991 besteht erstmals zumindest theoretisch die Chance, daß sich allmählich so etwas wie eine spezifisch "südafrikanische" Kultur herausbilden könnte. Im sprachlichen Bereich gibt es bereits Ansätze dazu. So ist etwa heute die von Afrikanern in den Stadtrandsiedlungen am häufigsten gebrauchte Sprache eine Mischung aus Nguni-Dialekten und Sotho.

Konkret möchte ich auf drei Reformvorschläge eingehen:

1) die generelle Vereinheitlichung von staatlichem und traditionellem Recht
2) die Vereinheitlichung der dualen Gerichtsorganisation sowie
3) die Zusammenfassung der Kollisionsnormen zwischen staatlichem und traditionellem Recht in einem einzigen Gesetzeswerk.

ad 1) Das duale Rechtssystem ist ein Relikt des Kolonialismus, das es schrittweise abzubauen gilt. Eine weitgehende Vereinheitlichung von staatlichem und traditionellem Recht sollte daher Endziel aller zukunftsweisenden Reformbestrebungen sein. Im afrikanischen Kontext kann diese Vereinheitlichung freilich nur behutsam und schrittweise erfolgen, insbesondere über die Zwischenstufe einer einheitlichen Gerichtsorganisation (dazu unten). In manchen Bereichen ist zu erwarten, daß die Vereinheitlichung des materiellen Rechts sogar relativ friktionsfrei verlaufen wird, so etwa im Bereich des Strafrechts, wo die Unterschiede zwischen den beiden Rechtssystemen nie so fundamental waren wie anderswo (in Botswana beispielsweise ist der Prozeß der Vereinheitlichung des Strafrechts bereits so gut wie abgeschlossen; vgl. SANDERS 1986a: 157).

Wichtig ist, daß die Vereinheitlichung über eine Kombination und Integration einzelner Elemente aus beiden Rechtsordnungen herbeigeführt und so eine wechselseitige Befruchtung erreicht wird. Ein derartiges Bestreben kommt zum Beispiel ansatzweise in Artikel 39 der neuen, 1997 in Kraft getretenen südafrikanischen Verfassung (vgl. Fußn. 74) zum Ausdruck, wo traditionelles Gewohnheitsrecht als Menschenrechtsquelle anerkannt wird. Bislang war es freilich fast immer das traditionelle Recht, welches dem Druck der "Modernisierung" nachgegeben und sich an das "moderne" Recht angepaßt hat. Letzteres hat dagegen seine von den europäischen Kolonialmächten übernommene, strikt positivistische Natur beibehalten, was bedeutet, daß die staatlichen Gerichte ihre Urteile auf der Grundlage einer "mechanischen" Anwendung abstrakter Regeln fällen, ohne auf deren moralische und soziale Angemessenheit im Einzelfall Bedacht zu nehmen. In Zukunft muß gewährleistet sein, daß die - oft im Ausland ausgebildeten - Juristen nicht das Gewohnheitsrecht durch zu viel juristische

Spitzfindigkeit zerstören. Einer der Schlüssel liegt wohl in einer möglichst breiten Anwendung der Grundsätze der Billigkeit, wobei unter relativer Vernachlässigung von Formvorschriften eine für alle Beteiligten akzeptable Lösung des konkreten Konflikts gesucht wird.

Es erscheint auch an der Zeit, daß sich die staatlichen afrikanischen Gesetzgeber, ebenso wie die Richter, darauf besinnen, daß das traditionelle Gewohnheitsrecht überaus wertvolle Ansätze enthält, die aufzugreifen sich auch und gerade in der heutigen Zeit lohnt, weil sie Antworten auf aktuelle Probleme bereithalten. Nicht ohne Grund greifen europäische Rechtsordnungen in zunehmendem Maße auf solche Ansätze zurück. Hier seien nur zwei Beispiele genannt:

- Die rechtliche Gleichstellung unehelicher mit ehelichen Kindern. Während diesbezügliche Bemühungen in den industrialisierten Ländern nur langsam Fortschritte machen, ist diese Gleichstellung in der afrikanischen Tradition weitgehend Realität.
- Die Verlagerung der Behandlung geringfügiger Vergehen vom straf- in den privatrechtlichen Bereich, oder mit anderen Worten: Die Bestrebungen, die Prinzipien von Schadenersatz und Versöhnung gegenüber der Bestrafung eines Straftäters in den Vordergrund zu rücken. Dies hat den Vorteil, daß dem Geschädigten zumindest ein Teil des entstandenen Schadens ersetzt wird, vor allem aber durch einen direkten Kontakt zwischen Täter und Opfer das Verständnis für die Situation des jeweils anderen gefördert und so eine Versöhnung herbeigeführt werden kann. Auch in diesem Bereich sind die traditionellen afrikanischen Rechtsordnungen den europäischen weit voraus. In Österreich wurde eine solche Regelung erstmals mit dem Jugendgerichtsgesetz 1988 eingeführt, und der dort formulierte "außergerichtliche Tatausgleich" hat sich in der Praxis als so erfolgreich erwiesen, daß er bald auch im Verfahren gegen erwachsenen Straftäter zur Anwendung kommen soll. Eine solche Art der Konfliktlösung könnte auch ein Ansatz zur Bekämpfung der heute in vielen Staaten Afrikas rapide zunehmenden Kriminalität sein.

Während also, wie eben gezeigt, die Vereinheitlichung des materiellen Rechts zweifellos ein Langzeitprojekt ist, wären die beiden anderen genannten Vorhaben mittel- bis kurzfristig realisierbar.

ad 2) Die Abschaffung des aus der Zeit des kolonialen "Indirect Rule" stammenden, aber in vielen Staaten nach wie vor existierenden dualen Gerichtssystems sollte vordringlich in Angriff genommen werden. Wie die Geschichte zeigt, ist die Vereinheitlichung der Gerichtsorganisation stets der erste Schritt zu einer Vereinheitlichung der Rechtsordnung im allgemeinen (sowohl das römisch-holländische Recht als auch das englische Recht sind Beispiele dafür, daß ein integriertes Gerichtssystem letztendlich zu einer einheitlichen Rechtsordnung führt). In jenen Staaten, die bereits eine weitgehend vereinheitlichte Gerichtsorganisation geschaffen haben, wie etwa die Republik Südafrika, sind die Erfahrungen damit durchwegs positiv. Ein Schritt zur Reform des Gerichtswesens könnte auch die Anerkennung der Chief's Courts als ordentliche erstinstanzliche Gerichte (gleichberechtigt mit den Magistrate's Courts) sein. Das würde auch automatisch zu einer Straffung und Verkürzung des in manchen Staaten - als Extrembeispiel sei hier auf Swaziland verwiesen, wo es bis zu sechs Berufungsinstanzen gibt - unverhältnismäßig langen Instanzenzuges führen.

Immer wieder geäußerte Forderungen nach vermehrter staatlicher Kontrolle und stärkerer Formalisierung des traditionellen Gerichtsverfahrens gehen dagegen am Kern des Problems vorbei. Schriftliche Aufzeichnungen und bürokratische Verfahrensregeln berauben das traditionelle Recht seiner größten Stärke, nämlich seiner Flexibilität. Sie versteinern das Recht ohne den Streitparteien wirkliche Vorteile zu bieten. Und die gelegentlich ventilierte gänzliche Abschaffung der traditionellen Gerichte würde in absehbarer Zeit zweifellos ungleich mehr Probleme schaffen als lösen. Denn trotz ihrer Neigung, wirtschaftlich und sozial Stärkere zu begünstigen, vermeiden die traditionellen Gerichte im allgemeinen die gravierenden Nachteile der hoffnungslos überlasteten staatlichen Gerichte, wie lange Verfahrensdauer, unsicherer Ausgang, hohe Kosten, die dem Durchschnittsafrikaner fremden Verfahrensregeln sowie die einschüchternd wirkende Atmosphäre. Darüber hinaus haben sich die staatlichen Gerichte als unfähig erwiesen, den für die zwischenmenschlichen Beziehungen in kleinen Gemeinschaften so wichtigen Aspekt der Versöhnung adäquat zu berücksichtigen.

ad 3) Eine dringend erforderliche Maßnahme ist schließlich die Konsolidierung der Regeln zur Lösung von Kompetenzkonflikten zwischen dem staatlichen Recht und dem traditionellen Recht. Diese sind derzeit in vielen Staaten über die verschiedensten Gesetze verstreut und dementsprechend unübersichtlich, oft sogar widersprüchlich. Durch eine klare Regelung würde das sogenannte "Forumshopping", also die Wahl des für ihn günstigsten Gerichts durch den Kläger (in einem Zivilrechtsstreit) oder den öffentlichen Ankläger (in einem Strafverfahren) hintangehalten.

Alles in allem ist festzuhalten, daß es keine einfachen, rasch zu realisierenden Lösungen gibt. Jede Reform, die sich der breitestmöglichen Akzeptanz der verschiedenen Bevölkerungsschichten erfreuen soll, bedarf nicht nur einer gründlichen 'technischen' Vorbereitung, sondern auch einer ausführlichen demokratischen Diskussion. Ziel der vorgelegten Arbeit war es, einerseits das grundsätzliche Verständnis für die historische Entwicklung und die aktuellen Probleme des Nebeneinanders verschiedener Rechtsordnungen in Afrika zu fördern, andererseits einen substantiellen Beitrag zur Reformdiskussion zu leisten.

4 ANHANG

Abb. 1: Die Staaten Afrikas südlich des Äquators
(Quelle: VAIL 1989)

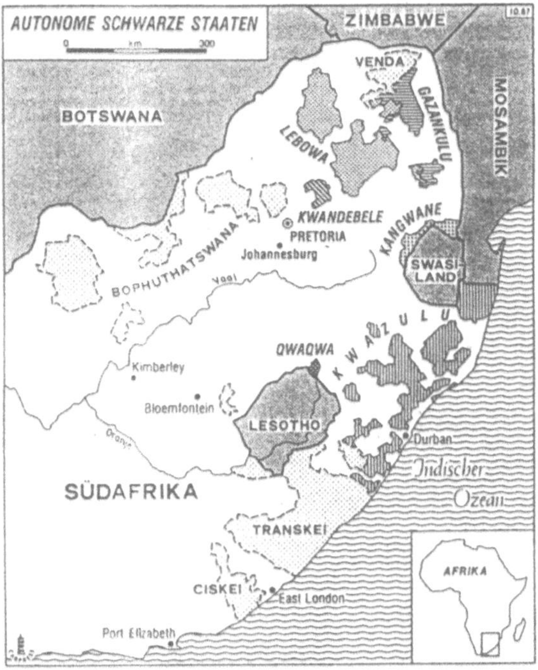

Abb. 2: Die ehemaligen 'Homelands' in Südafrika

(Quelle: Munzinger-Archiv 1991)

Abb. 3: Die Siedlungsgebiete der Ethnien des südlichen Afrika

(Quelle: Hirschberg 1965)

5 BIBLIOGRAPHIE

ABEL, Richard
1984 Customs, Rules, Administration, Community, in: Journal of African Law, Vol. 28, Nos. 1 & 2, 6-19, London.

ADEI, Christopher Y.O.
1981 African Law South of the Sahara, Clayton, Missouri.

ADINKRAH, K.O.
1991 "We shall take our case to the King": legitimacy and tradition in the administration of law in Swaziland, in: Comparative and International Law Journal of Southern Africa, Vol. XXIV, 226-239, Pretoria.

ALLOTT, Antony
1970a Judicial and Legal Systems in Africa, 2. Aufl., London.
1970b New Essays in African Law, London.

ANDREWS, Penelope
1994 Spectators at the Revolution? Gender Equality and Customary Law in a post-Apartheid South Africa, in: Law and Anthropology 7, 261-286, Wien.

ASHTON, H.
1967 The Basuto, 2. Aufl. (Erstersch. 1952), Oxford.

BAUER, Werner T.
1989 Einleitung, in: Law and Anthropology 4, 1-13, Wien.

BEKKER, J.C.
1989 Seymour's Customary Law in Southern Africa, 5. Aufl., Cape Town (u.a.).

BEKKER, J.C. & DE KOCK, P.D.
1992 Adaptation of the customary law of succession to changing needs, in: Comparative and International Law Journal of Southern Africa, Vol. XXV, 367-378, Pretoria.

BENDA-BECKMANN, Franz von
1984 Law out of Context: A Comment on the Creation of Traditional Law Discussion, in: Journal of African Law, Vol. 28, Nos. 1 & 2, 28-33, London.

BENNETT, T.W.
1985 The Application of Customary Law in Southern Africa. The Conflict of Personal Laws, Cape Town (u.a.).
1989 The Position of Customary Law in South Africa, in: Law & Anthropology 4, 27-45, Wien.
1991 A Sourcebook of African Customary Law for Southern Africa, Cape Town.

BENNETT, T.W. & SCHOLTZ, W.M.
1979 Witchcraft: a problem of fault and causation, in: Comparative and International Law Journal of Southern Africa, Vol. XII, 289-301, Pretoria.

BERGER, Dieter
1981 Das traditionelle Eherecht der Sotho-Tswana in Südafrika unter besonderer Berücksichtigung der Rolong in Mafeking. Phil.Diss., München.

BOHANNAN, Paul
1957 Justice and Judgement among the Tiv, London.
1969 Ethnography and Comparison in Legal Anthropology, in: Laura NADER (Hg.), Law and Culture in Society, Chicago.

BOZEMAN, Adda B.
1976 Conflict in Africa, Princeton.

BROMLEY, Julian V.
1977 Ethnos und Ethnographie. Veröffentlichungen des Museums für Völkerkunde zu Leipzig, Heft 28, Berlin.

BRYDE, Brun-Otto
1977 Rezeption europäischen Rechts und autozentrierte Rechtsentwicklung in Afrika, in: Afrika-Spektrum 2/77, 117-130, Hamburg.

CASSIM, N.A.
1981 Some Reflections on the Natal Code, in: Journal of African Law, Vol. 25, No. 2, 131-135, London.

CHANOCK, Martin
1985 Law, Custom and Social Order. The Colonial Experience in Malawi and Zambia. African Studies Series 45, Cambridge (u.a.).

CHEN, Tien-huei
1988 Das Recht als Modernisierungsinstrument der Entwicklungsländer. Rechtswiss. Diss., Wien.

CHURCH, Joan
1978 The dichotomy of marriage by customary and by civil rites - a note on a recent Swaziland decision, in: Comparative and International Law Journal of Southern Africa, Vol. XI, 80-82, Pretoria.

DAVID, Rene & GRASMANN, Günther
1988 Einführung in die großen Rechtssysteme der Gegenwart, München.

DEFFAA, Ulrich
1986 Die Rolle des Rechts im Entwicklungsprozeß. Ein Tagungsbericht, in: Verfassung und Recht in Übersee 19, 209-214, Baden-Baden.

DEMOZ, Abraham
1977 Language and law in Africa, in: P.F.A. KOTEY & H. DER HOUSSIKIAN (Hg.), Language and linguistic problems in Africa, 135-140, Columbia, S.C.

DLAMINI, C.R.M.
1988 The transition from the traditional to the modern legal system, in: Comparative and International Law Journal of Southern Africa, Vol. XXI, 240-247, Pretoria.

DUBB, Allie A.
1980 The Impact of the City, in: HAMMOND-TOOKE, W.D.(Hg.): The Bantu-speaking Peoples of Southern Africa, 2. Aufl., London (u.a.).

DU PLESSIS, J.R. & KOK, L.
1990 An elementary introduction to the study of South African Law. A guide for beginners, 2. Aufl., Cape Town (u.a.).

ELIAS, T.O.
1954 Customary Law: The Limits of its Validity in Colonial Law, in: African Studies, Vol. 13, No. 3-4, 97-107, Johannesburg.

EPSTEIN, A.L.
1954 Juridical Techniques and the Judicial Process, Rhodes-Livingstone Papers, No. 23, Manchester.
1967 The Case Method in the Field of Law, in: The Craft of Social Anthropology, London.

EVANS-PRITCHARD, E.E.
1937 Withcraft, Oracles and Magic among the Azande, Oxford.

FALLERS, Lloyd
1963 Customary Law in the new African States, in: Hans W. BAADE & Robinson O. EVERETT (Hg.), African Law. New law for new nations, 71-82, Dobbs Ferry, N.Y.

FISCHER WELTGESCHICHTE Bd.32
1966 Afrika. Von der Vorgeschichte bis zu den Staaten der Gegenwart, Frankfurt am Main.

FISCHER WELTALMANACH 1997
1996 Frankfurt am Main.

FITZPATRICK, P.
1983 Law, Plurality and Underdevelopment, in: D. SUGARMAN (Hg.), Legality, Ideology and the State, London (u.a.).

FORTMAN, Baas de Gaay & MIHYO, Paschal
1989 A False Start - Law and Development in the Context of a Colonial Legacy, in: Verfassung und Recht in Übersee 22, 126-161, Baden-Baden.

FRIMPONG, Kwame
1993 Post-independence land legislation and the process of land tenure reform in Botswana, in: Comparative and International Law Journal of Southern Africa, Vol. XXVI, 385-395, Pretoria.

GIRTLER, Roland
1971 Zur Methode der Rechtsethnologie, in: Wiener Völkerkundliche Mitteilungen, XVIII.JG., N.F., BD.XIII, 7-22, Wien.

GLUCKMAN, Max
1955 Judicial Process among the Barotse of Northern Rhodesia, Manchester.
1965 The Ideas in Barotse Jurisprudence. New Haven, Conn.
1969a Introduction, in: Max GLUCKMAN (Hg.): Ideas and Procedures in African Customary Law, London.
1969b Concepts in the Comparative Study of Tribal Law, in: Laura NADER (Hg.), Law in Culture and Society, 349-373, Chicago.
1971 Politics, Law and Ritual in Tribal Society, Oxford.

GOTSBACHNER, Emo
1995 Informelles Recht. Politik und Konflikt normativer Ordnungen. Zwei Fallstudien, Europäische Hochschulschriften, Reihe XXXI, Bd. 284, Frankfurt/Main (u.a.).

GRIFFITHS, Anne
1989 The Legal Heritage of Colonialism. Family Law in a Former British Protectorate, in: Law and Anthropology 4, 75-105, Wien.

GROHS, Gerhard
1983 Kirchen und Staat in Südafrika und Namibia, in: Afrika-Spektrum 3/83, 267-276, Hamburg.

GRÜTTER, Wilhelm & VAN ZYL, D.J.
1990 Illustrierte Geschichte Südafrikas, Herford.

HAZDRA, Peter
1992 Die Situation der Aborigines im Lichte des Völkerrechts, in: Arbeitsgruppe Aborigines (Hg.): Gerechtigkeit für Aborigines. Zur Rechtslage der australischen Ureinwohner, 191-224, Wien.

HENRŸ, Hagen
1981 "Afrikanisches" Recht?, in: Zeitschrift für Rechtsvergleichung 22, 242-258, Wien.
1983 Afrikanisches Recht im Banne staatlicher und nationaler Integration und (wirtschaftlicher) Entwicklung, in: Verfassung und Recht in Übersee 16/3, 293-319, Baden-Baden.
1985 Von der Entwicklung des Rechts zum Entwicklungsrecht - eine überfällige Entwicklung, in: Zeitschrift für Rechtsvergleichung, 26. Jg., 194-213, Wien.

HIRSCHBERG, Walter (Hg.)
1965 Völkerkunde Afrikas, B.I. Hochschultaschenbuch, Mannheim.
1988 Neues Wörterbuch der Völkerkunde, Berlin.

HOLLEMAN, J.F.
1986 Trouble-Cases and Trouble-less Cases in the Study of Customary Law and Legal Reform, in: Keebet von BENDA-BECKMANN/Fons STRIJBOSCH (Hg.), Anthropology of Law in the Netherlands. Essays on Legal Pluralism, 110-131, Dordrecht.

ISAKOW, Lila E.
1985 The Law of Succession Through the Cases, Cape Town (u.a.).

JONES, Christina
1996 Rezeption europäischen Rechts in Malawi und Botswana: Die Rolle der afrikanischen Informanten, Richter und Rechtsassessoren, in: Verfassung und Recht in Übersee 29, 347-374, Baden-Baden.

KASER, Max
1967 Römische Rechtsgeschichte (2. Aufl.), Göttingen (u.a.).
1992 Römisches Privatrecht (16. Aufl.), München.

KAYODE, Oluyemi
1978 The Place of Law in Nigeria's Development Process, in: Afrika-Spektrum 1/78, 67-74, Hamburg.

KERR, A.J.
1956 Some Recent Study of Native Law, in: African Studies, Vol. 15, No. 3, 139-144, Johannesburg.

KEESING, Roger M.
1981 Cultural Anthropology. A Contemporary Perspective, 2. Aufl., New York (u.a.).

KI-ZERBO, Françoise
1996 Colonialism and Private Law in Africa, in: African Environment, Vol. X, 1-2, No. 37-38, 55-83, Dakar.

KI-ZERBO, Joseph
1981 Die Geschichte Schwarz-Afrikas, Frankfurt am Main.

KLAUSBERGER, Friedrich
1979 Rechtsethnologie und ethnohistorische Forschung, in: Wiener Ethnohistorische Blätter, Heft 18, 23-37, Wien.
1982 Zur Methodenfrage in der Rechtsethnologie und Rechtsethnographie, in: Wiener Völkerkundliche Mitteilungen, N.F.Bd.24, Jg. 1982, 43-65, Wien.

KNIGHT, Ian J.
1994 Warrior Chiefs of Southern Africa, Dorset.

KOLTER, Marianne
1991 Bewegung in den Homelands, in: Informationsdienst Südliches Afrika 1991/1, 13-14, Bonn

KÖSSLER, Reinhart
1991 Erfundene Tradition, in: Informationsdienst Südliches Afrika 1991/1, 15-18, Bonn.

KOZIOL, Helmut & WELSER, Rudolf
1979 Grundriß des bürgerlichen Rechts, Band II. Sachenrecht, Familienrecht, Erbrecht. 5. Aufl., Wien.

KRIGE, E.J.
1965 The Social System of the Zulus, London.

KUPER, Adam
1969 The work of customary courts: Some facts and speculations, in: African Studies, Vol. 28, No. 1, 37-48, Johannesburg.

KUPPE, René
1990 Konfliktlösungsmechanismen indigener Völker, unveröffentlichtes Manuskript eines Vortrages vor dem 18. Österr. Historikertag 1990 in Linz.

KUTNER, Peter B.
1990 Common Law in Southern Africa. Conflict of Laws and Torts Precedents, Contributions in Legal Studies No. 47, New York (u.a.).

LABUSCHAGNE, J.M.T. & VAN DEN HEEVER, J.A.
1995 Liability arising from the killing of a fellow human beeing in South African indigenous law, in: Comparative and International Law Journal of Southern Africa, Vol. XXVIII, 422-430, Pretoria.

LEWIN, Julius
1968 English Law and African Justice, in: African Studies, Vol. 27, No. 4, 157-165, Johannesburg.

LINDIG, Wolfgang (Hg.)
1981 Völker der Vierten Welt. Ein Lexikon fremder Kulturen in unserer Zeit, München.

LLEWELLYN, K.N. & HOEBEL, E.A.
1941 The Cheyenne Way. Conflict and Case Law in Primitive Jurisprudence, Norman.

MACLEAN, Colonel C.B.
1906 Compendium of Kafir Laws and Customs, 2. Aufl. (Erstersch. 1858) London.

MALINOWSKI, Bronislaw
1926 Crime and Custom in Savage Society, London.
1944 A Scientific Theory of Culture and other Essays, New York.
1972 Introduction, in: H. Ian HOGBIN, Law and Order in Polynesia, 2. Aufl. (Erstersch. 1934), XVII-LXXII, New York.

MAMASHELA, Mothokoa P.
1986 Lesotho: Women, Marriage, and the Law, in: Margaret SCHULER (Hg.): Empowerment and the Law. Strategies of Third World Women, 126-134, Washington D.C.

1989 Legal Dualism in Lesotho (with Particular Reference to Marriage and Succession), in: Law and Anthropology 4, 59-73, Wien.

MAOPE, Kelebone A.
1986 Internal self-determination in Lesotho in the eighties, in: Jahrbuch für Afrikanisches Recht Bd. 5, 95-116, Heidelberg

MAQUTU, W.C.M.
1983 Lesotho's African marriage is not a "customary union", in: Comparative and International Law Journal of Southern Africa, Vol. XVI, 374-382, Pretoria.

MARWICK, M.G. (Hg.)
1970 Witchcraft and sorcery. Harmondsworth.

MATLOSA, Khabele
1992 Multi-Partyism versus Democracy in Southern Africa: "Whither Lesotho", in: Verfassung und Recht in Übersee 25, 327-340, Baden-Baden.

MELLET, H.F. & SCOTT Susan (Hg.)
1982 Our Legal Heritage, Durban (u.a.).

MNDAWENI, Cedric B.
1991 Limping marriages in the new South Africa?, in: Comparative and International Law Journal of Southern Africa, Vol. XXIV, 215-225, Pretoria.

MOLOKOMME, Athaliah
1986 Botswana: Women and Customary Law, in: Margaret SCHULER (Hg.): Empowerment and the Law. Strategies of Third World Women, 116-125, Washington D.C.
1994 Caught between Indigenous Law and State Law: The Strategies of Mothers in Maintenance Cases in a Bangwaketse Village, in: Law and Anthropology 7, 287-310, Wien.

MOLUTSI, Patrick P.
1994 Botswana: Demokratie von oben, in: Afrika Süd. Zeitschrift zum südlichen Afrika Nr. 6/94, 29-31, Bonn.

MOODLEY, Suloshini
1994 Mediation - the increasing necessity of incorporating cultural values and systems of empowerment, in: Comparative and International Law Journal of Southern Africa, Vol. XXVII, 44-51, Pretoria.

MQEKE, R.B.
1989 Traditionalism in Modern African Legal Systems with specific Reference to the Legal Position in Southern Africa, in: Law and Anthropology 4, 17-26, Wien.

MULTHAUPT, Tamara
1990 Hexerei und Antihexerei in Afrika, München.

MUNZINGER-ARCHIV
1991 Internationales Handbuch - Länder aktuell 31/91, Republik Südafrika, Ravensburg.
1994 Internationales Handbuch - Länder aktuell 41/94, Republik Südafrika, Ravensburg.

MÜNKNER, Hans-H.
1985 Law and development, a new discipline of scientific research and teaching, in: Jahrbuch für Afrikanisches Recht Bd.4, 99-109, Heidelberg.

MURDOCK, George Peter
1959 Africa. Its Peoples and Their Culture History, New York (u.a.).
1981 Atlas of World Cultures, Pittsburgh, Pa.

MYBURGH, A.C.
1980 Law and Justice, in: HAMMOND-TOOKE, W.D. (Hg.): The Bantu-speaking Peoples of Southern Africa, 2. Aufl., 284-316, London (u.a.).

NHLAPO, Ronald T.
1989 The Mixture of Civil and Customary Law in Swaziland, in: Law and Anthropology 4, 47-57, Wien.

NTANTALA, Phyllis
1974 Die Witwen in den Reservaten, in: SCHREINER, Kay-Michael (Hg.): Sklave im eigenen Land. Unterdrückung und Widerstand im südlichen Afrika, 41-46, Wuppertal.

NUSCHELER, Franz & ZIEMER Klaus
1980 Politische Harrschaft in Schwarzafrika (Geschichte und Gegenwart), München.

OLMESDAHL, M.C.J.
1987 Aboriginal Peoples and African Law, in: Law and Anthropology 2, 277-311, Wien.

PAIN, J.H.
1978 The reception of English and Roman-Dutch law in Africa with reference to Botswana, Lesotho and Swaziland, in: Comparative and International Law Journal of Southern Africa, Vol. XI, 137-167, Pretoria.

PALMER, Vernon V. & POULTER, Sebastian M.
1972 The legal system of Lesotho, Charlottesville, VA.

PETTERSSON, Olof
1953 Chiefs and Gods. Religious and Social Elements in the South Eastern Bantu Kingship, Lund.

POSPISIL, Leopold
1971 Anthropology of Law. A Comparative Theory, New Haven, CT.

POST, Albert Hermann
1989 Einleitung in das Studium der ethnologischen Jurisprudenz (Erstersch. 1886), Göttingen.

POULTER, Sebastian
1969 The Common Law of Lesotho, in: Journal of African Law, Vol. 13, 127-144, London.
1976 Family Law and Litigation in Basotho Society, Oxford.

PRINSLOO, M.W.
1993 Field Research in Indigenous Law, in: Zeitschrift für Vergleichende Rechtswissenschaft, Bd. 92, 221-236, Heidelberg.

RADCLIFFE-BROWN, A.R.
1933 Primitive Law, in: Encyclopedia of the Social Sciences, Vol. IX, 202-206, New York.
1950 Introduction, in: RADCLIFFE-BROWN, A.R. & FORDE, D. (Hg.) African Systems of Kinship and Marriage, 1-85, Oxford.

RAMOLEFE, A.M.R.
1969 Sesotho Marriage, Guardianship and the Customary-Law Heir, in: Max GLUCKMAN (Hg.): Ideas and Procedures in African Customary Law, 196-209, London.

RANGER, Terence
1983 The Invention of Tradition in Colonial Africa, in: Eric HOBSBAWN/Terence RANGER (Hg.): The Invention of Tradition, 211-262, Cambridge.

RAUM, Otto Friedrich
1980 Das Weltbild der Xhosa (Südafrika), in: Walter RAUNIG (Hg.): Schwarz-Afrikaner. Lebensraum und Weltbild, 202-217, Innsbruck.

RIEDEL, Eibe
1989 "Menschenrechte der dritten Dimension", in: Europäische Grundrechts-zeitschrift 16, 9-21, Kehl am Rhein.

ROBERTS, Simon
1972 Restatement of African Law, Botswana Vol. I: Tswana family law, London.

1984 Introduction. Some Notes on "African Customary Law", in: Journal of African Law, Vol. 28, Nos. 1 & 2, 1-5, London.

SANDERS, A.J.G.M.
1985 Law Reporting in Swaziland, in: Journal of African Law, Vol. 29, No. 1, 94-101, London.
1986(a) The internal conflict of laws in Botswana, in: Jahrbuch für Afrikanisches Recht Bd. 5, 137-158, Heidelberg.
1986(b) The internal conflict of laws in Swaziland, in: Comparative and International Law Journal of Southern Africa, Vol. XIX, 112-128, Pretoria.

1987 How customary is African customary law?, in: Comparative and International Law Journal of Southern Africa, Vol. XX, 405-410, Pretoria.
1988 Towards a People's Philosophy of Law!, in: Journal of African Law, Vol. 31, Nos. 1 & 2, 37-43, London.
1994 Legal anthropology in a changing South Africa, in: Comparative and International Law Journal of Southern Africa, Vol. XXVII, 70-76, Pretoria.

SCHAPERA, Isaac
1943 The work of tribal courts in the Bechuanaland Protectorate, in: African Studies, Vol. 2, 27-40, Johannesburg.
1955 A Handbook of Tswana Law and Custom, 2. Aufl. (Erstersch. 1938), London (u.a.).

SCHOTT, Rüdiger
1981 Law and Development in Africa, in: Law and State 24, 30-41, Tübingen.
1983 Rechtsethnologie, in: FISCHER, Hans (Hg.): Ethnologie. Eine Einführung, 181-203, Berlin.

SCHULER, Margaret
1986 Introduction, in: Margaret SCHULER (Hg.): Empowerment and the Law. Strategies of Third World Women, 1-9, Washington D.C.

SEIDMAN, Robert B.
1981 Law, Development and Legislative Drafting in English-Speaking Africa, in: The Journal of Modern African Studies, Vol. 19/1, 133-161, Cambridge.

SENGHAAS, Dieter
1978 Weltwirtschaftsordnung und Entwicklungspolitik. Plädoyer für Dissoziation, Frankfurt am Main.

SHAW, Margaret
1980 Material Culture, in: HAMMOND-TOOKE, W.D.(Hg.): The Bantu-speaking Peoples of Southern Africa, 2. Aufl., London (u.a.).

SIMONS, H.J.
1968 African Women. Their Legal Status in South Africa, Evanston.

SNYDER, Francis
1984 Customary Law and Economy, in: Journal of African Law, Vol. 28, Nos. 1 & 2, 34-43, London.
1988 Rethinking African Customary Law, in: The Modern Law Rewiew, Vol. 51, 252-258, London.

SOUTH AFRICAN COMMUNICATION SERVICE (Hg.)
1995 This is South Africa (published for the Department of Foreign Affairs), Pretoria.
1994 South African Yearbook 1994, Pretoria.
1995 South African Yearbook 1995, Pretoria.
1996 South African Yearbook 1996, Pretoria.

STAYT, H.A.
1931 The Bavenda, London.

STEINERT, Heinz
1988 Kriminalität als Konflikt, in: Anni HAIDAR & Herbert LEIRER (Hg.), Konflikte regeln statt strafen. Über einen Modellversuch in der österreichischen Jugendgerichtsbarkeit, 11-20, Wien.

STEVENS, R.P.
1967 Lesotho, Botswana and Swaziland: The former High Commission Territories in Southern Africa, London.

THURNWALD, Richard
1934 Werden, Wandel und Gestaltung des Rechts im Lichte der Völkerforschung, Berlin (u.a.).

UKPABI, S.C.
1979 The Military in Traditional African Societies, in: Africa-Spektrum 79/2, 200-217, Hamburg.

VAIL, Leroy (Hg.)
1989 The Creation of Tribalism in Southern Africa, London (u.a.).

VALLENTIN, Wilhelm
1902 Transvaal, das Land und seine Urbevölkerung, Berlin.

VAN BLERK, A.
1978 Sorcery and Crime, in: Comparative and International Law Journal of Southern Africa, Vol. XI, 330-345, Pretoria.

VAN NIEKERK, Barend
1979 Mentioning the unmentionable: race as a factor in sentencing, South African Journal of Criminal Law and Criminology, 3(1979), 151-158, Johannesburg.

VIVELO, Frank Robert
1988 Handbuch der Kulturanthropologie. Eine grundlegende Einführung, Stuttgart.

VOSS, Joachim
1973 On the Function of the Legislator in the Process of Economic Growth and Social Change, in: Joachim VOSS (Hg.): Development Policy in Africa, 41-45, Bonn-Bad Godesberg.

WALTER, Robert & MAYER Heinz
1985 Grundriß des österreichischen Bundesverfassungsrechts, Wien.

WATNEY, M.M.
1992 Customary law of succession in a rural and an urban area, in: Comparative and International Law Journal of Southern Africa, Vol. XXV, 379-383, Pretoria.

WEBER, Max
1956 Wirtschaft und Gesellschaft. Grundriß der verstehenden Soziologie, Tübingen.
1970 Die protestantische Ethik und der Geist des Kapitalismus, in: Gesammelte Aufsätze zur Religionssoziologie (Erstersch. 1922), 17-236, Tübingen.

WELLMER, Gottfried
1976 Resettlement und Bantustans als Bestandteil der Politik der "multinationalen Entwicklungs"-Strategie der Republik Südafrika, in: Wanderarbeit im Südlichen Afrika. Ein Reader, 35-57, Bonn.

WERNHART, Karl R.
1986a Kulturgeschichte und Ethnohistorie als Strukturgeschichte, in: ders. (Hg.), Ethnohistorie und Kulturgeschichte, 43-68, Wien (u.a.).
1986b "Ethnosnotiz". Bemerkungen und Überlegungen zu einem Zentralbegriff der anthropologischen Disziplinen, in: ders. (Hg.), Ethnohistorie und Kulturgeschichte, 117-127, Wien (u.a.).
1986c Bemerkungen zum Kulturwandel aus deer Sicht der Ethnohistorie und kulturgeschichte, in: ders. (Hg.), Ethnohistorie und Kulturgeschichte, 99-115, Wien (u.a.).

WESEL, Uwe
1985 Frühformen des Rechts in vorstaatlichen Gesellschaften. Umrisse einer Frühgeschichte des Rechts bei Sammlern und Jägern und akephalen Ackerbauern und Hirten, Frankfurt am Main.

WOODMAN, Gordon R.
1993 The Peculiar Policy of Recognition of Indigenous Laws in British Colonial Africa. A Preliminary discussion, in: Verfassung und Recht in Übersee 26, 273-284, Baden-Baden.

ZEHENDER, Wolfgang
1981 Lesotho - die Entwicklung eines außenabhängigen Landes, in: Afrika-Spektrum 3/81, 333-343, Hamburg.

ZIPS, Werner
1996 29 Gesetze in 1½ Stunden. Essay, in: Falter 29/96, 12-13, Wien.

Printed by
CPI books GmbH, Leck

FSC
www.fsc.org
MIX
Papier | Fördert
gute Waldnutzung
FSC® C083411

Kolibri 360 GmbH
Ferdinand-Jühlke-Straße 7
99095 Erfurt, Deutschland
produktsicherheit@kolibri360.de